网上支付与结算

主　编　于　雷　邢志良
副主编　傅　游　丁连第　姜焕军
编　者　温希波　张　策　甄　惠　田银花
　　　　邵洪强　侯学博　周　辉

东南大学出版社
SOUTHEAST UNIVERSITY PRESS
·南京·

内 容 简 介

本书主要对网上支付与结算的现状与发展进行深入分析，力求通过最新的数据和发展动态反映现阶段网上支付与结算的应用和问题，并针对具体问题进行深入剖析，以帮助学生解决疑惑。全书共包括8章，内容涵盖支付与结算原理与概述、网上支付工具、第三方支付平台、网上银行、网上支付系统、网上支付安全性问题、移动支付等。本书特色在于观点新颖、实用性强，给读者创造了一个对当下最新案例进行问题探讨的良好平台。对电子商务专业的学生来说，《网上支付与结算》是一门非常重要的课程。对经济管理类其他专业的学生来说，了解该课程的内容也同样具有重要意义。

图书在版编目(CIP)数据

网上支付与结算 /于雷，邢志良主编．—南京：东南大学出版社，2014.7(2019.8 重印)

ISBN 978-7-5641-3370-2

Ⅰ.①网… Ⅱ.①于…②邢… Ⅲ.①电子银行—支付方式—高等学校—教材②电子银行—结算方式—高等学校—教材Ⅳ.①B830.49

中国版本图书馆 CIP 数据核字(2014)第 022998 号

网上支付与结算

出版发行 东南大学出版社
社　　址 南京市四牌楼 2 号 邮　编:210096
出 版 人 江建中
网　　址 http://www.seupress.com
经　　销 全国各地新华书店
印　　刷 南京玉河印刷厂
开　　本 880mm×1230mm 1/32
印　　张 5.5
字　　数 221 千字
版　　次 2014 年 7 月第 1 版
印　　次 2019 年 8 月第 4 次印刷
书　　号 ISBN 978-7-5641-3370-2
印　　数 5501—6500
定　　价 32.00 元

前　言

随着现代信息技术的不断发展，计算机和网络技术在支付与结算活动中的地位必将得到进一步的增强。本书结合我国的实践，在理论上不断探索和丰富网上支付与结算的内容，必将对进一步强化我国支付企业的经营管理、推动我国支付与结算的创新和发展发挥重要的作用。《网上支付与结算》对电子商务专业的学生来说，是一门非常重要的课程，对经济管理类其他专业的学生来说，了解该课程的内容同样具有重要意义。

全书共包括 8 章，内容涵盖支付与结算原理、网上支付与结算概述、网上支付工具、第三方支付平台、网上银行、网上支付系统、网上支付安全性问题、移动支付等。是高校学生全面深入了解网络时代支付与结算运作新环境、新技术和新方式的重要途径，也是金融领域及其他相关行业的从业人员拓展视野、了解电子商务与网络支付、指导工作的参考书。

本书既可作为高等院校相关专业本专科生的教材，也可作为从事网络金融、金融信息化研究的理论工作者和实际工作者的参考用书。

本书的主要特色是：

1. 继承前人，大胆创新。本书在借鉴其他网上支付与结算内容的基础上进行了大胆的创新，把第三方支付、移动支付等作为重点内容纳入网络金融的体系之中，并利用了博弈论、“长尾”理论对相关问题进行了分析。

2. 强调理论，重视实践。网上支付与结算的理论性和实务性都很强，在教材的编写过程中我们力求把复杂的理论用平实易懂的语言阐述明白，必要时以图示的方式进行补充说明。在内容方面本教材十分注重学生能力的培养，在教学环节注重学生的参与意识的培养。

3. 内容丰富，通俗易懂。内容安排循序渐进，由浅入深，在全面介绍网上支付与结算内容的基础上，突出最新的网上支付与结算研究成果，能使读者在了解网上支付与结算基本概念和内容的基础上，系统掌握网上支付与结算的最新进展和研究动态。

《网上支付与结算》由山东科技大学于雷、邢志良任主编，傅游、丁连第、姜焕军任副主编，温希波、张策、甄惠、田银花、邵洪强、侯学博、周辉参与了各章节的编写工作。山东科技大学电子商务专业、会计学专业的杨燕、刘晨、李霄、樊金宸、陈美晶、杜斐、刘发源等同学参加了教材的校对修订工作。感谢参与教材编写工作的每一位成员所付出的艰辛劳动，他们的辛勤劳动和智慧为教材的及时推出提供了保障，感谢山东科技大学经济管理系和泰安校区教务部给予的支持和鼓励。

由于时间和经验等原因，文中不免有不妥之处，我们殷切地期望大家能够给我们提出中肯、宝贵的意见。

编　者

2014 年 7 月 1 日

目录

第 1 章　支付与结算原理

【学习目标】

通过本章学习，应该达到以下目标：

知识目标：了解电子商务与金融业的关系，了解支付方式与支付系统的演变过程，理解网上支付与电子商务发展的关联以及我国网上支付结算存在的问题。

技能目标：掌握电子商务的基本技能，掌握中国目前支付系统及网上支付的基本方式。

能力目标：通过学习电子金融服务内容，具备利用互联网实现网上支付的能力。

1.1　支付与结算的定义

1.1.1　支付、清算、结算和买卖

支付是指为清偿商业交易主体间因商品交换或劳务活动引起的债权债务关系所发生的相应货币所有权从付款人账户转移至收款人账户的过程和行为。

清算是指按一定的规则和制度安排对经济活动中形成的多重债权债务关系进行货币结清的过程和行为。

结算是指将清算过程中产生的待结算债权、债务，在收、付款人金融机构之间进行账务处理、账簿记录，以完成货币所有权的最终转移的过程和行为。

卖是指商业交易主体中的一方出售所生产经营的商品或劳务以换回货币的过程和行为。这一方因此称为卖方。

买是指商业交易主体中的一方付出货币以换回所需要的商品或劳务的过程和行为。这一方因此称为买方。

1.1.2　支付、清算、结算和买卖的关系

支付、清算、结算和买卖的关系是：

(1) 买与卖是商业交易的两个相对应的基本过程与活动，是产生支付、清算、结算的基础。

(2) 支付源于交换主体之间的经济交换活动，但由于银行信用中介的介入，它最终演化成为银行与客户之间，客户开户行之间的资金关系。

(3) 银行之间的资金交易，又必须通过中央银行的资金清算来完成，在清算

过程中计算出了众多收、付方的多重债务关系，而结清最终债务关系的结果就需要结算。

(4) 银行处于社会经济活动中资金往来的中心，银行与客户之间的支付是银行向客户提供的一种金融服务，是整个支付活动的基础。银行的业务系统要结清经济活动中的各种债权、债务关系，必然要通过清算制度的安排。因此，有时也把银行的支付系统称为清算系统。实际上，对银行来说，支付与结算清算是两个无法完全区分的概念，而支付系统与结算清算系统是两个无法分开的系统。

(5) 支付与结算两个概念含义基本相同，很难严格区分。因此，支付与结算可以直接理解为支付结算或支付。在我国《票据法》和《支付结算办法》中规定，支付结算的含义是指单位、个人在社会经济活动中使用票据、信用卡和汇兑、托收承付、委托收款等结算方式时进行货币给付及其资金结算的行为。也就是一方得到另一方的货物或服务后所给予的货币补偿，以保证交易双方的权利与义务平衡。

1.2 支付与清算方式

1.2.1 物物交换方式

在货币产生以前的以物易物的社会中，物物交换既是一种原始的商品交换行为，也是一种实现交换双方权利与义务对等的债权债务清偿行为。

在物物交换中，无论从交换的任何一方来看，都很难清楚地区分买与卖两种不同的交换行为，也就是说，在物物交换中，买与卖是相互结合在一起的，买与卖没有分离。买的同时也可以看作是卖，卖的同时也可以看作是买。

货币产生以后，原始的物与物交换被代之以物与货币的交换。只有当货币被用于交换，人们才能分清买与卖的不同。只有当货币作为交换的中介参与到交换中来后，卖和买两种不同的交换行为才分化出来，并对人类从此以后的商业交易活动产生了决定性的影响和意义。

因此，我们把物物交换之所以称之为交换而不能称作支付，就是因为买卖不分，而只有当货币出现后，因商业交换而付出货币的一方的行为才可称之为支付，即支付货币的行为，而把出售货物一方的行为称为货物交付。

1.2.2 货币支付结算方式

物物交换的方式在实际生活中受到极大的限制，即拥有物的一方所要交换的并不是拥有另一物的对方所需要的，物的活动范围也有很大的限制，也不容易做到等值交换。因此，物物交换只是偶然发生，商业交易不活跃，范围与规模均很小。正因如此，人们开始寻找一种交换的中间物作为交换的媒介。

当货币作为交换的媒介物出现后，这种通过货币支付来交换物品的行为才是真正具有现代意义的货币支付与结算。

在作为一般等价物的货币出现以前，买与卖两种交换行为没有分离，作为交换主体的人的价值观念无从诞生，因为价值是从卖者的角度即从出让实物或劳务的角度来进行交换并获得其结果的。而货币产生后，人对自己拥有的或从他人交换物所能获得的货币量的认识(包括实物货币)构成了人的价值观念的基本内容。人的价值观在货币产生后出现了。

货币产生后，货币就成为度量所用于交换的物或劳务价值的工具和符号，就如米、公斤、伏特等成为度量长度、重量、电压等的工具和符号一样。在人类的历史长河中出现了多种货币类型、称谓和形式，现在世界上二百多个国家的货币名称也不同。如目前，世界上使用较多的货币是"美元"(USD)，"欧元"(EUR)，"英镑"(GBP)，"日元"(JPY)，"人民币"(RMB)等。它们都有一个共同点，就是度量物的价值。价格的真实含义是一定数量的货币单位，或者是某种货币单位对某种物的价值度量的结果。价格与价值的关系是：价值是对交换物的效用的度量，而价格是度量的具体数量结果。把二者并列起来看成是具有相同或相异的量的表现，是经济学走入的最大误区之一。

1.2.3　银行转账支付结算方式

随着交易环节与支付环节在时间和空间上的分离，怎样保证贸易的顺利安全可靠呢？作为支付结算中介的银行因此诞生。这种以银行信用为基础，借助银行为支付结算中介的货币给付行为(即分离出来的支付环节)，称为银行转账支付结算方式。正是由于商业信用和银行信用的产生，才促进了交易环节与支付环节的分离，才产生了以银行为中介的支付结算体系，这也成为商品经济社会的基础。可见，支付与信用的关系十分密切。通过银行的转账支付结算方式，也称为非现金结算方式或票据结算，减少了中间许多无效劳动与费用，提高了资金流通的效率并且节省了成本。通过银行的资金转账支付结算是目前国际上最主要的资金支付结算方式。

1.3　支付活动

1.3.1　支付活动的构成

参与支付活动的各方采用某种方式进行交易中债权债务的清偿过程称为支付活动。这种活动要完成至少应包括以下几个方面的要素：参与主体、行为方式、债务关系、支付客体、支付环境。在市场或社会环境下参与主体间由于各自的市场行为而发生了相互之间的一种经济关系，这种关系就是债权债务关系，这种关系要清理和解决就要在市场环境下采用支付活动的某种方式来清偿完成。支付活动的构成如图1-1所示。

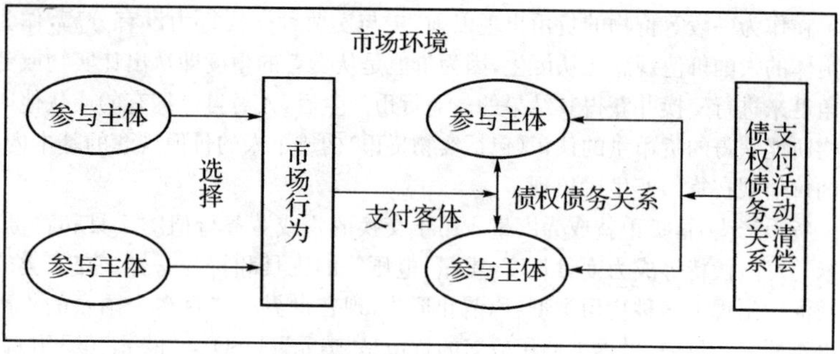

图 1-1　支付活动的构成图

在图 1-1 中，支付活动由下述环境构成：参与主体—市场行为—债权债务关系—支付客体—支付方式—债务清偿。

(1) 参与主体

不同性质的经济活动决定了参与主体的不同类型。

①商务活动决定了参与主体间属于交易的买卖类型

在市场的交易活动中，商务性质决定了参与主体间是一种买卖的关系，因此，参与主体的形式是商家和消费者，这是从产品交换到商品交易的商品社会发展过程中的一种主要的经济行为。而表现在这种关系中支付活动的发生就是通过买和卖的行为而清偿、完成和终结这种在市场经济活动中所建立的债权债务关系。反过来参与主体在市场中所形成的这种关系通过支付这种方式实现了商品所有权的转移，也实现了货币所属权的变化。参与主体间是一种买和卖的交易类型。

②借贷活动决定了参与主体间属于信用维系的金融类型

随着市场交易的发展，商业信用的出现和建立，参与主体间不单纯地是存在一种买和卖的交易关系。参与主体间在长期的交易关系稳固的形成和发展中，可能出现一种新型的信用关系，于是借贷行为就出现了，这样支付必然发生在借贷行为之后，而且出现了按承诺还本付息的再现资金时间价值的支付特点，这就是参与主体间存在的一种金融关系。最先的形式是交易活动中参与主体间的赊销和赊欠行为发生，而后逐渐发展成为专门提供金融服务的中介机构的银行、信托、担保、租赁等金融服务机构的产生，参与主体形成多样化的类型，他们之间形成的是一种靠信用维持的金融关系类型。

③馈赠活动决定了参与主体间属于让渡的转移类型

随着社会的进步和发展，参与主体间的行为不仅是出现交易和信用关系，也会出现为社会公益事业发展的捐赠活动，如对社会福利事业的捐赠、对教育事业的捐赠、对其他公益事业的捐赠等。这种不带有经济目的的非营利社会行为，在参与主体间即捐赠方与受益方之间存在着资金和货币通过支付方式的转移，这种类型我们将其称为让渡类型。

④国家政府财政分配的转移类型

国家和政府利用税收获得了社会资金，进行分配以实现社会资金占有的公平性和社会公益事业和国民经济的发展。各级政府的财政资金的转移支付和分配，也出现资金的划拨支付，我们称此类为财政分配的转移类型，它不带有主体的经济营利目的，而完全是一种政府的行为。

(2) 市场行为

参与主体在市场环境中所采用的经济活动和社会活动的方式称为市场行为。这种行为决定他们间所形成的关系，这种关系在经济活动中一般具有通过支付方式得到清偿和终结的特点。市场行为根据其性质可分为以下几种类型。

①买卖交易行为

如果参与主体在市场的经济活动中采用的是交易行为，则他们之间形成的是一种在商品所有权转移过程中所产生的债权债务关系，这种关系的清偿和终结一般只有通过支付货币的方式来进行结清，也可按交易双方的约定采用其他等值资产、物品和有价证券的抵扣方式来结清。

②借贷金融行为

如果参与主体在市场的经济活动中采用的是信用借贷行为，则他们之间形成的是一种在货币资金让渡过程中所形成的资金债务关系，一般具有按金融约定到期还本付息的支付特点。这种行为还具有二次支付发生的特点，贷方支出货币资金，形成由于货币资金转移后的债权债务关系，借方通过到期还本付息的第二次支付才能结清债权债务关系。

③捐赠公益行为

如果参与主体间采用的社会行为并不具有经济活动的性质，如对公益和福利类事业的捐赠，在这个过程中也相应地存在资金让渡账户划转的支付行为，但在这种支付行为发生后参与主体相互间不产生债权债务关系，而只存在权利义务关系，受益方要按授予方约定遵循和执行他所承担的义务，这是一种社会关系而不是经济关系。而且这种方式具有支付后才建立权益和义务关系的特点，而不是通过支付关系来清偿所发生的债权债务关系。

(3) 债权债务关系

债权债务关系是指在经济活动中参与方之间所形成的能用货币价值度量一方具有索偿权另一方具有偿还义务的一种法定经济关系，这种关系与参与主体和他们所采用的行为有关。债权债务关系是在社会出现经济活动的交易后才产生的，而且随着商品社会的发展和完善，这种关系处在不断的演变和发展过程中，并不断出现新的形式，特别是商业信用的产生更使其具有新的特点。

①买卖交易是债权债务关系产生的最初基础

在市场的交易活动中，商品出卖发生所属权的转移，持有所买商品的购买者存在偿还等值货币价值的义务，就形成了需用货币价值度量商品价值的偿还义务，这就是债务，而出卖商品者就具有了获得等值价值货币的权利，这就是索偿的债权。

这种债权债务关系只有在商品市场的交易过程中才会出现，在以物易物的交换社会中交换的双方以产品相互的转移实现的是产品所属权性质的交换，而不是以价值度量的债权债务关系的出现。而只有在商品社会中的交易市场，当出现交易的中间媒介货币时，才存在以货币度量价值，当以支付方式实现资金的清偿后债权债务关系便出现了。因此，只有在商品社会的买卖交易过程中，商品所有权的转移，也同时产生了以价值衡量的等价债权债务关系的出现，而这种关系要在经济活动中得到清偿，就必须使用支付的手段才能完成。

②信用的出现使债权债务关系的发展出现新的形式

第一，赊销促进了产量扩大并客观上增加了商品流转。

从经济的角度分析，生产者有获得高额利润的本能生产冲动。获得利润的途径：一是提高产品的价格，二就是增加产量、不断扩大生产，形成规模效应。这就必须加快市场的交易过程，加快商品的社会流通，这就是产品向商品、商品向消费品转移的一种流转。在长期交易的过程中，交易双方均发现，采用赊销的交易方式对交易双方都有利，生产者可以增加产量，扩大生产，购买者可以解决资金周转的困难，当然这一切要建立在长期交易活动中形成的双方相互信任的基础上。

第二，赊销促进了交易信用的建立。

赊销必须有按事前承诺的偿还信誉，而这种信誉是在长期商业交易过程中逐渐建立和形成的，这种可靠的商业信誉关系出现使交易双方都愿意在资金短缺和紧张时采用赊销。赊销客观上促进了商品的流通，也形成和建立了交易过程中的商业信用。

商务关系中的赊销现象建立在相互信任关系的基础上，交易过程中的相互信任就是产生信用的基础，赊销使得生产者有扩大生产的利益冲动，对购买者有加快资金周转和使用的效益，这种双方都愿接受的交易方式必然会得到发展，也使交易中出现的信用通过这种方式在社会上得到进一步巩固。

第三，信用在资金使用上的继续发展出现了借贷。

除了交易过程中的赊销行为，在生产和消费过程中也可靠信用采取借贷方式来加快资金的需求和周转，这是信用在交易过程中的一种延伸使用和发展。生产者为了扩大生产对资金的需求可以使用借贷，消费者为了提前消费可以使用借贷，这种靠信用发展的对资金需求的信用关系有利于社会商品的流通和生产的发展，于是社会的进步促进了信用的继续发展，反过来信用的发展更促进了社会物质和文明的进步。

第四，银行和金融服务机构的出现是社会信用关系发展的高级形式。

承诺和兑付是信用产生的基础，这种在经济生活中所出现的承诺和兑付在长期的商业活动中被逐渐固化和稳定。一些有资金实力的经营者发现在交易活动中靠自身的信用专门从事借贷活动比交易获得的利润更有利可图，而且这种业务的经营更为容易和简单。于是在市场中就逐渐形成专营借贷服务的金融服务机构，他们按事前的承诺借出资金，到期时按约定收回本金和利息。在经营过程中他们的信用和声誉得到发展，进而他们可承诺凡其所开出或发行的票据都有随时兑付和支付货币的能力，这就使信用扩大，于是派生货币出现。这种利用信用而提供借贷金融服务的中介机构就是银行。银行可以利用兑付和偿还资金的时间差值将暂时积聚的资金贷出而进一步扩大信用货币的经营规模，甚至自己可开发用于行使支付和结算职能的各种手段、方式和工具，这种专营金融服务的机构不断发展和演变，使社会的信用关系得到进一步的发展。因此，银行是社会信用发展到高级形式下的产物。

第五，资金债务关系成为社会信用发展的主要方式。

无论是生产、交易和流通的过程都会产生对资金货币的需求，借贷逐渐成为社会经济活动中的一种主要方式。信用产生借贷，借贷形成资金债务关系，而任何形式债务关系都需要货币等值度量后才能得以清偿，于是社会经济活动中的种种债权债务关系都集中反映为资金的债权债务关系，而经营资金服务的银行就必然发展成为提供资金债务关系清算结算服务的中心。经济活动中各种关系的演变和发展主要集中在对货币资金需求的信用关系上，债权是对等值货币价值的索偿，债务是用等值货币价值去偿还，债务关系是用等值货币价值去衡量，承诺和偿还的信用也是靠等值货币价值的支付来完成，所以资金债务关系的发展成为社会信用发展的主要方式。

③信用发展的借贷形成新的债权债务资金关系

在交易活动中所形成的债权债务关系主要是由于商品所有权的转移而出现的，这种关系仅是以货币价值来进行度量，而伴随的却是一种商品所有权的转移，这是其显著的特点。银行出现后，债权债务关系可以不伴随商品的买卖活动而出现，即借贷直接产生了体现货币价值的资金债权债务关系，这种靠信用的借贷关系是由于在经营活动中对资金的需求而产生的。借贷不完全发生在物质生产和消费活动的过程中，而是可以独立于这些活动外的一种资金关系。社会的任何成员都可与银行发生借贷关系，形成资金的债权和债务，只要有信用就可以发生借贷，而借贷的资金又可有多种用途。这种以资金为主用借贷方式形成的债权债务关系成为社会普遍而主要的一种经济关系，这是信用社会发展的一种必然现象。

1.3.2 支付的信用

(1) 信用的定义

信用的英文是 credit，意思为“相信、信任”，包含诚信和遵守诺言的内容。信用经济学的意义是体现特定关系的借贷行为，它具有两个基本特征：一是以偿还为前提，到期必须偿还；二是偿还时必须有一定的增加额，这就是利息。借贷行为可以采用商品形式，也可以采用货币形式。而在以货币广泛被作为支付手段的现代经济的今天,货币形态的借贷关系是信用的主要方式。因此,信用可以定义为以偿还本息为条件的暂时让渡商品或货币的借贷行为。

信用活动的出现涉及发生信用关系的双方,在借贷活动中当出现债权和债务时就伴随着相互的信用关系,没有这种关系,双方的债权和债务关系就不能得到清偿。

由于信用具有到期归还和支付利息两个基本特征,因此,信用这种行为区别于一般商品交易,也区别于财政分配和其他形式的价值运动,它是不发生所有权变化的价值单方面的暂时让渡和转移的行为。

总之,信用的产生是由经济活动中所建立的经济关系所决定的,这种关系的稳固发展和牢固形成,才进一步发展形成相互的一种信用。而信用是在经济活动中借贷行为出现后才产生的,有商品和货币的借贷,有延期偿还支付的现象发生,才有当事双方存在的信用关系。借贷者相信授信者有到期还贷的支付能力,他才可能授信,而借贷人相信他有到期还贷的支付能力,他也才借贷,因此,这种行为之所以能发生主要是建立在债务人有支付偿还能力的信用基础上。借贷者有到期支付偿还能力的信用是借贷现象出现的基础。因此,支付信用是借贷行为出现的基础,而借贷现象的发生又是信用关系产生的必要条件。

(2) 信用与货币的关系

信用是行使支付职能的货币出现后的产物。

①交换社会存在着初级的信用关系

在以物易物的交换社会中存在着信用的初级形式,如果交换双方关系比较稳定,就可能导致单方面的产品价值让渡的现象出现,这种让渡是建立在事后允诺偿还约定物品的信任关系的基础上,这就是最初的信用关系。但这种关系是极其脆弱的,因为这种对某种偿还物品的事前约定,由于偿还物品的特殊性和限制性以及其他方面的种种原因会使这种承诺到时难以执行。这种随时有不执行承诺的风险使在以物易物方式中建立的信用关系难以发展。

②交易媒介的发展使信用得到了发展

从以物易物的交换发展到以中间媒介的交易形式时,单方面的产品价值让渡现象的出现,事后按承诺的偿还方式,就可按约定的中间媒介数量进行,中间媒介就充当了行使支付初级职能的角色。由于中间媒介具有普遍的社会特性、易获得性及公认性,这使违约风险出现的几率减小,靠信用而使用媒介行使支付职能的单方面让渡产品的交易行为得到了发展,信用交易也开始形成。但这毕竟还处在范围小、数量少和极不普遍的状况下,只发生在特定环境、特定关系和特定的情况下,因此,信用仍处在不发达的阶段。

③货币支付职能的出现推动了信用社会的产生

只有当信用在社会整个环境下普遍存在,而且信用的交易方式被人们广泛采用,并出现采用这种方式经营和服务的机构和组织时,这种行为才称得上具有了社会的特性,也才有信用社会的界定。而只有当货币产生,采用货币行使支付职能和价值的度量时才可出现这种情况。

商品所有权的转移通过货币的支付形式而实现,生产者生产、销售者销售都转化成对货币的单一需求。货币支付职能的行使,使交易环节变得简单,也使交易的信用得到了发展。生产者和销售者对资金货币周转的急切需求,并非只能靠商品销售的单一方式来实现,还可采用市场中的借贷行为来实现,这只需要他们有延期偿还用货币支付的信用。消费者对商品的需求也可通过赊购的方式实现,他只要有延期支付偿还的信用能力就行。这种有延期支付的偿还能力的信用,可实现社会对资金借贷的一种需求,而这种对资金借贷的需求则促使社会出现以经营资金借贷服务的中介机构出现,这就产生了银行和其他经营资金和资产并提供金融服务的机构,在整个社会就出现了靠信用服务的产业,信用社会就出现。

随着金融服务领域的不断拓展,采用延期支付而出现的各种信用方式的经济活动在不断地发展和创新,其目的是使社会的商品流通和资金流通更快捷、方便和高效,使社会创造价值和财富效率更高,这样社会就朝着商品社会和信用社会的更高阶段不断发展。特别是在今天,高新技术层出不穷,在网络环境构筑的社会大环境下,信用的发展以及支付方式和工具的不断创新,必将使借贷和延期支付偿还的信用方式对社会的发展产生更大的难以估量的影响和作用。

1.3.3　支付活动遵循的基本原理

由于交易和借贷活动产生经济主体间的债权债务关系,而这种债权债务关系的清偿需要行使支付的手段来终结和完成,这就是支付产生的根本原因。支付是经济活动中的一种方式和手段,它的目的是清偿债权债务关系,而支付在经济活动中所体现的基本特性我们称为支付原理。这些原理主要包括:

(1) 债权债务关系的清偿性

支付目的是清偿经济活动中的债权债务关系,具有明显的经济利益关系,无论采用何种支付方式、支付手段以及使用何种支付工具进行支付活动,其目的是对经济活动中建立的债权债务关系进行清偿。这种关系得不到清偿的任何支付形式,终究不会为社会所采用和接受。如果一时在经济活动中出现,只能是支付过程中的诈骗现象。因此,清偿性是衡量支付方式、手段和支付工具实用和可行的一个基本标准。一般有现金支付方式、账户划转方式、银行票据支付方式、资产抵押支付方式等达到债权债务清偿目的。

(2) 方式的社会接受性

方式的社会接受性是衡量支付是否能清偿债权债务的一种社会认同标准。“欠债还钱”是自古以来人类社会形成的天经地义的普遍商业法则。由此可见,债和钱之间的紧密关系是社会形成的一个共识。而采用其他代替钱的方式来清偿债权债务就有一个社会接受的问题。例如,从道理上讲用举债等值的其他等价物来偿还债务应该是可行的，如使用等值的有价证券或资产来进行债权债务的清偿，但当事人不一定都能接受，如果接受这也只是当事人之间约定的一种临时的支付方式，而不是社会所认可的接受方式。因此，这只能成为当事人之间的一种特定的支付方式而不能成为社会广泛采用的方式，更不能把它当成支付工具来使用。

社会接受性是支付实用和可行的社会标准。随着信用社会的发展和进步，经营货币资金服务的金融机构和其他经济实体可能会开发出很多支付的新工具和新形式。这些新的支付工具和形式是否可行，是否有发展和推广使用价值，社会接受的认同性应该是衡量其可行性的根本标准，支付方式和工具的发展可说明和印证这点。社会能认同金融机构发行的支付工具，前提是金融机构在社会上具有很高的信用度，这种信用度是社会认同和接受的基础，这是专职经营资金货币的金融机构所独具的信用所造成的。人们信任它是因为它有随时兑付货币的信用承诺，是因为采用它所发行的支付工具有支付方便和快捷的特点，没有这些存在的条件社会是不会接受它的。这也就使银行有利用信用发行货币的职能。只要有社会的认同性就可创造出新的支付工具，而新的支付工具的使用和成功要具有开拓市场的创新精神，这样的认同要与市场的开拓创新同时进行。

(3) 手段采用的便利性

作为一种社会所接受的支付方式或工具，它应具有接受者在方式的使用上的便利性和功能应用上的方便性的特点，这就是使用的便利性含义。包括支付方式的便捷性、功能使用的便利性、手续使用的简洁性和系统环境支撑的便利性。

(4) 支付使用的安全性

支付是一种货币所有权的转移交接过程，由于货币具有社会的价值性，每个社会人都有占有的需求，这就使货币在交接过程中有被不相关的第三方占有和失窃的可能，这就是安全性问题。现金使用的支付交易安全，主要面对的是交接过程中所出现的危险。例如，数量大时出现的安全隐患可能是被抢劫或盗窃的风险，这是不安全的一个方面的内容；另一方面，交易方出现身份的假冒，可导致支付后诈骗资金的现象发生。失窃和诈骗是支付交易过程中经常发生的两种常见的不安全现象。在中国的历史上异地的商务活动常出现使用镖局押送白银的做法，以保证货币在运送过程中的安全，这说明在货币支付过程中有一个交接通道的安全性。现今银行营业日开始和结束都有武装押送的运钞车来保证现金在通道运输过程中的安全，而使用支付工具进行支付时则采用专用通道和密押的方式来保证支付传送的安全性。网上支付一般用货币在传送通道中的先进的信息技术和制度安排来保证信息传递的安全和支付工具的安全。支付安全问题的产生如图1-2所示。

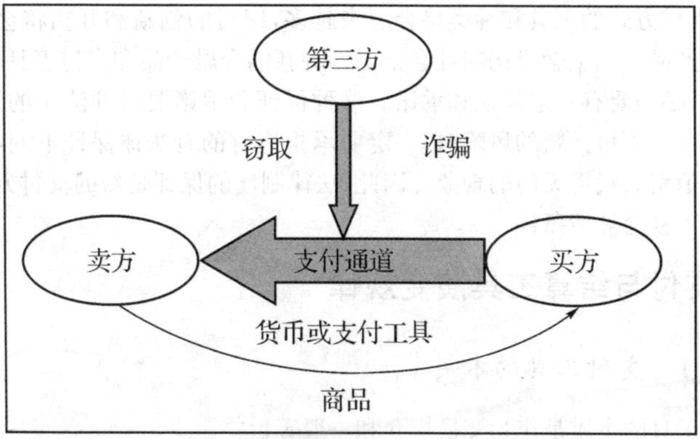

图1-2　支付安全问题的产生

一种新的支付方式是否能被社会所接受，安全和可行是前提条件。

(5) 支付信用的可靠性

随着社会的发展，采用现金支付的方式将会越来越减少。现金支付的方式有以下几个不便之处：

①现金携带不方便；

②现金保管不安全；

③搬运过程中有风险；

④使用过程中有隐患；

⑤币种间支付存在障碍。

因此，在频繁的交易和经济活动中，当人们社会活动的范围越来越大时，采用单币种的现金支付方式将越来越不适应当代人的生活。在支付活动中人们将越来越借助于银行和金融机构发行的各种支付工具来进行支付与结算活动。在经济生活中随着银行和金融机构的介入，货币支付结算的服务得到加强。在采用和选取银行所发行的支付工具时，就存在一个对这种支付方式的信任问题，这种支付的信用是否可靠，人们使用它是否会出现差错，使用是否方便和安全，这种种疑虑反映的就是支付信用的可靠性问题。可靠性就是人们反复试错后无差错、安全，人们才使用它，如果可靠，人们才经常使用它，经常使用后人们就离不开它，从而它就会成为生活中一种必备的支付方式；如果不可靠，人们就是使用它也不会很频繁，那这种方式和工具就会失去应有的市场。因此，建立支付的信用是支付工具能形成长期存在和发展的品牌，而这种品牌一定是建立在信用可靠性的基础上的。

(6) 法律制度的保证性

支付活动属于经济活动，任何安全和可靠的产品都难免在使用中出现经济纠纷，在信用社会中健全的法制是经济生活秩序正常的保障。随着信用产品的增多,用于支付方式的工具和种类将会越来越多,银行的创新和开拓将会不断推出新的金融产品。当金融机构向社会推出一种新的金融产品和支付工具时,要消费者接受它,必须要有一定保证和承诺。这种保证和承诺要得到法律的保障,当使用它出现一些不可预料的风险时,一定要承担应有的有法律保证下的经济赔偿,不能造成消费者投诉无门的现象。因此,法律制度的保证是新的支付方式和工具产生的基本社会环境条件。

1.4 支付与结算工具演变规律

1.4.1 支付工具的本质

支付工具的本质是作为交换媒介和一般等价物。

货币是商品交换长期发展过程中分离出来的特殊商品,是商品交换发展的自然结果。原始社会后期,由于社会生产力的发展,在原始公社之间出现了最初的实物交换。随着生产的进一步发展,商品交换逐渐变成经常的行为。但是,直接的物物交换中常会出现商品转让的困难,必然要求有一个一般等价物作为交换的媒介。当一般等价物逐渐固定在特定种类的商品上时,它就定型化为货币。

1.4.2 支付工具的演变规律

(1) 货币的演变

货币自诞生以来,经历了实物货币、金属货币、信用货币等数次转变。货币的"祖先"脱胎于一般的商品。某些一般的商品由于其特殊的性能,适合用做交易媒介,于是就摇身一变成了商品家族的新贵——货币。比如贝壳,今天的人们已经很难想象它曾经是叱咤风云的"钱"。除了贝壳,还有龟壳、布帛、可可豆、鲸鱼牙,甚至玉米等,都曾在不同地区的不同时代充当过货币。后来,取代实物货币的是金属,比如金、银、铜、铁等,它们都曾长时间扮演过货币的角色。在金属货币之后诞生了纸币,也就是所谓的信用货币。

中国是世界上最早使用货币的国家之一,在中国的汉字中,凡与价值有关的字,大都有"贝",由此可见,贝是我国最早的货币。随着商品交换的迅速发展,海贝已无法满足人们的需求,人们开始用铜仿制海贝。铜贝的出现,是我国古代货币史上由自然货币向人工货币过渡的一次重大演变。中国最古老的金属货币是铜铸币。一是"布",是铲形农具的缩影。二是"刀",是刀的缩影。三是铜贝,在南方楚国流通,通常称之为"蚁鼻钱"。秦始皇统一中国后,于公元前 210 年颁布了中国最早的货币法"以秦币同天下之币",规定在全国范围内通行秦国圆形方孔的半两钱。到了汉武帝时期,中央收回了郡国铸币权,由中央统一铸造五铢钱,从此确定了由中央政府对钱币铸造、发行的统一管理。

信用货币以纸币为主要表现形式。中国在 10 世纪末的北宋年间,已有大量用纸印制的货币——“交子”成为经济生活中重要的流通和支付手段。元代则在全国范围内实行纸钞流通的制度，其中具有代表性的是忽必烈在位时发行的“中统元宝钞”。银行券是随着资本主义银行的发展而首先在欧洲出现于流通中的一种用纸印刷的货币。最初，一般商业银行都可以发行银行券，发行银行券的银行保证随时可按面额兑付金币、银币。到了 19 世纪，在工业化国家中，纸币的发行权逐渐集中于中央银行。19 世纪末 20 世纪初，在银行券广泛流通的同时，事实上贵金属铸币的流通数量日益减少，表现出纸制钞票的流通终将取代铸币流通的趋势。

最近几十年，一些新的货币形式正在出现，比如现在流行的电子货币。电子货币无形无影，它依托金融电子化网络，以电子计算机技术和通信技术为手段，以电子数据形式储存在计算机系统中，通过计算机网络系统，以电子信息传递的形式实现货币流通和支付的功能。银行卡就是我们常见的电子货币载体之一。电子货币的产生是货币史上的一次飞跃。现在，电子货币已经广泛地渗透到现代生活中，它在完成交易支付时比纸币更加便利和快捷。使用电子货币，可以存款取款；可以代替现金实现转账支付，直接用于消费结算；也可以向银行办理消费信贷。此外，与纸币相比，电子货币更不易被伪造，使用起来更加安全、便利。

(2) 支付工具演变与货币演变关系

支付工具的演变和货币的演变并非完全一致。支付工具总是领先于货币的演变。支付工具与货币的对应关系大致如表 1-1 所示。

表 1-1　支付工具与货币对应关系表

支付工具	法定货币	技术变革
足值货币→铸币	足值货币(原始货币，如牛、羊；贵金属，如金、银)	冶炼技术
铸币→银行券等	铸币	冶炼技术的进一步发展
银行券→国家纸币等	银行券，纸币	造纸术
国家纸币→银行卡→电子货币等	现金，电子货币	造纸术、印刷防伪技术、信息网络技术

从表 1-1 可以看出，支付工具本质上是直接或间接地依附于法定货币，是一种能直接或间接反映货币具有支付手段职能的载体。但是，支付工具与法定货币本身并非一一对应，它比法定货币具有更加广泛的内容。比如，目前法定货币为纸币，支付工具则由两大类构成：一类是直接反映纸币具有支付手段职能的现钞、银行卡(包括借记卡和信用卡)等；另一类是间接反映此职能的电子货币。现钞和银行卡等支付工具之所以能直接反映纸币的支付手段职能，在于它们与纸币在价值上具有一一对应的关系；电子货币虽然还不是法定货币，其“价值量”依赖于与现行货币保持等额的兑换关系，从而电子货币也能间接地反映纸币具有支付手段职能。

(3) 支付工具演变规律

在货币演变过程中,货币的信用担保主体逐步外化,但其信用结构最后都收敛为对货币具有普遍接受性能力的信任,所以货币的本质是信用,它贯穿了货币演变的全过程。在这个过程中,交易成本递减和货币的信用风险递增又是货币发展的两个本质规律,它们共同决定着货币演变的历程。支付工具从原始的实物支付演变到今天的电子化形式,与货币的演变具有十分相似而又不完全相同的规律。

①支付工具的演变必须实现价值保值

所谓价值保值,即与法定货币之间必须保持固定的等额兑换关系。某种支付工具要实现价值保值,可以通过两个途径实现:一是其本身由货币当局确认,通过立法的形式,确定其"价值代表"的身份,即"法币";二是通过传统货币或银行信用的支持,确定它们与传统货币之间有稳定的兑换关系和偿付保障。比如,银行券出现后,在很长一段时间内都与黄金和白银保持固定的兑换比率。与此相似,电子货币在获得"法币"地位前,必须随时都能兑换成等额的中央银行纸币。第二种价值保值途径往往是通过支付工具的发行主体提供外在的信用担保,这又使其信用风险增加。

②支付工具的演变体现交易成本递减规律

布伦纳和梅泽尔(Brunner and Meltzer)曾从信息成本角度提出产生交易媒介的两个充分必要条件,罗伯特·琼斯(R. A. Jones)证明了布伦纳和梅泽尔的假设并得出结论:只要存在某种商品 k,它具有较大成交概率,则以 k 为媒介作间接交易,效率更高,即交易成本更低。可见,经济学家们一般用交易成本递减来解释交易货币化过程产生的原因,而交易货币化只是货币形态发展里程中的一个短暂瞬间,我们更应该看到贯穿货币等支付工具演变过程中所体现的交易成本递减规律。支付工具演变所体现出的交易成本递减,主要是从安全(易于识别、防止冒造)、便于携带保管、可重复使用、匿名性等方面理解。

③支付工具的演变也体现出信用风险递增规律

从信用角度看,在交易成本为零的情况下,人们总是愿意用有价值的物品作为交易媒介,因为这样可以最大化地降低交易的信用风险损失。前述支付工具的第二种保值途径和交易成本递减都使得支付工具的信用担保主体逐步外化。因此,支付工具演变史背后的支付工具信用担保主体逐步外化的过程就是支付工具信用风险递增的过程。

1.5 网络零售支付与结算的兴起

1.5.1 传统支付结算方式的局限性

支付结算方式是伴随着商品经济的发展而逐步出现的,现金支付结算在我国乃至全球已存在了数千年的历史，后来，随着英国工业革命，银行的出现大大促进了商品经济的发展与繁荣，人类逐渐进入工业经济社会。这时，商务的规模、覆盖范围、涉及对象、运作复杂性等均大大增加，所以出现了诸多支付结算方式。特别是，伴随近50年来计算机技术、通信技术、信息处理技术的进步，基于专线网络的金融电子化工具逐步在银行业得到应用，信用卡支付、电汇、EFT等支付结算方式的出现，在一定程度上提高了银行业务处理的自动化程度与效率。随着人类进入21世纪，跨入信息网络时代，电子商务逐渐成为企业信息化与网络经济的核心，这些工业经济时代里的传统支付结算方式在处理效率、方便易用、安全可靠、运作成本等多方面存在许多局限性。

(1) 传统支付结算方式运作速度与处理效率比较低

大多数传统支付与结算方式涉及人员、部门等众多因素，牵扯许多中间环节，并且基于手工处理，造成支付结算效率的低下。

(2) 大多数传统支付结算方式在支付安全上问题较多

伪币、空头支票等现象造成支付结算的不确定性和商务风险增加，特别是跨区域远距离的支付结算。一些传统支付结算方式，如现金、支票，有时还带来人身健康、安全的威胁，比如纸质现金与支票等均是病毒的重点携带者。

(3) 绝大多数传统支付结算方式应用起来并不方便

各类支付介质五花八门，发行者众多，使用的辅助工具、处理流程与应用规则和规范也均不相同，这些给用户的应用造成了困难。即使使用信用卡、电汇、EFT等网上支付结算方式，也由于基于不同银行的金融专业网络，使用上有的还需要通过专业人士会用的专业应用软件，所以在开始普及应用上就存在很大的局限性。

(4) 传统的支付结算方式运作成本较高

由于涉及较多的业务部门、人员、设备与较为复杂的处理流程，运作成本较高。特别像邮政汇兑、支票等方式，不但需要设置专业柜台和人员处理，而且浪费资源。

(5) 传统支付结算方式很难满足用户随时随地个性化查询支付结算信息的要求

传统的支付结算方式，包括目前一些电子支付方式在内，为用户提供全天候、跨区域的支付结算服务并不容易，或很难做到。随着社会的进步和商品经济的发达，人们对随时随地的支付结算、个性化信息服务需求日益强烈，比如随时查阅支付结算信息、资金余额信息等。

(6) 传统支付结算方式资金使用效率低

传统的支付结算方式特别是中国企业比较流行的纸质支票的应用并不是一种即时的结算，企业资金的回笼有一定的滞后期，增大了企业的运作资金规模；现金的过多应用给企业的整体财务控制造成一定的困难，同样对国家控制金融风险不利，且给偷税漏税、违法交易提供了方便。

1.5.2 支付是网络零售发展的关键和瓶颈之一

(1) 支付是网络零售发展的关键

网络零售的发展日新月异,令人目不暇接,但真正决定网络零售意义的是支付方式。网络零售中的"四个流":商流、信息流、资金流、物流,最核心的是资金流。这是因为:

①互联网为商业交易提供了非常好的商流、信息流流动支撑平台,但资金流和物流不容易通过网络来实现。

②任何一笔交易最后都要落实到货币的支付结算上来,货币的所有权转移是所有商业交易的一个核心,没有货币所有权的转移商业交易就没有真正完成,所以网上支付结算是网络零售最终得以实现的关键。

③如果网络零售仍旧依靠传统的支付结算方式,不能实现实时在线支付,那么这个电子商务只是"虚拟商务",只是"第四媒体"、电子商情、电子合同,而无法真正实现网上成交。

④通过一定的网上支付结算流程设计和制度安排,网上在线实时支付与查询也是确保交易双方利益平衡的根本保证。

⑤网上支付结算本身具有的全天候全地域优势是化解传统支付结算方式受时空局限性大与网络零售所要求的全天候全地域实时支付结算与信息查询矛盾的唯一解决方案。

(2) 支付是制约网络零售发展最大的瓶颈

进入21世纪,商品经济更加发达,规模巨大,经济全球化的深入把企业或个人的商务触角伸展到更大的范围,全世界均成了商业战场。在这种背景下,高效准确、快捷安全、全天候、跨区域的商务是人们追求的目标。从前面的叙述知道,资金流是决定电子商务能否安全顺利、方便快捷、低成本开展的关键环节,是政府、商家、客户最为关心的对象,其流动与处理的效率、成本高低直接关系到电子商务的开展效果,因此政府、企业以及家庭个人对解决资金流的运行效率和服务质量的要求也越来越高,这就对支撑电子商务资金流流动的支付结算方式提出了更高的要求。在这种背景下,特别是信息网络技术的进步,促使资金流的支付结算系统不断从手工操作走向电子化、网络化与信息化。但目前,网上支付还存在以下几个问题:

①人们对互联网的在线支付查询功能存在重大认识误区。过去我们只认为互联网是信息传播新媒体,把互联网简单地等同于纸张、电报、电话、报纸、电视等通讯手段,最多只认为它多一个信息的双向传输互动功能,而没有意识到互联网与上述媒体最大的区别在于它不仅是信息传输的工具,而且是电子货币的实时在线交易传输的工具和支付结算信息查询工具。互联网正是凭借这一强大功能,将自己同其他媒体区别开来,并可代替其他媒体,而其他媒体不能代替互联网。

②过去货币在互联网上的存储、流动存在安全性问题，货币的所有权人对货币在互联网上存储、流动心存疑虑。

③过去没有提出一个让商业交易双方权利义务平衡，交易双方都认可而且双赢的货币所有权转移方案。现在，随着第三方支付工具的出现及其本身的信用化，为交易双方的权利义务平衡找到了一个较好的解决方案。

④网上支付结算操作方法繁琐，对网上支付结算使用者的文化水平和互联网使用能力有较高要求，这很大程度上妨碍了网络零售交易中网上支付结算的普及运用。

【本章小结】

电子商务是网络经济的核心内容，是发展趋势，基于网络的支付结算方式的发展与应用也是必然的发展趋势。当然，这并不意味着以手工作业为主的传统支付结算体系中应用的各种支付结算手段会很快被淘汰，特别是在中国这样具有悠久历史的发展中国家，因为这些支付结算工具各有利弊，在某个阶段也分别适用于不同的领域，满足了不同的用户需求。像现金支付，具有面对面、简单灵活的特点，对大量的文化层次较低的公民或在基础设施较差的农村等，还较为适合。

【案例】

支付在电商中的重要性

——一个电商人的感触

一、支付的难度

支付行业是有门槛的，支付公司的好的 BD 的水平，要远远高过一般公司的销售人员，支付公司的优秀 BD 是具备了方案整合能力、谈判能力及拿结果的能力的。我的经验是，要培养一个成熟的 BD，有悟性的也要半年，没有悟性的就至少要一年。这个成熟的定义是指彻底了解支付产品，能够跨行业拓展客户。我以前对团队里面的人说，如果有一天你“顿悟”了，那你就合格了。我对“顿悟”的理解是：忽然有一天，我明白了支付产品如何跟商户的流程结合，如何跨行业拓展，如何拿到最好的结果。

二、基本的支付产品介绍

在线支付产品有如下一些基本产品：

1. 网银支付：这个产品各家公司都有，非常基本，区别主要在费率上，目前网银的费率普遍在 0.2%左右；这个产品是所有支付公司的最基本产品，已经非常成熟，但是因为网银需要 U 盾，额度受限，这个产品已经江河日下，但是由于价格便宜，当前来看还是用量最大的。

2. 批量付款到银行卡：这个产品分为对公和对私，大多数支付公司对这个产品也都比较成熟了，单笔的费率普遍在 1～2 元左右；这个产品的使用范围也非常广，很多直销公司、物流公司、保险公司，因为需要给代理商或个人用户派发佣金、发工资或发放分红等，需求还是很大的。

3. 快捷支付：快捷支付分为快捷信用卡支付和快捷借记卡支付，这个产品从2010年开始出现，由于交易流程简便，且不需要开通网银，额度也可以放得很大，已经在逐渐取代老的网银，但是当前费率略高，普遍在0.8%左右；不过费率最终是会便宜下来的，快捷支付最终会取代网银。

4. 无线支付：无线支付现在基本以快捷支付为主，手机银行支付经各大银行大力推动了一番，现在已有后军突起之势。

5. POS收单：很多支付公司也在大力拓展POS业务，这块的量当然比线上大多了，利润也不错，商超、餐饮各种刷卡，资金量非常大。

除了上述的几种基本产品，支付公司的产品还有非常多，不仅是各个支付公司内部产品各异，而且各个支付公司联合不同行业的商户，也变形出了非常多的产品形态，如机票平台，传统行业的资金归集等。

三、好的支付产品如何帮到商家？

商家需要做好两步，才能把好的支付产品转换成为生产力。

1. 首先要选择好的支付产品，流程务必要简单。尤其是在这两年高速发展的快捷支付产品上，不少公司都推出了快捷支付，主打无需网银即可支付的概念；但是不同支付公司由于跟银行的关系不同，拿到的接口级别也不同，而且支持的银行家数不同，流程简易程度也不同。其实选择起来也很简单，大家只要把各家支付公司的流程挨个体验一遍就心知肚明了。

2. 选择了好的支付伙伴后，商家还需要把自己的购买流程跟支付产品紧密结合，尽量减少跳转环节；有的时候，商家还希望支付公司能够提供一些运营上的帮助，支付公司也都会尽量努力去协助，因为在这个合作中，支付公司毕竟还是乙方。但是从5年的从业经验来看，支付公司在运营方面的帮助有限，最终商家还是要靠自己的用户体验（购买体验、支付体验、售后服务等构成了综合的用户体验）来留住用户、发展用户。

【基本训练】

1. 支付、清算、结算和买卖的关系是什么？

2. 传统支付结算方式局限性的表现有哪些？

3. 为什么说支付是制约网络零售发展最大的瓶颈？

第2章 网上支付与结算概述

【学习目标】

通过本章学习,应该达到以下目标:

知识目标:了解电子支付、网上支付的概念,理解网上支付与电子商务发展的关联以及我国网上支付结算存在的问题。

技能目标:掌握电子支付、网上支付与电子商务支付之间的关系。

能力目标:通过学习电子金融服务内容,具备利用互联网实现网上支付的能力。

网上支付是电子支付的高级方式,它是基于电子支付发展起来的,是电子支付发展的一个新阶段。网上支付是以电子商务为基础,以商业银行为主体,使用安全的、基于 Internet 的运作平台,通过网络进行的,为交易的客户间提供货币支付或资金流转的现代化支付手段。电子商务高水平的发展需求直接导致网上支付的兴起。为适应电子商务的发展,西方一些发达国家的网上支付的研发与应用日趋成熟。网上支付在中国的应用也日趋广泛。经过多年的努力,中国国家的现代化支付系统建设也取得了很大进展,国有商业银行也建设了各自的信用卡网上支付体系。中国人民银行电子联行系统、同城清算系统已在全国大中城市得到普及,全国银行卡信息交换网络建设已经初具规模,信用卡开始普及使用。这些由银行支持的网上支付工具的建设为网上支付的发展奠定了坚实的基础。

2013 年第一季度,全国共发生电子支付业务 56.12 亿笔,金额 217.59 万亿元,同比分别增长 29.99%和 26.20%。其中,网上支付 52.50 亿笔,金额 215.04 万亿元,同比分别增长 126.85%和 25.92%;电话支付 1.64 亿笔,金额 1.45 万亿元,同比分别增长 71.06%和 13.47%;移动支付 1.98 亿笔,金额 1.10 万亿元,同比分别增长 139.30%和 206.46%。

2.1 网上支付的相关概念

通过本节读者可以更好地理清电子支付、网上支付等概念。

2.1.1 电子支付的定义

我国 2005 年颁布的《电子支付指引》中指出:“电子支付是指单位、个人(以下简称客户)通过电子终端,直接或间接向银行业金融机构(以下简称银行)发出支付指令,实现货币支付与资金转移。电子支付的业务类型按电子支付指令发起方式分为网上支付、电话支付、移动支付、销售点终端交易、自动柜员机交易和其他电子支付。"这是国内迄今为止最权威的关于电子支付的定义了。

为进一步研究之需要,特对电子支付定义如下:

电子支付是指以电子货币和各种电子化工具为媒介,以现代电子识别技术、通信技术和计算机技术为手段,通过计算机网络系统或互联网系统以数据加密传输的形式实现货币价值和资金转移的各种现代支付方式的总称。这里对"通过电子终端发出支付指令"做了进一步的细化,指出了电子支付的媒介,强调电子支付依赖现代电子识别技术(如磁条识别、RFID射频识别技术)、通信技术(包括 NFC近场通信技术、远程通信技术、互联网技术等)和计算机技术(数据处理、网络连接等),突出电子支付转移和传输的是以数字形式存在的货币价值和货币资金。

不难发现,电子支付的定义本身就可做广义和狭义理解,如果仅指通过互联网的支付,那么就是狭义的电子支付,或称网上支付;如果包括通过其他计算机内网或封闭系统进行的支付,那么就是广义的电子支付,可以包括各种卡基支付、移动支付等。

2.1.2 网上支付

网上支付是电子支付的一种形式。广义地讲,网上支付是以互联网为基础,利用银行所支持的某种数字金融工具,发生在购买者和销售者之间的金融交换,而实现从买者到金融机构、商家之间的在线货币支付、现金流转、资金清算、查询统计等过程,由此为电子商务服务和其他服务提供金融支持。

可以看出,网上支付是电子支付的一种形式,它的概念要小于电子支付的概念。在线支付与网上支付的概念基本相同。

2.1.3 电子商务支付的定义

电子商务支付是在电子商务活动中完成资金划拨的电子支付。通过与《电子支付指引》中电子支付的定义进行比较分析有助于深入剖析电子商务支付的内涵。电子商务支付和《电子支付指引》中电子支付的范畴不同,《电子支付指引》中基于银行的网上支付、移动支付等支付手段可以用于电子商务支付,这是两者的交集,但是电子商务中还有很多支付系统,比如微支付,是游离于银行系统外的电子商务支付,类似的还包括虚拟币等,具体区别与联系主要有以下几点:

首先是支付的主体的不同,《电子支付指引》中电子支付的主体是银行业金融机构,而电子商务支付的主体可以是金融机构,也可能是非金融机构。《电子支付指引》中规定的电子支付行为必须是由银行发起,同时只有用户在银行中申请的支付结算账户才能作为电子支付账户。电子商务支付在很多情况下可以在无需银行业金融机构的参与下完成商务活动中的资金转移。

其次是支付服务对象不同。电子商务支付的服务对象是电子商务的交易方。而《电子支付指引》的电子支付更多地体现了金融业信息化的结晶，是传统商业银行的支付现代化的成果，不仅可以服务于电子商务，还服务于电子商务以外的其他社会领域。

最后是支付工具的不同，电子商务支付的支付工具，既有《电子支付指引》界定的银行业金融机构的电子支付工具，也有在电子商务实践中事实存在的很多非金融机构发起的电子支付工具，比如电子现金、电子货币等。

因此，通过对相关概念和定义的解读，我们明确了电子支付和网上支付、电子支付和电子商务支付之间的关系。本章后续的内容将以电子支付为背景认识网上支付的诸多问题。

2.2　国内外电子支付发展状况

2.2.1　国外电子支付发展状况

自 20 世纪 90 年代尤其是进入新世纪以来，技术进步和客户需求使零售支付市场发生了巨大变化，新的支付方式不断涌现，如各种接触式或非接触式智能卡、网上支付、移动支付。新型支付方式市场份额不断扩大，以现金和支票为代表的纸质支付方式地位逐步下降。

然而，非现金支付市场的发展在各国并不均衡。截至 2010 年，美国仍是世界上非现金支付市场最发达的国家，约占全球非现金支付总量的 40%，美国人也是世界上最常用到非现金支付工具的人。欧元区是第二大非现金支付市场，约占 21%。北美、欧洲和亚太较发达国家一起共占全球非现金支付总量的 83%。

2.2.2　我国电子支付发展状况

我国现行电子支付市场主要存在以银行卡和储值卡为载体的卡基支付、通过互联网络进行的网上支付、通过移动平台进行的移动支付等主要形式。

1. 我国银行卡支付发展概述

我国银行卡产业的发展起步于 20 世纪 80 年代末 90 年代初，第一张银行卡（信用卡）是 1985 年中国银行珠海分行发行的“中银卡”，此后，各家银行也纷纷发行自己的银行卡，开启了我国银行卡支付的进程。回顾我国银行卡的发展历程，大致可分为三个阶段：

第一阶段从 1985 年至 1996 年，为我国银行卡的初步发展阶段。这一阶段我国银行卡交易从无到有，从小到大，其中突出事件是 1993 年国务院启动的“金卡工程”，对于加快我国电子支付的发展起到了重要作用。至 1996 年底，我国商业银行已累计发行各类银行卡（含信用卡、转账卡、储蓄卡和其他卡）4 170 万张，其中信用卡为 2 064 万张，占 49.5%，总交易金额(包括消费、转账、存取现)达 729.42 亿元。

第二阶段从 1997 年到 2004 年，为我国银行卡联网通用阶段。这一阶段我国银行卡支付从各家银行各自为战逐步走向互联互通，使我国银行卡产业有了飞跃式发展。以 1997 年中国人民银行推动银行卡联网通用为起点，至 2004 年 3 月中国银联成立，标志我国银行卡全面实现联网通用目标。这一阶段我国银行卡累计发行量从 1997 年的 7 175 万张猛增到 2004 年的 7.69 亿张，七年间增长了十倍左右；至 2004 年底，银行卡交易金额达 26 万亿元，其中银行卡消费金额达 6 000 亿元，仅占 2.3%，存取现占银行卡交易金额的 77.17%。

第三阶段从 2005 年至今，为我国银行卡发展的品牌创建阶段。这一阶段随着我国加入 WTO 时金融开放的承诺逐渐兑现，我国银行卡产业一方面更快融入国际社会，银联卡也开始走出国门，在一些国家和地区可以联网刷卡；另一方面也面临国外银行卡的激烈竞争，表现为国外银行卡也试图插足国内市场，因此做强做大自有品牌成为业界的共识。在中国银联的积极推动和中国人民银行的大力支持下，我国制定了具有自主知识产权的银行卡技术标准。大力推广符合国际标准的"62"字头银联标准卡，截至 2012 年底，中国银联累计发行超过 35 亿张银联卡，成为全球最大的支付卡组织。此外，我国银行卡支付环境也已得到极大改善，截至 2012 年末，银行卡跨行支付系统联网商户达 483.27 万户，联网 POS 机具 711.78 万台，ATM 机 41.56 万台，银行卡总交易金额达 346.22 万亿元，其中银行卡消费金额为 20.83 万亿元，占总交易金额的 6.02%。

2. 我国网上支付、移动支付、储值卡支付发展概述

网上支付属于狭义的电子支付，我国第一笔网上银行支付可以追溯到 1998 年，当时招商银行一个员工成功通过其"一网通"网上银行支付系统购买了一批价值 300 元的 VCD 光碟，但随后的互联网泡沫破灭使许多".com"(网络)公司破产，一直到 2002 年我国网上支付都没有获得实质性发展。2003 年的"非典"疫情使一些网购公司开始红火起来，这时人们才发现支付问题成为阻碍电子商务发展的一大因素。随着商业银行网上银行业务的推广和第三方支付平台的兴起，我国网上支付开始步入发展的快车道，网络购物网上支付市场规模从 2004 年的 75 亿元猛增至 2005 年的 196 亿元，因此业界也将 2005 年称为我国"电子支付元年"。截至 2012 年年底，据中国人民银行发布的《2012 年全年支付体系运行总体情况》显示，我国网上支付跨行清算系统共处理业务 2.66 亿笔，金额 3.56 万亿元，日均处理业务 79.1 万笔，金额 106.04 亿元。

移动支付方式正成为一种新型支付方式而受到越来越多的关注。移动支付指用户通过移动设备实现资金转移和消费支付的支付方式。移动设备包括手机、移动 POS 机和 iPad 等。其中最主要的是通过 3G 手机支付，因此也有人将移动支付称为手机支付。移动支付可分为近场支付(Near-field Payment)和远程支付

(Remote Payment),近场支付就是类似于手机刷卡的方式支付,远程支付指通过手机远程发送支付指令(到网上银行、电话银行等)进行支付的支付方式,因此移动支付包括电话支付在内。现在兴起的移动支付是建立在庞大的手机用户规模和手机3G技术成熟的基础之上。

储值卡支付在我国的应用也越来越广泛。在中国许多城市已大力推广公交一卡通和校园一卡通等支付方式,大大减少了现金的流通,提高了支付效率。尤其值得一提的是,中国香港地区发行的八达通卡(Octopus),既是一种非接触式公交卡,同时也具有其他多种支付功能。这种"智能卡"可以用于餐馆、超市、停车场和其他销售点(尽管最初它只用于交通支付),大大减少了支付处理时间。

3. 我国第三方支付发展概述

在我国电子支付市场,第三方支付作为一支重要力量特别引人注目。第三方支付平台在我国的迅猛发展与我国的金融环境有一定关系。如前所述,虽然我国商业银行有的早在1998年就开始了网上银行业务,但一直到2003年都没得到多大发展,其原因是多方面的,主要原因有三:第一,我国社会信用环境不佳,无论是网上交易的买方和卖方都对对方心存警惕;第二,网上支付的技术安全在当时还难以让人放心;第三,当时虽然我国各大商业银行都已有网上银行业务,但缺少互联互通,而要网上成千上万家大小不等的商户去与数十家银行一一签约开展代收代付业务,交易成本实在过高。正是在这种背景下,运行淘宝电子商务平台的阿里巴巴于2004年顺势推出支付宝平台,为淘宝买家和卖家提供支付中介服务,该项服务一推出即迅速获得极大成功。

当然,支付宝只是我国第三方网上支付平台中比较突出的一个代表,我国比较典型的第三方支付平台还有财付通、银联商务、快钱等。

2.3 我国网上支付的现状

网上支付构成了电子商务的核心环节,假如没有支付,整个电子商务过程无法完成。只有通过安全、快捷的实现网上支付才能实现电子商务涉及的物流、资金流、信息流的有机结合,才能确保电子商务交易顺利进行。自2005年以来,中国网上支付成长十分迅速,这标志着中国电子商务迈入了以全面实现网上支付系统为特征的崭新发展阶段。

央行发布的《2013年第二季度支付体系运行总体情况》显示,第二季度全国共发生电子支付业务62.45亿笔,金额251.02万亿元,同比分别增长29.41%和24.62%。其中,网上支付57.87亿笔,金额247.86万亿元,同比分别增长24.87%和24.10%;电话支付0.86亿笔,金额1.08万亿元,同比分别减少6.07%和13.53%;移动支付3.71亿笔,金额2.07万亿元,同比分别增长274.70%和363.92%。

艾瑞咨询(iResearch)在行业访谈和调研基础上对网上支付行业进行深入研

究,研究结果显示,第三方支付市场的集中度很高。2013 年第三季支付宝、财付通、银联电子支付等前三家支付企业的交易额份额高达 78%以上,支付宝、财付通、银联电子支付分别依托各自的资源和实力,在市场中占据优势地位。第三季度正值暑假,是网络购物的消费高峰期之一。各支付企业充分利用这段时间,推出了很多的联合促销活动。艾瑞研究发现,第三季度网上支付市场的发展不乏亮点,在激烈的商户及用户市场争夺的同时,品牌建设、诚信建设等更深层次的竞争也在各支付企业之间逐步加强。

在传统行业方面,艾瑞研究发现,第三季度支付企业在继续加大与网络游戏、网络购物等商户合作的同时,对航空客票、公共缴费等传统行业的支付服务渗透也逐步加深。包括违章缴费支付、电信费用缴纳等和用户生活息息相关的领域都开通了网上支付通道。这既方便了用户的生活,也为网上支付开拓了传统行业这一更大的支付市场。

在拓宽渠道合作方面,第三季度支付企业不仅大力拓展互联网及传统行业中的终端商户,对渠道型客户的合作也在逐步加强,如财付通与动网论坛合作,为社区电子商务提供支付服务。艾瑞认为,支付企业通过拓宽渠道合作,可以争取更多的终端商户及用户,以社区为例,社区电子商务的潜力正受到市场的关注和重视,通过与社区软件的结合,为社区交易提供更方便快捷的支付服务,也将获得更多社区用户的青睐。

在开拓海外市场方面,支付宝联合银行高调拓展海外业务是第三季度业内比较关注的事件。在此之前,上海环迅 IPS 也较早开拓了海外市场,第三季度仍积极筹备与海外旅游商户的合作。艾瑞认为,海外市场的拓展既可以方便中国用户购买海外商品,也有助于帮助海外商家拓展中国市场,未来竞争将会加剧。

在加大诚信建设方面,诚信问题始终是制约网上支付发展的关键问题之一。网上支付市场份额最大的企业支付宝曾联合多家商户和用户启动"互联网信任计划",对推动行业诚信环境建设具有积极的意义。艾瑞认为,诚信问题是可以量化的,支付企业对企业信用资料的记录,可以作为企业融资等的依据,而诚信环境的改善也将加速电子商务及支付的快速发展。

在开展品牌推广方面,第三季度网上支付行业的各种宣传推广和促销活动不断,品牌建设相关推广活动也不断加强。品牌推广既包括大规模品牌广告投放活动(如快钱),也包括一些慈善捐款等公益事业的参与(如易宝、上海环迅 IPS)。艾瑞认为,当前网上支付各企业无论在用户及商户资源的争夺、还是在品牌推广方面都展开激烈的角逐,市场竞争十分激烈。

2.3.1 我国网上支付的方式

1. 银行卡支付

这是目前我国应用很是普遍的电子支付模式。付款人可以使用申请了在线转账功能的银行卡(借记卡和信用卡)转移小额资金到收款人的银行账户中,完成支出。

2. 电子支票

电子支票是纸质支票的电子替代物,是网络银行常用的一种电子支付工具,它与纸支票一样是用于支付的一种合法方式,它使用数字签名和自动验证技术来确定其合法性。监视器的屏幕上显示出来的电子支票样子十分像纸支票,填写方式也相同,支票上除了必须的收款人姓名、账号、金额和日期外,还隐含了加密信息。电子支票通过电子函件直接发送给收款方,收款人从电子邮箱中取出电子支票,并用电子签名签署收到的证实信息,再通过电子函件将电子支票送到银行,把款项存入自己的账户。

3. 手机银行

随着我国移动通信网络和商业银行计算机网络的发展及手机用户的迅速增长,各家银行纷纷推出手机银行服务。目前中国银行、中国工商银行、中国建设银行、招商银行等都开通了手机银行业务,手机用户可以通过银行网络连接移动通信公司的短信息平台,实现通过手机直接进行账户查询、银行转账、自助缴费等个人理财服务。但在应用上还缺乏信息的完整性和可选性,连接情况也还存在一些问题。此外手机银行业务的管理仍很薄弱,需要规范和促进。手机银行的进一步发展是扩展功能,包括开展证券交易、外汇买卖等金融服务项目。

4. 网上银行

网络银行的发展在我国始自 1997 年,中国银行、招商银行、建设银行、工商银行、华夏银行等相继推出网络银行服务,开通了网上支付、网上自助转账和网上缴费等业务,初步实现了在线金融服务。

网上银行又称网络银行、在线银行,是指银行利用 Internet 技术,通过 Internet 向客户提供开户、查询、对账、行内转账、跨行转账、信贷、网上证券、投资理财等传统服务项目,使客户可以足不出户就能够安全便捷地管理活期和定期存款、支票、信用卡及个人投资等。可以说,网上银行是在 Internet 上的虚拟银行柜台。

网上银行又被称为"3A 银行",因为它不受时间、空间限制,能够在任何时间(Anytime)、任何地点(Anywhere)、以任何方式(Anyway)为客户提供金融服务。

5. 第三方支付平台

目前中国国内的第三方支付产品主要有 PayPal(易趣公司产品)、支付宝(阿里巴巴旗下)、财付通(腾讯公司)、易宝支付(Yeepay)、快钱(99bill)、百付宝(百度 C2C)、网易宝(网易旗下)、环迅支付、汇付天下。其中用户数量最大的是 PayPal 和支付宝,前者主要在欧美国家流行,后者是马云阿里巴巴旗下产品。

2.3.2 网上支付面临的主要风险

1. 网上支付的操作风险

网上支付的操作风险主要包括市场操纵、知情人交易、无照经纪人、投资顾问活动、欺骗性或不正当销售活动、误导进行高科技投资等互联网诈骗。据北美证券管理者协会调查，网上诈骗每年估计使投资者损失100亿美元，各类形形色色的欺诈交易干扰了正常的电子支付交易。以银行卡为例，伪造银行卡、冒用他人卡以及信用卡非法套现等现象时有发生，使众多持卡人利益受损，并严重损害了公众对银行卡支付机制的信任。黑客攻击即所谓非法入侵电脑系统者，网上黑客攻击对国家金融安全的潜在风险极大。目前，黑客行动几乎涉及了所有的操作系统，攻击者可以在持卡人电脑上发布恶意软件(如木马软件)，这些软件能在持卡人输入支付密码时将其悄无声息地捕获，并偷偷地发送出去。

2. 网上支付的系统风险

从整体看，电子支付的业务操作和大量的风险控制工作均由电脑软件系统完成，全球电子信息系统的技术和管理中的缺陷或问题成为电子支付运行的最为重要的系统风险。在与客户的信息传输中，如果该系统与客户终端的软件互不兼容或出现故障，就存在信息传输中断或速度降低的可能。此外，系统停机、磁盘列阵破坏等不确定性因素，也会形成系统风险。根据对发达国家不同行业的调查，电脑系统停机等因素对不同行业造成的损失各不相同，其中，对金融业的影响最大。发达国家零售业和金融业的经营服务已在相当程度上依赖于信息系统的运行。信息系统的平衡、可靠和安全运行成为电子支付各系统安全的重要保障。

3. 网上支付的信用风险

电子支付拓展金融服务业务的方式与传统金融不同，其虚拟化服务业务形成了突破地理国界限制的无边界金融服务特征，对金融交易的信用结构要求更高、更趋合理，金融机构可能会面临更大的信用风险。以网上银行为例，网上银行通过远程通信手段，借助信用确定程序对借款者的信用等级进行评估，这样的评估有可能增加网上银行的信用风险。因为借款人很可能不履行对电子货币的借贷应承担的义务，或者由于借贷人网络上运行的金融信用评估系统不健全造成信用评估失误。此外，从电子货币发行者处购买电子货币并用于转卖的国际银行，也会由于发行者不兑现电子货币而承担信用风险。

2.3.3 网上支付存在风险的原因分析

1. 企业及金融机构内部环境

(1) 企业及金融机构减少成本投入

在目前经济萧条的时代，所有的企业和金融机构都必须勒紧腰带以渡过难关。为此，许多网上支付企业和金融机构都会制定成本削减方案。一般来说，企业和金融机构软硬件的前置采购成本只是占成本计算公式中的一部分，事实上维护和运营费用在网上支付成本中所占比例通常要高于购置技术资产的费用。有调查资料显示，约65%的网上支付成本都用于支付支持网上支付系统持续运作所需的运维费用和人员费用。

(2) 企业及金融机构管理制度的不完善

我国虽然初步建立了中国人民银行、证监会、保监会等金融监管组织体系、法律体系、指标体系和监测体系对网上支付进行监管，但从实际运行的效果看，还存在着许多缺陷。随着金融业务向国际化、现代化、网络化方向发展，我国现行金融管理体制的不完善之处也日益明显地暴露出来：第一，我国金融管理体制的主要问题之一就是金融监管比较薄弱，重审批、轻管理，监管的内容和方式比较陈旧，监管的标准不一，主管机关职责、权限不明确，造成金融市场和网上支付秩序的某些混乱；第二，行业监管的格局不能适应金融市场发展的要求，出现许多网上支付管理上的空白。

(3) 企业及金融机构的客户安全意识不高

2009年，使用过和正在使用网上银行的网民总计达到66.5%，约为2008年的两倍。但与此形成对比的是，28.4%的网民表示从没有听说过或关注过第三方机构为公众网站颁发的诚信标示。超过70%的网民信任或基本信任电子证书签名，其中有8%的网民对电子证书完全信赖，62.9%的网民部分信赖。不过，网民安全意识仍亟待提高，网民安全意识的不足和网民安全感的降低显然不利于网上支付这类网上应用的深入推广。

2. 外部环境

(1) 网上支付法律法规尚未健全

目前，具体到为电子商务服务的网上支付业务，法律上基本还是一个空白。另外，目前涉及网上支付的法律只有《电子签名法》(解决了类似传统结算业务中签章的问题)，规章有人民银行发布的《网上银行业务管理办法》、银监会的《电子银行业务管理办法》和人民银行的《电子支付指引》，除此没有其他规范。如果从我们近期讨论的为电子商务服务的网上支付问题来看，法律制度上几乎一片空白。法律法规的缺失，导致政府机构对目前从事网上支付业务的这些机构和他们的业务要不要监管，要不要有一定的规则去规范缺乏统一标准。正是因为法律法规建设的滞后导致了网上支付存在的一系列问题，包括安全问题、金融监管问题、消费者权益保护问题等等。

(2) 网民的网上支付安全意识有待提高

中国互联网络信息中心(CNNIC)和国家互联网应急中心(CNCERT)于2010年3月30日联合发布的《2009年中国网民网络信息安全状况调查系列报告》显示，去年我国52%网民曾遭遇过网络安全事件，超过九成网民碰到过网络钓鱼网站。网络安全事件给21.2%的网民带来了直接经济损失，包括网络游戏、即时通信等账号被盗造成的虚拟财产损失，网银密码、账号被盗造成的实际财产损失，以及因网络系统、操作系统瘫痪、数据、文件等丢失或损坏，对其找回或修复产生的费用等。报告显示，近 2 100 万网民缺乏密码设置方面的保护意识。

2.3.4 促进网上支付发展的解决办法及建议

1. 发达国家解决办法的借鉴

美国模式：美国对网上支付平台实行的是功能性监管，将监管的重点放在交易的过程，而不是从事网络支付的机构。美国国会的《电子资金划拨法》(Electronic Fund Transfer Act)和美联储颁布的用于执行的规则适用于任何形式的资金转移。这个法案特别对提供网上支付服务的非银行机构进行了规定，为消费者提供了保护。

欧盟模式：欧盟规定网上支付的介质只能是商业银行货币或电子货币，这就意味着网上支付公司必须取得银行业执照或电子货币公司的执照才能开展业务。实际上，欧盟对网上支付公司的监管是通过对电子货币的监管实现的。

新加坡、香港(地区)模式：新加坡在这方面是亚洲的“领头羊”，早在 1998 年就颁布了《电子签名法》。香港则在 2000 年颁布《电子交易法令》，给予电子交易中的电子纪录和数字签名与纸质对应物同等的法律地位，并增补了有关电子货币发行的法律。另外，香港金融管理局还采取了行业自律的监管方式，收到了较好的效果。

台湾(地区)模式：台湾的票据法在全球都处于领先地位，所以台湾对网上支付中使用电子支票的监管给予了较多重视，颁布了《电子商务中的电子签名法》、《从事电子支票交换的金融机构管理条例》以及《申请电子支票的标准合同》等等。

2. 完善网上支付的技术管理

(1) 建立网络安全防护体系

不断采用新的安全技术来确保电子支付的信息流通和操作安全，如防火墙、滤波和加密技术等，要加快发展更安全的信息安全技术，也包括更强的加密技术、网络使用记录检查评定技术、人体特征识别技术等，使正确的信息及时准确地在客户和银行之间传递，同时又防止非授权用户如黑客对电子支付所存储的信息的非法访问和干扰。其主要目的是在充分分析网络脆弱性的基础上，对网络系统进行事先防护，主要通过采取物理安全策略、访问控制策略、构筑防火墙、安全接口、数字签名等高新网络技术的拓展来实现。

(2) 建立强大的网络数据库

通过数据库技术或数据仓库技术存储和处理信息来支持银行决策，以决策的科学化及正确性来防范各类可能的金融风险。要防范电子支付的信用风险，必须从解决信息对称、充分、透明和正确性着手。依靠数据库技术储存、管理和分析处理数据，是现代化管理必须要完成的基础工作。电子支付数据库的设计可从社会化思路考虑信息资源的采集、加工和分析，以客户为中心进行资产、负债和中间业务的科学管理，不同银行可实行借款人信用信息共享制度，建立不良借款人的预警名单和"黑名单"制度。对有一定比例的资产控制关系、业务控制关系、人事关联关系的企业或企业集团，通过数据库进行归类整理、分析、统计，统一授信的监控。

(3) 加强网上支付的保密性

防火墙是一系列硬件和软件的总称。采用防火墙可以将银行的内部网络和外部网络分割，使外部人员无法随意地进入内部网络。有的时候，还可以采用同样的技术将内部网络加以分割。这样，不同级别、不同岗位的人就无法随意进入其他部门，不同保密程度的信息可以放置在不同的位置。有的时候，不仅需要将网络分割，而且需要将实际的设备分开放置，集中保护，比如，将所有支持内部网络的关键设备、辅助设备(键盘、控制服务器的电脑)、防火墙等集中放在玻璃室(Glass House)里，限制外来人员进入这些地方，同时设置 24 小时警卫。

3. 完善电子商务立法，加强网上支付监管

我国电子商务立法还不够，我国没有专门的电子支付法，现有的一些行业规范效力等级不高，传统支付法律体系中关于现金与票据清算的规则并不能完全适应网上支付的出现与发展；在电子资金划拨方面，《中华人民共和国票据法》确立的是以纸质票据为基础的结算支付制度，没有针对电子资金划拨进行立法，这严重阻碍了电子商务的发展。2005 年 6 月公布的《电子支付指引》被看做是继《电子签名法》之后，政府为推动电子商务发展而实施的又一重大措施。我们应当趁着势头加快《电子支付法》等立法进程，完善有关配套法规制度。

2.3.5　我国网上支付的发展趋势

作为网上支付业务载体的网上支付工具，是网上支付的主要组成部分，也是实现网上支付的必要条件。在传统的银行支付结算中，具有各种各样的支付结算工具，如支票、汇票、本票、汇兑、委托收款、托收承付、银行卡等，可以根据不同情况选择不同的支付方式，互联网上的支付系统应是对现有支付手段的模仿。按照我国目前的信用状况，可在网上推行电子保付支票、电子商业汇票等，将商业信用和银行信用结合起来。同时随着中国网民的增多，网民个性化需求增强，网上支付已经不能满足用户的需求，可以在网上支付的基础上发展电话支付、移动支付、手机钱包等。在我国金融体系发展成熟后，再推出如电子现金、电子支票以及其他形式的网上支付工具，方便网上交易，促进电子商务的发展。

同时，第三方支付平台将得到推广及应用。商户享用第三方支付平台和网上银行支付需求的同时，更多关注于支付平台和银行能否为他们带来增值化服务，比如商户享用支付平台的同时，支付平台能否给品牌推广、业务推广带来价值和影响。

第三方支付平台也将通过构建中心城市支付体系拓展其业务。网上支付将

不仅仅局限于网络游戏和网络购物的行业,还逐渐向传统行业渗透,比如教育、旅游、出版行业。每个城市往往都有巨大的小额支付方面的需求,而网上支付体系的逐步建立和完善,将使建立中心城市支付体系成为可能。

1. 网络支付手段的完善将进一步推动电子商务的发展

信息搜寻、订货和支付以及物流配送是电子商务交易的三个环节,其中支付处于重要的环节,影响电子商务其他环节的进行。网络支付有着传统支付手段不可比拟的优势,也正被大多数人所接受。随着网络支付法律法规和安全支付协议的进一步完善,网上支付将成为电子商务的首选支付手段,而网上支付的长足发展也必将推动电子商务的发展。

2. B2B、B2C、C2C之间的融合将成为大势所趋

目前的电子商务越来越呈现出一种融合的趋势,很多职业商家在交易平台上以个人卖家的身份出现,企业对个人的交易本应属于B2C,现在变成了C2C。这种融合体现了互联网交易的基本特点,交易的双方更看中的是交易平台的便捷和安全,而不是交易对方的身份是个人还是商家。

在这种情况下,越来越多的B2C电子商务网站开始向C2C交易提供平台,与此同时,越来越多的B2C交易开始用P2P的支付工具进行支付。从第三方支付工具的提供商来说,打通B2B,B2C,C2C之间的支付界限也是提高自身吸引力的重要手段。这个趋势将来必将愈演愈烈。与支付模式融合相伴随的是,第三方支付平台的不断发展及其相互竞争的加剧。

3. 越来越多的高科技手段将应用到支付领域

在安全认证领域内,单一模式的认证会慢慢被双因子认证所取代,越来越多的新技术,例如指纹识别、声音识别、虹膜识别等生物学技术将更广泛地应用于金融服务领域。被形象地称为"蝙蝠"(MoBat)的支付手段是基于超声波无线通信技术,允许电子设备之间进行非接触式点对点数据交互(10 cm以内)实现手机近场支付和更多线下业务服务的解决方案。只要有一部能发出声音的手机,就能使用"蝙蝠"支付。随着技术的发展,越来越多的高科技手段将被应用到网上支付领域并逐渐得以推广。

4. 法律法规的不断完善将会促进网络支付的进一步发展

目前,不少国家为电子签名立法,确定电子签名的合法性,使网络支付的法律环境不断完善,并进一步促进网上支付的发展。由于网络支付直接涉及资金转移,各国的金融监管部门都对第三方支付平台的运营规范高度关注,并进一步完善准入制度,以维护稳定的市场秩序,促进支付企业合法合规经营。从目前现状看,支付清算行业现在正处于一个快速发展的黄金时期,面临难得的发展机遇。2011年人民银行监管部门对第三方支付机构已经给了一个准入门槛。目前第三方支付市场在整个支付行业发展过程中,虽然没有银行的总量那么大,但是起到了一个补充和支持国民经济快速发展的作用,特别是对实体经济、小微企业发展

起到了很大的作用。

5. 中国网络支付在国际支付网络中的地位将越来越重要

国外企业一系列的收购反映了中国电子商务市场的成长前景，也说明中国的电子商务在全球市场的份额将会不断上升。电子商务的发展必将带动中国的网络支付市场的发展，中国网络支付在国际支付网络中的地位将越来越重要。为解决电子商务安全交易的问题，2005 年中国银联推出的电子商务安全认证体系 CUPSecure，给中国的电子商务交易加上了一道安全的防护锁，同时也结束了中国各金融机构长期使用国外 VISA，MC 的 3-D 标准的历史。随着越来越多的电子商务网站和银联的全面合作，中国银联在网上支付领域将发挥着越来越重要的作用。在建设合作共赢模式创新方面，因为支付产业链很长，涉及银行和第三方机构，涉及三方运营商，还涉及商户、消费者包括一些下游的设备供应商、网络运营商，目前合作的深度和广度还有很大的发展空间。

总之，电子商务在我国经济发展中的地位将越发重要，而解决好网上支付这个瓶颈迫在眉睫。对于我国现阶段电子商务支付方式在各方面存在的问题，唯有我国的信用制度、安全技术、法律法规和管理机制得到了本质上的改善，才能随之解决。

【本章小结】

本章介绍了电子支付、网上支付与电子商务支付等基本概念，分析了电子支付、网上支付方式的基本情况，并结合电子商务的特点说明了网上支付与结算面临的诸多问题，并结合实际应用提出了探讨性的解决措施。本章最后对网上支付的发展趋势进行了讨论。

【案例】

外贸 B2C 网站，如何提高支付成功率？

对于一个在线网店来说，订单列表中有未支付的订单是一个常见的现象。从消费者的行为分析，造成订单没有支付的原因可以大致分为两类：

一类为主观原因，另一类为客观原因。如果你的网站在支付页面进行了用户行为跟踪的话，可以轻而易举地分析出这两种不同的情况。例如，如果消费者在购物结束后跳转到支付页面，但不再进一步操作的话，基本上，可以将此消费者的未支付订单归类为第一种情况，即因为消费者主观原因而产生的未支付的订单；如果消费者在购物结束后跳转到支付页面，然后又填写个人信息（如物流信息）接着进行支付操作，但是没有支付成功，这种情况就可以归类于第二种情况，即因为网站的支付系统的客观原因而造成的未支付订单。主观原因大致可以描述为消费者因为临时不便，或者在操作到支付环节时出现了犹豫，而退出支付系统。针对这个方面的问题和解决方案如下。

问题一：消费者因为自身原因临时不便做出购买决定。

有些订单当时没有支付,但过一两天之后又完成了支付,这种情况也较为常见。例如某些消费者购买商品还要征求他人的同意,或者身边并没有携带银行卡等,这样消费者在工作时间购物并形成订单后,晚上回到家里征询了家人的认可或找到银行卡后,再将这个未支付的订单完成支付。

解决这个问题主要是做好一个完善的与消费者进行交互的系统,例如能够针对这个订单自动发送一封邮件给客户,使用委婉的说法提醒用户这个订单的存在。因为邮件一般会在客户的邮箱里停留较长时间,所以可以不时地提醒客户,因为有时在网上购物是消费者的即兴行为,客户忘记也是常有的现象。

问题二:消费者在支付页面时,心存顾虑,如果这种顾虑超出其购物欲望,就不会进行支付。

这种情况要根据网站的质量来综合考虑,如网站是否制作精良、有没有各种安全认证、各种承诺和购物条款是否完备等。这个时候用户往往会在支付页面停留较长时间,考虑是否直接支付。这类消费者较为慎重,可能会对网站进行调查或者询问在线客服。

解决这个问题需要建设安全可信的网站,也可以脱离网站做一定的营销工作,如线下广告。如果没有资金进行知名度方面的广告投放的话,使用新闻、博客、SEO 等方法推广一些正面评论也是一个不错的方法,这些工作可以在客户对网站进行背景调查时增加可信度。

问题三:消费者只是浏览商品并体验网站,并没有立即的购买需求,他们只是想体验一下购买的流程。

在网络购物中这种情况比例很少,因为这一类型的消费者绝大部分只会浏览商品信息和网站的各个条款页面,并不会深入到购物流程中的形成订单环节。能够深入到订单环节的消费者只是那些有深度好奇心的消费者,或者是带有某些目的的消费者,比如行业专家在考察你的网站。

针对这一类型的客户,如果你的网站能够给他们带来兴趣,让他们记住你的网站,当他们有需求时还会回来。他们也会将这些内容推荐给朋友,无形中也是一种口碑营销。

客观原因大致可以描述为消费者在支付时,因为系统原因而不能支付成功,如网站故障、银行卡不被接受、没有提供匹配的支付方式等。针对这些方面的问题和解决方案如下。

问题一:是否缺少了某种支付方式而导致部分客户不能支付?

尤其是针对全球市场的购物网站,支付系统通常比针对区域市场复杂。不同国家的人们有各自不同的支付习惯。网站的初期很可能会缺少某种支付方式,导致消费者没有办法进行支付而造成未支付的订单。

这个问题的解决方法就是让网站提供多种支付方式,尽可能地满足绝大部分消费者的支付差异,如同时提供站内支付和第三方如 PayPal、MoneyBookers 账户支付,兼容不同的信用卡和借记卡等。最直接的方式就是对未支付的订单进行一下电话回访,找出问题,尽快解决因为缺少某种支付方式而导致的未支付现象。

问题二:网站故障、支付网关故障、网页打开过慢等。

在线销售的网站,会有专人负责实时订单的处理。当突然发现订单中断或者连续出现未支付的订单时,就有可能是网站宕机,或者支付网关宕机。这个时候消费者就会因为系统出问题而突然中断支付。

解决这个问题应该未雨绸缪,提高网站的安全性和可靠度,同时准备好应急措施,以备出现此类问题时进行紧急处理,让在线订单的损失降低到最低程度。

问题三:有关用户信用卡方面的错误。

这些错误一般有:信用卡号码、过期日期、密码、账单地址等信息填错;某些支付方式只支持美元,但有些信用卡未开通美元支付功能;因 3D 信用卡和非 3D 信用卡差异而导致的验证失败等;信用卡已经透支过大导致信用额度不足。

解决这些方面的问题也非常简单,最主要的是给予客户实时准确的原因反馈和说明,并提醒消费者如何快速解决。一般是在支付页面提供帮助文档与信用卡支付通道高度集成,将支付网关反馈的错误代码转换后反馈给客户。

问题四:网站支付防欺诈系统主动拒绝用户的支付。

第三方支付公司都会提供支付安全服务,帮助商家更好地应对支付欺诈,当商家安全设置较高的时候,安全服务程序将过滤出一些认为危险的信用卡,并拒绝接受这些信用卡的支付。如过滤掉信用卡注册地址距离刷卡地址很远,物流地址与信用注册地址不同的支付行为,也有可能过滤掉信用卡信用记录不良的支付行为。

为了安全起见,网站购物需要主动拒绝一些消费者的支付,但不可防范过度,而给客户造成恶劣的印象。因为计算机系统永远不可能尽善尽美,所以碰到这些问题的时候需要人工参与,尽量使用人性化的方法解决问题。

上面所述的问题和解决方案都是通过实际的网站运营经验所总结出来的,网站的经营者通过本文内容来完善网站的支付系统,能够将支付成功率提高到一个较为理想的水平。根据在线销售网站的调查,平均的支付成功率会在 50%到 70%之间,如果能够从网站的各个方面,尤其是网站的支付系统方面进行改善,将支付成功率提高到 80%以上也是较为容易的一件事情。提高支付成功率能够在不增加投入的情况下,大幅度地获得销售额和利润的增长。

【基本训练】

1. 简述典型的网上支付系统在应用中表现的具体特征。
2. 论述我国网上支付的发展趋势。

第3章 网上支付工具

【学习目标】

通过本章学习，应该达到以下目标：

知识目标：了解网上支付工具的概念，掌握电子货币的概念，了解各类银行卡的功能；掌握电子支票、电子现金和电子钱包的支付过程。

技能目标：掌握电子商务的基本技能，掌握中国目前支付系统及网上支付的基本方式。掌握电子现金的使用方法，掌握电子支票的填制方法。

能力目标：通过学习电子金融服务内容，具备利用互联网实现网上支付的能力。

3.1 电子货币

3.1.1 电子货币的产生

从货币的发展历史来看，货币形式的变革主要经历了以下几个阶段：第一个阶段是商品货币阶段。商品货币以牛、羊、贝壳等形式存在，大多是在局部地区和较短的时期内充当货币，具有难保存、易损耗、不易分割、不便携带和流通等缺点。第二个阶段是金属货币阶段。金属货币包括金银等贵金属货币以及后来出现的铸币，铸币在交易过程中不可避免地会发生磨损，成为不足值的货币，但不足值的货币依然可以完成足值货币的交易功能，此时货币开始具有信用货币的一些特质。第三个阶段是信用货币阶段，信用货币本身并不具有价值，是靠国家强制力或一定的信用担保发行的，如纸币、银行创造的存款货币、流动性较强的证券和债券等。信用货币是一种优秀的货币形式，非常利于交易成本的降低。

随着商品经济的深化，现有的信用货币在流通过程中表现出一些缺点，如现金交易在时间和范围上的局限、在安全性和流通携带中的局限，传统的转账支付在交易中的时间滞后等。尤其是在人类迈向网络经济的今天，传统的货币体系已经越来越不能满足人们的需要。因此，随着计算机介入货币流通领域，出现了一种新的、更便捷、更安全的货币形式——电子货币。

电子货币使有形的货币凭证变成了无形的电子数据，存储在物理介质或计算机系统中，一方面使用户携带和使用起来更加方便，用户只需要携带一张卡或者待在家里利用计算机网络就可以轻松地完成支付；另一方面，随着网络应用越来越普及，电子货币在网络中发挥了传统货币不可比拟的作用，它可以通过网络直接传递网上支付指令甚至直接传递电子货币，使货币支付打破了时间和地域的局限，有利于提高支付效率、降低支付费用，并大大促进了电子商务的发展。此外，电子货币的使用也对金融电子化和安全认证技术提出了更高的要求，因为如果没有完善的支付与结算体系作支撑和先进的安全技术作保障，电子货币的应用必然会受到限制。

3.1.2 电子货币的概念

由于电子货币采用形式的多样性，目前关于电子货币还没有一个统一、规范的定义。1998年，巴塞尔银行监管委员会将电子货币界定为：在零售支付机制中，通过销售终端、各类电子设备，以及在公开网络上（如 Internet 上）执行支付的"储值"产品和预支付机制。这里提到的"储值"产品包括两种，一种是预先保存在物理介质中可用来支付的价值，这种物理介质一般为各种卡介质，如磁卡、IC卡等；另一种是以电子形式存在并通过计算机网络流通的可用于支付的电子数据。在国内，比较有代表性的关于电子货币的定义是：电子货币（Electronic Money）是指用一定金额的现金或存款从发行者处兑换并获得代表相同金额的数据，通过使用某些电子化方法将该数据直接转移给支付对象，从而能够清偿债务。

电子货币作为现代金融业务与现代科学技术相结合的产物，与传统货币相比，除具有货币的一般属性外，还具有以下一些特有的属性：

(1) 传统货币具有一定的物理形态、大小、重量和印记。电子货币是一种虚拟货币，它是在银行电子化技术高度发达的基础上出现的一种无形货币，它采用数字脉冲代替纸张等载体进行传输和显示资金，通过芯片进行处理和存储。电子货币的这一属性使其与传统货币在存储方式、传递方式和交易方式上都存在很大差别。

(2) 传统货币都由中央银行或特定机构垄断发行，中央银行承担其发行的成本，享受其收益。而电子货币的发行机制有所不同，从目前来看发行电子货币的既有中央银行，也有一般的金融机构，甚至非金融机构。

(3) 传统货币是以中央银行和国家信誉为担保的法币，是标准产品，由各个货币当局设计、管理和更换，被强制接受和广泛使用。目前的电子货币大部分是不同的机构自行开发、设计的带有个性特征的产品，其担保主要依赖于各个发行者自身的信誉和资产，风险并不一致，其使用范围也受到设备条件、相关协议等限制。如果缺乏必要的物理设备，即使是中央银行代表发行的电子货币，也不能强制人们接受。

(4) 一般来说，传统货币的匿名性比较强，即交易当事人以外的第三方无从知晓货币的流向、支付金额和交易对象等，这也是传统货币可以无限制流通的原因；而电子货币要么是非匿名的（可以详细地记录交易、甚至交易者情况），要么是匿名的（几乎不可能追查到其使用者的个人信息）。

(5) 传统货币的防伪可以依赖于物理设置，而电子货币防伪只能采取电子技术上的加密算法或认证技术来实现。

3.1.3 电子货币与网上支付工具

“工具”一词在汉语中的解释是达到、完成或促进某一事物的手段。近年来，随着电子货币的广泛应用以及网上支付方式的兴起，各种网上支付工具也随之产生。在网上支付的过程中，网上支付工具起到辅助电子货币完成支付过程的作用。网上支付工具的应用不仅可以使电子货币的支付过程更加简便、快捷，还可以提高电子货币在支付过程中的安全性，是保证网上支付能够顺利进行的重要手段。

对于电子货币，我们可以从货币形式的发展的角度来理解：电子货币是为了适应现代高度发达的商品经济、满足人类进入数字化时代的需要而产生的一种新型的货币形式，是对传统货币形式的一种补充，它采用无形的电子数据代替有形的纸质凭证，在快捷性、方便性、安全性等方面弥补了传统货币在流通和支付过程中的局限。而对于网上支付工具，可以从辅助工具的角度去理解：网上支付工具是适应电子货币和网上支付方式的一种辅助手段，电子货币的快捷性、方便性和安全性有时需要借助一些支付工具才能真正地实现，如第三方支付工具——支付宝、PayPal 等，就是为了解决 C2C 网上交易中的支付的安全问题而设计的。

从目前电子货币的发展状况来看，电子货币只是蕴涵着可以执行货币职能的某种可能性，还不能完全被视为通货。就交换媒介而言，首先，现在大多数电子货币还没有被广泛地用于支付，只能在愿意接受这种电子货币的场所使用，而且在向特约商户支付时，特约商户并没有完成款项的收回，他们还需从电子货币的发行机构收取实体货币，才真正完成了款项的收回。其次，电子货币是以现金、存款的既有价值为前提，通过发行主体将货币的价值信息化之后制造出来的，人们愿意接受电子货币，并不是基于电子货币本身，而是其所代表的等额法定货币。从这个意义上说，电子货币是以即有通货为基础的二次货币。对于价值尺度和储藏手段，单凭电子货币本身也不能满足，只有当电子货币能随时兑换成等值的实体货币时才能充分发挥这两种货币职能。而实际上，有些电子货币是由非国家的经济主体发行的，当发行主体出现财务危机时就难以保证将电子货币兑换成等值的实体货币，甚至会使其变得一文不值。因此，现阶段的电子货币还不能作为一种独立的货币形式完全取代信用货币。

虽然电子货币就其职能而言与通货还有相当的距离，但是它代表了货币未来的发展方向，并且随着技术的不断发展，电子货币终有一天能够取代纸币并独立执行货币的职能，就像纸币最终取代了金属货币一样。

3.1.4 电子货币分类

电子货币是一个整体，根据不同的标准可以进行不同的类型划分，不同类型的电子货币具有不同的特征，充分认识这些特征是正确认识电子货币的前提。按照电子货币价值的存储媒介，可以将其分为卡基型电子货币与网基型电子货币；按照在流通和支付过程中，是否需要同中央数据库联系进行联机授权，可以将其分为联机型电子货币与脱机型电子货币；按照电子货币与银行账户的关系，可以将其分为存款型电子货币与现钞型电子货币；按照电子货币的发行人的行业性质，可以将其分为金融型电子货币与商业型电子货币；按照电子货币的使用范围，可以将其分为单一型电子货币与复合型电子货币。

1. 卡基型电子货币与网基型电子货币

卡基型电子货币，是指以各种类型的含有计算机芯片的塑料卡为货币价值的存储媒介的电子货币。它将集成电路芯片嵌入塑料卡中，将货币价值预先存入芯片，利用芯片的计算、存储等功能来实现货币价值的转移。

网基型电子货币，是指以计算机为基础的电子货币。它是将特殊的软件装在用户的计算机上，将计算机网络同银行和商户相连，通过计算机网络传输货币的一种支付手段。国内网基电子货币发展较快。据估计，国内互联网已具备每年几十亿元的虚拟货币市场规模，并以年均增加15%～20%的速度成长。概括起来，国内网基电子货币主要有两种形式，一是第三方支付平台中的电子货币；二是各大网络服务提供商发行的电子货币。

2. 联机型电子货币与脱机型电子货币

电子货币按照其在交易支付时，是否需要同中央数据库联系进行联机授权，可以分为联机型电子货币与脱机型电子货币。联机型电子货币通常存在于一个中央数据库中。这个数据库可以是由电子货币的发行人设立的，也可以委托第三方设立，它的主要作用是对电子货币使用者的电子货币进行确认。在使用者使用电子货币进行交易时，特约商户需要通过其终端将电子货币使用者传来的电子货币传送给中央数据库，由中央数据库进行确认。如果中央数据库确认该电子货币是真实的，就向特约商户发出接受该电子货币的指令。

脱机型电子货币是指在使用电子货币进行交易时不需要提前联机授权。在这种电子货币系统中没有中央数据库，鉴别电子货币的真伪主要依靠货币卡、交易终端本身的技术措施，即主要是利用加密技术和数字签名技术来保证电子货币的真实性。许多电子货币都允许使用者与使用者之间以及商户与商户之间进行直接的货币价值转移，在此过程中不需要向发行人进行联机授权，只要这种转移符合加密技术和数字签名的要求，则这种转移发行就被承认并具有转让效力。

3. 存款型电子货币与现钞型电子货币

存款型电子货币是指以特定账户为载体，只能在不同账户中流动的电子货币。这种电子货币不能脱离账户而独立存在，只能在账户之间实现货币价值的转移；不能像现钞货币一样由其拥有主体直接掌握和支配，并完全独立地进行各种直接的支付，只能在账户管理者的协助下进行转账结算。在实践中，存款型电子货币的账户管理主体通常是银行，现在也出现了一些专门进行这类账户管理的公司，它们主要为存款型电子货币的使用者提供电子货币支付结算服务。

现钞型电子货币是指具有电子货币的独立载体，并且该载体可以直接由电子货币拥有主体控制和支配的电子货币。它不像存款型电子货币那样必须依赖于账户管理主体的账户而存在，而是像现钞货币一样由使用者直接持有，在实际使用中也可以像现钞货币一样直接用于支付，其货币流通和支付行为可以在交易双方之间直接完成，而不需要委托第三方代理其支付活动。

存款型电子货币的实质是账户管理主体的账户存款，这同传统的银行存款并没有本质的区别，只是其流通和支付方式发生了变化，是以电子信息传输的形式将货币从某主体的存款账户转移到另一主体的存款账户，变化的主要是流通和支付方式而不是货币本身。现钞型电子货币则是货币的载体发生了变化，货币价值不是记载于纸质的货币证券中，而是记载于电子信息存储工具中。同时，它也使货币的性质发生了变化，记载于电子信息存储工具中的信息不是法定货币信息而是电子货币信息。

4. 金融型电子货币与商业型电子货币

传统意义上的货币都是由金融机构发行和回笼的，代表的是金融机构的信用。然而，电子货币的发行主体并不完全限制于金融机构，它既可以由金融机构发行也可以由非金融机构发行。按照发行主体的性质，可以将其分为金融型电子货币与商业型电子货币。其中，金融型电子货币是指以金融机构为发行主体而发行的电子货币；商业型电子货币是指以非金融机构为发行主体而发行的电子货币。在信用货币本位制度条件下，任何形式货币的发行都是以发行主体的信用为基础的，除法定货币外，货币发行本身是以发行主体的财产做担保的，发行主体的信用是保证货币财产价值以及货币能够作为货币而被社会所接受的前提。因此，金融型电子货币与商业型电子货币在担保能力和信用程度上是有区别的，金融型电子货币代表的是金融信用，商业型电子货币代表的是商业信用。

在当代社会，金融信用是有比较完善的法律保障和现实保障的，金融机构作为社会法律体系中的特殊主体，要受到法律的严格规范和监管，并且有非常严格的设立制度、经营制度、挽救制度和破产保护制度，这些制度保证了金融机构，特别是其中的银行具有最高程度的社会信誉，这样基本上保证了在正常条件下，不会出现客户的财产权利经常受到威胁的情况。即使出现客户财产权利受到威胁的情况，也能够通过相应的保护制度使客户得到基本的保护。但是商业组织的信用就没有这样的法律和现实保障，商业组织作为社会法律体系中的普通主体，其设立制度、经营制度和破产制度都是一般性的，这就使其在法律上和实际上都难以达到金融机构的信用水平，从而使其发行的电子货币难以像金融机构发行的电子货币一样，具有比较完善的法律体系保护。因此，对不同信用性质的电子货币也必须予以区别。

5. 单一型电子货币与复合型电子货币

按照电子货币的流通与支付领域的数量不同，可以将其分为单一型电子货币与复合型电子货币。单一型电子货币是指只能用于某一特定领域或特定类型的流通与支付的电子货币。复合型电子货币是指可以用于两个以上特定领域或特定类型的流通与支付的电子货币。通常，单一型电子货币只能有某种类型货币卡的功能，复合型电子货币则是将许多种货币卡功能集中于一个载体，使用者可以根据其需要选择其中最满意的方式，从而可实现卡内电子货币的流通与支付。

3.1.5　电子货币发展对货币的影响

《中国人民银行法》第十六条规定："中华人民共和国的法定货币是人民币。以人民币支付中华人民共和国境内的一切公共的和私人的债务，任何单位和个人不得拒收"；第十八条规定："人民币由中国人民银行统一印制、发行"；第二十条规定："任何单位和个人不得印制、发售代币票界，以代替人民币在市场上流通。"中国从法律层面赋予人民银行履行货币发行职能，并明确了两个"唯一"：一是中国唯一的法定货币是人民币，二是法定货币唯一的合法发行主体是人民银行。

根据目前中国的电子货币发行状况，现有的电子货币还不能称得上是独立的货币，仍然是一种具有货币部分特征的支付工具。它在特定范围内流通和使用，电子货币持有人从发行机构购买后，便具有不可逆回性，即不能无条件地被赎回。但是，现实情况是，电子货币大量发行并且持续快速扩大规模，对传统货币产生了很大冲击，并带来一系列问题。电子货币虽然不是由人民银行发行，但是确实具有购买力，在一定程度上部分电子货币已经构成了货币创造能力。同时由于其独特的便捷、高速度、高效率特性，在其流通领域产生了大规模的替代现金效应。这样，人民币作为货币流通主体的地位便受到影响；同时，电子货币发行机构发行电子货币，必然产生铸币税收入，而且随着电子货币发行规模和市场参与有数量的不断增长，货币发行主体逐渐分散化，对人民银行"发行的银行"的地位产生一定影响。

1. 电子货币对中央银行铸币收入的影响

众所周知，银行存款具有时间价值，需要支付利息，而现金则不同，它是不生息的货币。各国中央银行通过发行不生息的货币来获得其生息的资产收益，这种收益通常称为铸币税。铸币税对政府来说是十分重要的，政府通常是中央银行利润的最终接受者。对于中央银行本身来说，这一点也被认为是重要的，因为如果没有铸币税作为支付其经营费用的收入，中央银行将不得不寻找其他的收入来源。可以肯定的是，如果电子货币不是由中央银行发行的，其铸币税就注定要减少，而且在电子货币应用范围相当广泛时，中央银行发行货币的垄断权就会受到相当大的威胁。这种影响的程度与电子货币产品的性质以及电子货币持有人如何使用有关。只有流通中的货币总金额大幅度减少时，才会造成重大的铸币税问题，如果电子货币主要用于现金替代物的话，可能只有小面额货币受到较大的影响，而对货币发行的总金额没有多大影响。国外有关计算数据表明，在电子货币发展初期铸币税的损失可能是很有限的，但是随着电子货币发行规模的扩大和数量的不断增加，铸币税的损失会随之增加。

从实际情况来看，中国电子货币发行时间虽短，但是对铸币税产生较大影响，这与中国电子货币持有人很多情况下是被动接受和使用有关。一般电子货币持有人很少由于个人意愿主动去购买储值卡而后在商场分次消费。实际情况是，储值卡由于存在折扣、能开发票等优点，往往会被一些单位批量购买作为福利发放给职工，也经常作为亲朋之间人情往来的“礼品”(中共十八届三中全会以后这种现象得到了明显的“遏制”)，甚至会成为不法分子从事不合法行为的工具。近几年来中国查处的案件中涉及利用储值卡从事不合法活动的案件比例逐年上升，也说明了这个问题。正是由于中国储值卡类电子货币的被动接受和使用，使得其对流通中现金的替代范围和数量更加难以估算，而且在这种被动使用情况下，储值卡不仅仅可替代小面额货币方便结算，而且更可能替代较大面额的流通中货币，这无疑会对中国铸币税的收入造成较大影响。

2. 电子货币对中央银行货币政策独立性的影响

从国际金融体系来看，中央银行的独立性除依赖法律框架的保障外，在很大程度上还依赖其职能实施所必需的资金来源。就大部分同家而言，其资金的主要来源是铸币税，并以中央银行作为货币发行机构的独有地位为保障。竞争型电子货币的发行机制显然会影响中央银行的铸币税收入。电子货币发行越多，铸币税减少的程度就越严重。有关资料显示，如果法国铸币税减少 54%，中央银行就不得不依赖其他资金来源，从而使其独立性受到影响。

就中国而言，人民银行的铸币税收入主要表现为两个方面：一方面用于冲抵自身经营费用，并将剩余部分作为净利润上缴中央财政，另一方面转化为人民银行实施货币政策的再贷款、再贴现等。根据前面的论述，中国电子货币的发行将导致中国铸币税收入大幅度减少，使得人民银行整体利润下降，从而上缴中央财政的净利润也随之减少。人民银行实行的是财政预算管理体制，虽然不以“利润最大化”为经营目标，但是上缴中央财政的利润减少，必然会影响到下一年度的财政预算，在自身经营利润和中央拨付预算资金之间的权衡，客观上会对人民银行制定和执行货币政策的独立性构成影响。另一方面，电子货币大规模替代流通中的现金，将导致人民银行的资产相应下降，并导致铸币税收入的减少，使得人民银行可以用于执行再贷款、再贴现、公开市场业务等货币政策的资产相对减少，这无疑也会影响到货币政策制定和执行的独立性。

3. 电子货币对法定存款准备金的影响

法定存款准备金是银行业金融机构按照法定存款准备金率缴存人民银行的存款准备，也是人民银行最有效的货币政策操作工具，人民银行可以通过调整法定存款准备金率直接影响货币信用创造能力。电子货币的流通对存款准备金具有一定的影响，进而影响货币政策的实施。

一是非金融机构不受准备金政策的约束造成了准备金的流失。如果电子货币发行主体仅限于银行业金融机构，由于银行业金融机构一般均受准备金的法律、法规调控，那么电子货币的发行还不至于对国家的货币政策产生太大的影响。但实际情况是，中国电子货币的发行机构主要是非金融机构，目前尚未有法律规定要求对电子货币所占用资金提取准备金。根据中国实际情况，非金融机构的信用状况以及其应对金融风险的能力远远不及银行业金融机构，应该对发行电子货币的非金融机构提出更加严格的法定存款准备金要求，从完善国家信用体系建设、维护金融稳定的立场出发，采取严格管理措施也是很有必要的。如果不进行立法将电子货币的发行产生的债务计入存款准备金，这部分存款准备金将会流失，一定程度上影响国家货币政策的实施。

二是电子货币对现金的替代减少了金融机构存款准备金计提基数。法定存款准备金和银行业金融机构的存款总额息息相关。由于电子货币的高流动性，电子货币对传统货币的替代会改变已有存款的结构，必然会减少存款准备金计提的基数。电子货币持有人如果用自有存款转账购买电子货币，存款在电子货币持有人和电子货币发行机构之间转移，对法定存款准备金计提基数产生的影响可能很小。但是现实中大多数电子货币持有人是用现金购买电子货币，尤其是对于多用途储值卡和单用途储值卡(券)，由于其使用人群的分散性，电子货币持有人更多情况下是光从银行存款中提取现金，然后用现金进行购买，现金转移到电子货币发行机构后，发行机构往往将这部分资金用于其他商业投资，一般不会形成发行机构的银行存款。这样从总体上看，电子货币就替代了应提取存款准备金的银行存款总额，可能导致银行业金融机构的银行存款减少，存款准备金计提基数下降，在法定存款准备金率不变的情况下，银行业金融机构在人民银行的存款就会减少。如果电子货币大量发行和使用，这种影响将会更加严重。

4. 电子货币对货币流通速度的影响

电子货币而具有虚拟性、高流动性、无时空限制等特点，替代传统货币，对货币流通速度主要产生两种截然不同的影响：一是产生替代加速效应，替代流通的现金等传统货币，加快货币流通速度；二是产生替代转化效应，促进不同层次货币形态之间的相互转化。由于较高层次货币的收益较高，被电子货币替代的传统货币更多地转化为较高层次、稳定性较强的货币，而处于较低层次、稳定性较差的货币数量相应减少，这种效应使得货币流通速度下降。理论上，在电子货币发展的初期阶段，由于各方的追逐利益性，电子货币替代转化效应应当大于替代加速效应，整体货币流通速度降低。随着电子货币的进一步发展，替代加速效应进一步增强，超过替代转化效应，整体货币流通速度加快。

电子货币具有明显加速货币流通的功能。一是替代加速效应明显。刷卡消费得到了越来越多的人群认可，大多数行业也以刷卡消费的形式替代了现金结算。无论是时尚的消费场所，还是大型超市和电子商务，或者路边小店，都或多或少地发行储值卡。人们日常的衣食住行消费可以通过刷卡完成，这将大大减少对现金的需求，同时产生电子货币持有人因电子货币使用便捷而购买商品的效应，而且一旦这种效应产生，货币的流动速度将会更大程度地增快。二是替代转化效应弱化。电子货币范畴的特殊性，决定了中国电子货币替代效应趋势较国际通行趋势不尽一致。大多数国家的电子货币会转化为收益较高的定期存款等高层次货币。根据《金融机构支付服务管理办法》规定，发行机构将客户购买储值卡的资金存入备付金专用账户，形成高层次货币，但是这类多用途储值卡形式的电子货币在中国电子货币体系中占比不大。对于占比较大的单用途储值卡(券)，发行机构在资金使用上并不受任何限制，他们在获得电子货币持有人购买电子货币的资金后，在获取最大利润的理念支撑下，不会为了获得利息收入而把资金作为定期存款存入银行，而是为扩大经营规模立即把资金再次投入流通领域，进行购货或者用于各种投资从而获得更高的收益，这部分资金仍然处在流通环节，只能形成流动性强的低层次货币，不会形成高层次货币，这样就导致替代转化效应弱化。通过以上分析可以看出，替代加速效应得到强化，替代转化效应逐渐弱化，两种效应之间的“博弈”结果显而易见，替代加速效应必然超过替代转化效应，从而导致中国货币整体流通速度加快。

5. 电子货币对货币供应量的影响

由于货币供应量的理想状态是与货币需求量相一致，各国货币当局在制定货币政策、安排货币发行数量时都以此为目标。电子货币的出现和发展壮大，使货币供应数量不可测、不确定性增大，逐渐加大了实现这一目标的难度。一旦货币发行量过大，就会出现通货膨胀，反之，货币发行量过少，就会出现通货紧缩。前面已经提到，中国的电子货币还不是独立的货币形式，虽然如此，在实际生活中，电子货币必然代替相当规模的流通中现金，并且各种电子货币会通过“黄牛”倒卖等非正常的渠道和形式，实现与人民币之间的相互转换，这无疑会对流通中现金的需求和供应数量造成影响。

单用途储值卡的发行机构庞杂，使用行业和地域范围广泛，发行规模和数量巨大，如果不能对其进行有效控制，那么对于流通中现金的影响也随之增大，而无法有效控制，人民银行在统筹考虑法定货币发行量时，对于这一因素也无法准确把握，从而间接影响到了人民银行货币政策制定的独立性和难确性，甚至造成货币信号失真，对货币政策实施效果产生一定影响。

3.2 支付工具概述

支付工具就是实现经济活动的一种交易方式,它是随着商品赊账买卖的产生而出现的。在赊销赊购中,最初是用货币来支付债务。后来,它又被用来支付地租、利息、税款、工资等。最初的支付工具是货币。支付工具是用于资金清算和结算过程中的一种载体,可以是记录和授权传递支付指令和信息发起者的合法金融机构账户证件,也可以是支付发起者合法签署的可用于清算和结算的金融机构认可的资金凭证。它是加快资金周转、提高资金使用效率的保障。

为了方便不同类型的经济交往活动,必须有与之相适应的不同使用方式的支付工具,以便客户能够灵活地选择成本低、安全性高并适应其支付特点的支付工具。

随着全球经济的高速发展,支付工具也越来越多,开始逐渐产生一批虚拟支付工具,开始向电子化支付工具转变。现在流行的网上银行、支付宝、财付通、百付宝、手机支付、快钱、手机充值卡等都是最新的虚拟支付工具。

3.2.1 我国的支付工具

从应用特点来看,我国主要有借记、贷记及商业汇票、邮政信汇、ATM/POS卡等支付工具。

1. 借记工具

借记支付工具,主要有支票、银行汇票、银行本票和定期借记工具。

(1) 支票:用于同城范围内商业和个人消费支付;

(2) 银行汇票:用于异地商业、消费和其他支付;

(3) 银行本票:用于同城商业和个人消费;

(4) 定期借记、预先授权借记:用于同城或异地支付,如房租、水电费、税费等支付。

2. 贷记工具

贷记支付工具,主要有汇兑、委托收款和定期贷记。

(1) 汇兑:用于商业、政府、银行间或个人消费者的资金划拨和支付;

(2) 委托收款:用于同城和异地的商业支付;

(3) 定期贷记、直接贷记:用于同城或异地的支付。

3. 其他工具

其他支付工具,主要有商业汇票、邮政信汇和ATM/POS卡。

(1) 商业汇票:用于非银行发起的企业之间的委托付款支付;

(2) 邮政信汇:通过邮局进行的付款支付;

(3) ATM/POS卡:借记卡、贷记卡。

3.2.2 网上支付工具

广义的网上支付工具包括卡基支付工具、网上支付和移动支付(手机支付)等。随着电子银行的兴起和微电子技术的发展,网上支付技术日趋成熟,网上支付工具品种不断丰富。网上支付工具从其基本形态上看是电子数据,它以金融电子化网络为基础,通过计算机网络系统以传输电子信息的方式实现支付功能,利用网上支付工具可以方便地实现现金存取、汇兑、直接消费和贷款等功能。

网上支付通常情况下仍然需要银行作为中介。在典型的网上支付模式中,银行建立支付网关和网上支付系统,为客户提供网上支付服务。网上支付指令在银行后台进行处理,并通过传统支付系统完成跨行交易的清算和结算。在传统的支付系统中,银行是系统的参与者,客户很少主动地参与到系统中;而对于网上支付系统来说,客户成为系统的主动参与者,这从根本上改变了支付系统的结构。常见的网上支付模式有网银模式、银行支付网关模式、共建支付网关模式和IT公司支付模式。

移动支付是指利用移动电话采取编发短信息和拨打某个号码的方式实现支付。手机支付系统主要涉及三方:消费者、商家及无线运营商,所以手机支付系统大致可分三个部分,即消费者前端消费系统、商家管理系统和无线运营商综合管理系统。消费者前端消费系统:保证消费者顺利地购买到所需的产品和服务,并可随时观察消费明细账、余额等信息。商家管理系统:可以随时查看销售数据以及利润分成情况。无线运营商综合管理系统是手机支付系统中最复杂的部分,包括两个重要子系统:鉴权系统和计费系统。它既要对消费者的权限、账户进行审核,又要对商家提供的服务和产品进行监督,看是否符合所在国家的法律规定,此外最重要的是,它为利润分成的最终实现提供了技术保证。随着信息技术的飞速发展,网上支付工具具有广阔的发展前景。

3.3 电子现金

电子现金的表现形式有两种:基于卡介质的电子现金和纯电子形式的电子现金。基于各种卡介质的电子现金主要用于现实交易中的支付,近些年来随着IC卡的发展,其应用也越来越广泛。基于卡介质的电子现金通常使用电子钱包形式的IC卡作为媒介,无须密码,主要用于小额交易。持卡人每次使用时,由终端机从卡上直接划钱。当卡中的现金金额用完时,还可以向卡中追加所需金额。纯电子形式的电子现金以电子形式存储并通过网络完成支付。本节主要研究纯电子形式的电子现金。

3.3.1 电子现金的定义

电子现金,又称数字现金,是一种以数字(电子)形式存储并流通的货币。它把用户银行账户中的资金转换成一系列的加密序列数，通过这些序列数来表示现实中的各种金额，用户用这些加密的序列数就可以在互联网上接受电子现金的商店中进行购物了。电子零钱（或电子硬币）本质上也属于电子现金的范畴，它特指价值数额微小的电子现金。

电子现金是类似于纸质现金的一种电子货币，可以说电子现金是纸质现金的电子化。随着网络零售的发展，电子现金必将广泛应用于网上支付，特别适用于涉及个体的、小额网络零售交易的商务活动。

3.3.2　电子现金的优点

1. 安全性

电子现金是高科技发展的产物，它融合了现代密码技术，提供了加密、认证、授权等机制，只限于合法人使用，能够避免重复使用。

2. 匿名性

电子现金在制作过程中使用了盲签名技术，保证了电子现金的匿名性；并且在使用电子现金进行网上支付的过程中，无须银行的直接中介参与，这使得电子现金具有类似纸币的匿名和不可追踪的特征，可以直接转让给别人使用，并且保护了使用者的个人隐私。

3. 方便性

电子现金完全脱离实物载体，使得用户在支付过程中不受时间、地点的限制，使用更加方便。

4. 成本低

电子现金的发行成本、交易成本都比较低，而且不需要运输成本。

3.3.3　电子现金支付存在的问题

1. 流通受到限制。目前，只有少数商家接受电子现金，而且只有少数几家银行提供电子现金开户服务，这使得电子现金不能像真正的现金一样广泛流通。

2. 运行成本高。电子现金的使用对各方的软、硬件要求都较高，并且银行还需要建立一个大型的数据库存储发行的电子现金序列号，并记录已经使用的电子现金，以防止伪造和重复使用，这使得电子现金的运行成本比较高。

3. 存在一定的风险。如果客户的硬盘损坏，电子现金将丢失且无法恢复，许多消费者都不愿承担这个风险。更令人担心的是电子伪钞的出现，一旦电子伪钞获得成功，那么电子现金的发行银行及其客户所要付出的代价则可能是非常巨大的。

4. 发行的监管问题。从技术上讲，企业也能够发行电子现金。若企业发行电子现金，其发行量是不受限制的，这可能影响到国家货币政策的行使，使国家利用货币政策来保持币值稳定，防止通货膨胀，并以此促进经济发展的目标落空。

3.3.4 电子现金解决方案

目前国际上流行的几种电子现金解决方案有：

1. E-Cash

E-Cash是由DigiCash公司开发的在线交易用的无条件匿名的电子现金系统。它通过数字形式记录现金，集中控制和管理现金，是一种安全性很强的电子交易系统。DigiCash公司在开发E-Cash系统的过程中，为了保证E-Cash的匿名性而开发了盲签名系统。如前面所论述的，这一系统允许客户从银行得到电子现金，而银行却不能将客户的身份与所领取的电子现金联系起来。也就是说，银行在收到商家的电子现金后，可以根据自己签发时的签名进行兑现，但银行并不知道使用电子现金的客户是谁。

2. CyberCoin

CyberCoin系统应用于微支付。CyberCoin的面值从0.25美分到10美元不等，主要是那些对于使用信用卡购买来说太小的币值。在一个专门的互联网服务器上为每个客户和商家提供了专门的"现金容器"(cash-containers)以用做CyberCoin账户。利用CyberCash钱包，可以将钱转移到CyberCoin账户中。为了可以用该钱包进行支付，需要从Web浏览器向CyberCash钱包发送一个特殊指令，该指令要求商家接受支付，一旦客户同意支付，钱就从客户账户过户到商家账户。该过程需通过加密来达到通信安全的目的。客户将订单发送到商家后，商家再将商家数据添加到订单中，并将已完成的订单发送给CyberCash网关，然后由该网关来完成账户间资金的转账。

3.4 银行卡

银行卡是由商业银行(含邮政金融机构)向社会发行的具有消费信用、转账结算、存取现金等全部或部分功能的信用支付工具。银行卡的产生和发展，推动了包括ATM机、POS机在内的自助银行系统的广泛应用，同时也成为网络零售中网上支付的主要方式。

3.4.1 银行卡的分类

1. 按性质分类

从性质上分，银行卡可以分为信用卡、借记卡、复合卡和现金卡四种。

(1) 信用卡

信用卡也称贷记卡，是银行向金融方面可信赖的客户提供无抵押的短期周转信贷的一种工具。发卡银行根据客户的资信等级，给信用卡的持卡人规定一个信用额度，信用卡的持卡人就可以在任何特约商店先消费后付款，也可以在ATM机上预支现金。用信用卡进行交易后，持卡人的消费费用或预支款项记入发卡行的账目上，同时持卡人在发卡行产生一笔尚欠账项。待持卡人信用期满时，银行才向持卡人索还部分或全部贷款。这样，通过发行信用卡，银行就可根据预先确定的信用限额，向广泛的持卡人提供银行柜台以外的延伸信贷。在我国，信用卡持卡人进行非现金交易时可以享受免息还款期待遇和最低还款额待遇，多家银行的信用卡还提供分期付款服务。

(2) 借记卡

信用卡的性质使信用卡存在较大的风险，这促使金融机构研制一种能替代现金、支票和信用卡的新的银行卡：借记卡。借记卡标示持卡人是某特定银行的客户，即该持卡人在该银行有存款。持卡人在特约商店消费后，通过电子银行系统授权，发卡行在线检查持卡人银行账户资金额是否能满足本次支付需求。若能，则直接将付款金额从持卡人账户转到商户的账户。除了用于消费外，借记卡也可以在ATM系统中进行取现。与信用卡不同的是，借记卡不提供透支贷款，持卡人必须在发卡行有存款，因此，借记卡具有低风险的优点。我国银行发行的银行卡中，借记卡大约占95%。而随着网络零售的快速发展，很多银行都提供了借记卡网上支付功能。

(3) 复合卡

复合卡也称准贷记卡，是一种兼具信用卡和借记卡两种银行卡性质的银行卡。复合卡的持卡人必须事先在发卡银行交存一定金额的备用金，待持卡人持卡消费或取现后，银行即做扣账操作；同时，发卡银行也对这种持卡人提供适当的无抵押的周转信贷。因此，持卡人在使用复合卡消费的过程中，当备用金账户余额不足以用于支付时，允许在发卡行规定的信用额度内进行短期透支，但与贷记卡不同的是，这一短期透支的金额一般较小，而且一旦透支即计算透支利息，无免息还款优惠。

(4) 现金卡

上述信用卡、借记卡和复合卡三种银行卡内实际上并没有现金，持卡人之所以可以持卡消费，是因为银行保证交易成功后商户可以很快从银行得到与消费金额等量的现金。现金卡则不同，现金卡内记录有持卡人在卡内持有的现金数，现金卡的持卡人持卡消费后，商户可直接从现金卡内扣除消费金额，这样持卡人的现金卡中的现金数也就相应减少了。因此，现金卡同现金一样，可以用于直接支付，不同的是现金卡内的货币是电子货币，即电子现金。

2. 按信息载体分类

银行卡的介质经历了塑料卡、磁卡、IC卡和激光卡四个阶段。此外，还有一种在磁卡中内藏IC芯片的复合介质卡。因此按信息载体的不同对银行卡进行分类。

(1) 塑料卡

这种塑料卡与计算机无关。20世纪中期，发达国家的信用卡公司率先用塑料卡制成信用卡，顾客消费时，必须出示此卡以示身份，验明无误后，即可享受信用消费。

(2) 磁卡

磁卡就是在塑料卡上粘贴一个磁条而制成的，磁条里有3条磁道，可记录相关信息。磁卡具有存储容量小、安全性差、不可脱机处理等缺点，但是由于其制造成本低，目前仍然是使用最广泛的银行卡。

(3) IC卡

IC银行卡可分为IC信用卡和IC现金卡两类。

IC信用卡就是将信用卡的介质由磁卡换为IC卡，而卡中存储的信息实际上与磁卡中的信息相同。但是它比磁卡具有更高的防伪性和保密性，可以有效防止仿造行为。

IC现金卡使用的是带有CPU的智能卡，是目前世界上最先进的支付工具。银行将持卡人所要求的金额输入到IC现金卡中，持卡人即可使用这种卡消费。由于卡中存有现金余额，并可在POS终端上显示出来，无须再要求银行授权，持卡人持卡消费后，会由POS终端改写IC卡中的余额，所以持卡人持IC现金卡消费时可以脱机操作，即持卡人可像使用现金一样使用IC现金卡。在实践中，IC现金卡又可分为有密码的IC现金卡(电子存折形式)和无密码的IC现金卡(电子钱包的形式)。若IC现金卡作为电子存折使用，银行发行这种IC现金卡时要往卡中输入客户的账户数据，包括个人户口资料、个人密码和存款金额等。这种电子存折与普通的存折类似，但不同的是其防伪性能较好，还可以用于消费，即兼具储蓄、消费和ATM卡三种功能。当IC现金卡用做电子钱包时，主要用于小额交易，由发卡机构向卡上输入现金金额，持卡人每次使用时，由终端机从卡上直接划钱。这种卡的持卡人无须到银行开户，亦无须密码。当卡中的现金金额用完时，持卡人还可以要求发卡机构向卡中加入所需的金额。

(4) 激光卡

激光卡是在塑料卡片中嵌入激光存储器而制成的，它同IC卡一样可提供多重功能，安全性高，存储量极大(可比IC卡的存储量大百倍以上)，但目前尚在试验阶段。

3.4.2 银行卡的功能

1. 储蓄和存、取款功能

居民储蓄一直是我国各商业银行的主要业务之一。为提高业务效率以吸纳更多存款，各发卡银行都发行了具有储蓄功能的借记卡。银行对持卡人开立的银行卡存款账户，按照规定的活期存款利率和计息办法付利息。持卡人凭卡可以在发卡行指定的受理网点办理存、取款业务(通存通兑)，也可以在发卡银行提供的自动柜员机存、取款和查询账户余额等。

2. 消费支付功能

持卡人凭卡可在特约商户使用银行卡进行支付结算，再由发卡行扣减持卡人银行账户资金后，将持卡人所支付的款项划拨给特约商户。支付结算是银行卡最主要的功能，能为社会提供最广泛的结算服务，方便持卡人和特约商户的购销活动，减少社会现金流量，节约社会劳动。

3. 转账结算功能

持卡人凭卡可在发卡银行的营业机构从自己的账户转账付款，也可利用ATM机或电话银行、网上银行等将银行卡账户的资金转至其他账户。持卡人外出商旅、消费、度假的过程中，在异地甚至异国都可以借助汇款的方式，通过任何一家国际信用卡组织的会员机构网点，实现资金的调拨流转。

4. 消费信贷功能

消费信贷功能只专属于贷记卡和准贷记卡。贷记卡持卡人可以自由使用信用额度而不必费力去银行申请贷款。准贷记卡持卡人在支付结算过程中，如需支付的款项超过其准贷记卡上存款账户的余额，发卡行允许持卡人按规定限额进行短期透支。

3.4.3 银行卡的授权与清算

1. 银行卡信息交换中心

银行卡信息交换中心是对银行卡跨行交易信息进行转接和提供跨行交易清算数据的银行卡跨行联网服务机构。在跨行交易中，银行卡信息交换中心是交易信息的实时转发枢纽；在日结后，银行卡交换中心是网络交易数据清分、对账的组织者；在清算中，银行卡信息交换中心是清算流程的启动者，交换中心向清算银行(中心)提交的清算数据构成了清算依据。

银行卡信息交换中心总体上可分为银行卡信息交换总中心、区域中心和入网银行行内中心，其中入网银行及其分支机构需要接入全国银行卡网络来实现跨行信息交换。而全国银行卡网络由跨行网络和行内网络组成，其中跨行网络由总中心连接各入网银行行内中心和各区域中心，以及各区域中心连接各入网银行分支机构组成；行内网络由各入网银行行内中心连接其分支机构组成。

(1) 银行卡信息交换总中心

银行卡信息交换总中心接收与总中心联网的入网银行行内中心或区域中心转发的银行卡跨行交易信息，并按照入网银行确定的信息流路径，将其转发给相应的行内中心或区域中心。总中心主要提供以下服务：银行卡异地跨行业务的信息转接服务、清算数据发送服务、支付名单管理服务、安全与风险控制服务、个人信用控制服务、仲裁服务及信息服务等。总中心还提供与国际信用卡网络的接口，以实现国际卡收单业务的授权信息转接。

(2) 区域中心

区域中心主要负责本地区银行卡跨行交易的授权信息转接服务、资金清算服务、支付名单管理服务、代理授权服务、差错及纠纷处理服务、银行卡作业安全与保密服务、持卡人信用控制及信息服务等。区域中心接收总中心、与本中心联网的行内中心或入网银行分支机构提交的银行卡跨行交易信息,并根据不同情况进行处理:对于本区域入网卡交易信息,将其转发给相应的发卡行;对于非本区域入网卡交易信息,将其按照本地发卡机构的要求转发给总中心或本地发卡机构。

(3) 入网银行行内中心

入网银行行内中心主要负责本行系统内银行卡交易的信息交换服务,包括授权信息转接、资金清算、支付名单管理、代理授权等。入网银行行内中心与总中心或区域中心联网,当系统内各分支机构传来非本行银行卡交易信息时,行内中心会将交易信息转发给该中心联网的总中心或区域中心。

2. 授权过程

授权是指当持卡人所进行的交易金额超过发卡银行规定的特约商户限额或取现限额,或经办人对持卡人所持银行卡有怀疑时,由特约商户或代办银行向发卡银行征求是否可以支付的过程。而代理授权是指当发卡行休息,授权主机关闭,或发卡行授权主机系统出现故障、发卡行的授权系统通信中断等时,银行卡信息交换中心根据发卡行的意愿代理发卡行进行授权。

授权处理一般由各发卡行的银行卡授权系统完成,当授权请求信息被发送至收单行后,若收单行即是发卡行,则直接由收单行进行授权处理;若收单行与发卡行属于同一银行系统,则收单行直接将授权请求信息通过入网银行行内系统转发至发卡行,再由发卡行进行授权处理;若收单行与发卡行不属于同一银行系统,则需要进行跨行信息交换,将授权信息转发至发卡行进行授权处理。跨行信息交换的流程分为以下三种情况。

(1) 有区域中心地区

发卡行有分支机构的,区域中心将信息转发给发卡行系统内的当地分支机构。若是异地卡,则由当地分支机构将信息转发至本系统行内中心,由行内中心再将其转发至发卡行分支机构;发卡行无分支机构或有分支机构但有特殊要求的,区域中心将信息转发给总中心,总中心再将信息转发给发卡行行内中心。

(2) 无中心业务联合地区

银行卡跨行交易无中心联合是指入网银行分支机构没有共建当地跨行信息交换系统,而是通过多路由 POS(包括前置机方式)共享来实现银行卡的跨行通用。

发卡行有分支机构的,共享 POS 或收单行前置机将信息转发给发卡行系统内的当地分支机构。若是异地卡,则由当地分支机构将信息转发至本系统行内中心,行内中心再将信息转发至发卡行分支机构;发卡行无分支机构的,共享 POS

或收单行前置机将信息转发给发卡行的签约代理行的当地分支机构进行处理。

(3) 在未实现本地跨行联合地区

收单行将信息转发至本系统行内中心，由行内中心转发给总中心，总中心再将信息转发给发卡行行内中心(行内中心未联网或已联网但有特殊要求时，则转发给相应的区域中心再转发至发卡行分支机构)。

3. 资金清算

清算是指根据交易记录进行清分、计算和资金划拨的全过程。银行卡跨行业务资金清算的基本原则如下所示。

适应全国银行卡网络系统架构，采用分级清算的方式:银行卡信息交换总中心负责完成与其联网的入网银行和区域中心的清算;各入网银行和区域中心负责完成行内分支机构和区域内入网银行的再清算。

清算原则:全国银行卡跨行业务资金清算，应以信息交换中心的清算数据为依据。信息交换中心的清算数据是根据中心交易记录和收单行上送的清算文件产生的。当联网成员与信息交换中心对账不符时，以信息交换中心数据为准先行清算，清算后查实差错，按有关规定处理差错。

(1) 总中心清算

通过总中心转接的银行卡异地跨行交易的资金清算，是以总中心清算数据为准，采用了两级清算模式.即对于总中心产生与其相连的入网银行及区域中心清算数据，提交给中国人民银行营业管理部实施一级清算;对于入网银行、区域中心以总中心清算数据为准产生的二级清算数据，则通过行内系统或当地中国人民银行营业部门实施二级清算。

(2) 区域中心清算

只通过区域中心转接的跨行交易清算，应以区域中心的清算数据为准，提交给当地中国人民银行营业部门实施清算。

(3) 记账

资金清算采用日终轧差、净额清算的办法，由中国人民银行营业部门根据信息交换中心提交的清算数据和凭证借记或贷记联网成员指定的备付金存款账户。

3.4.4 银行卡支付的处理过程

如图 3-1 所示，一个完整的银行卡支付的处理过程包括如下一些步骤。

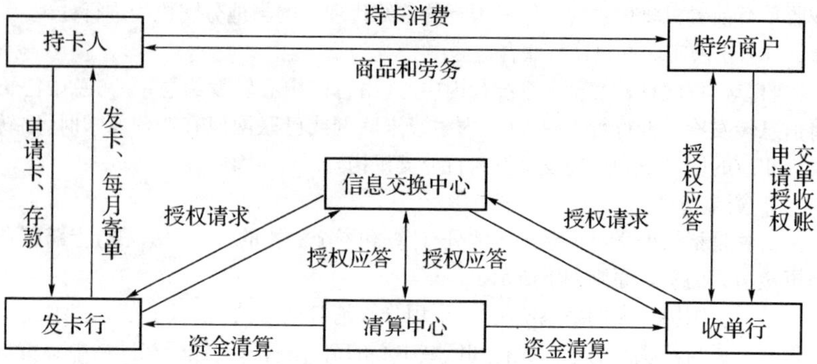

图 3-1　银行卡支付的处理过程

1. 持卡人到发卡行申领银行卡。
2. 收单行与特约商户签订协议。
3. 持卡人到特约商户处购物。
4. 特约商户通过不同的方式(如电话、POS 终端等)向收单行发出授权请求。
5. 收单行把授权请求送往信息交换中心。
6. 信息交换中心把授权请求转送给发卡行。
7. 发卡行把授权答复送回信息交换中心。
8. 信息交换中心把授权答复送回收单行。
9. 收单行把授权答复送回特约商户。
10. 特约商户把已授权的交易提交收单行。
11. 收单行把交易金额记入特约商户账户。
12. 收单行把交易数据档案送往信息交换中心。
13. 信息交换中心对所有交易数据进行清分和结算。
14. 信息交换中心把所有交易数据送往交易所属的发卡行。
15. 发卡行向持卡人发出账单,并从持卡人账户扣回交易金额。
16. 信息交换中心把清算净额数据送往清算中心。
17. 清算中心为发卡行及收单行进行资金调拨。

特约商户在使用银行卡进行支付时存在脱机和联机两种情况。脱机状态下,收单行通常规定了一个最低标准限额,若交易额低于标准限额,银行则授权商户自行认证,即第 1～9 步可以省略;若交易额超出最低限额,商户要打电话给收单行取得银行的授权。此时的授权过程又分为两种情况,如果持卡人的银行卡是该收单行发行的,则直接通过该收单行的处理中心检查授权文件,以确定是否批准这笔交易,即第 5～8 步可以省略;如果持卡人的银行卡不是该收单行发行的,商户银行需要通过信息交换中心同发卡行通信,以得到批准或拒绝的回答。而在联机的状态下,由于几秒内就可以取得发卡行的联机电子授权,所以所有的银行卡交易全部送发卡行进行授权处理，这样就不需要规定标准限额了。交易完成后，如果持卡人的银行卡是该收单行发行的，收单行处理中心就直接将该笔交易金额从持卡人账户过账到商户账户上，即第12～14步可以省略；如果持卡人的银行卡不是该收单银行发行的，则通过信息交换中心，将交易数据传输给发卡行的处理中心进行结账处理。

通常，商业银行办理银行卡收单业务应向商户收取一定的结算手续费，一般占商品交易费用的1%～5%。由于收单行要通过相应的信息交换中心同发卡行交换这些交易数据，并进行清算，所以收单行需支付一笔交换费给发卡行和信息变换中心，以承认他对该笔信用卡交易所作的贡献。

3.5　电子钱包

电子钱包是顾客在电子商务购物活动中常用的一种支付工具，就如同生活中随身携带的钱包一样。我们可以将银行卡、电子现金、电子支票等存放在电子钱包中，以进行统一管理。将银行卡装入电子钱包后，需要为每张银行卡申请数字证书以保证其安全。在进行网上支付时，用户只需打开电子钱包，选择用于支付的电子货币即可，电子钱包会自动对支付过程加密及保存交易记录，从而使电子货币可以方便、安全地转移到商家手中。

电子钱包以两种形式存在：一种是软件形式；另一种是硬件形式。当电子钱包以软件形式存在时，多用于网上支付和账户管理；当电子钱包以硬件形式存在时，多用于现实中的小额支付，此时电子钱包常常用IC卡作为载体来存储电子现金，也就是前述的基于卡介质的电子现金。实际上，硬件形式的电子钱包也能用于网上支付，其应用方式与软件形式的电子钱包基本一样，但是需要安装相应的客户端，即读卡器。

3.5.1　电子钱包的组成

1. 电子钱包客户端

电子钱包客户端软件安装在客户的计算机上，它通常被设计为浏览器的一个插件(可从电子钱包支持银行或商家下载)。该客户端软件负责与发卡行的电子钱包服务器进行通信，接收客户输入的SET购买指令，并将指令安全地传送到发卡行电子钱包服务器上，再将执行结果安全地取回并显示给客户。客户也可以通过该客户端软件查看和管理存储在电子钱包服务器上的账号信息、交易历史记录。因为在电子钱包客户端与电子钱包服务器之间要传送一些敏感数据，如客户的银行卡号、密码及电子钱包的登录用户名和密码，所以在二者之间需要使用SSL安全协议进行通信，此协议保证了客户端与服务器之间的安全通信。

2. 电子钱包服务器

电子钱包服务器安装在银行或第三方金融机构上，为多个客户提供了有关账号管理、历史交易记录管理及支付处理的服务。它负责与电子钱包客户端进行通信，接收并执行电子钱包客户端传送过来的指令，并将结果以安全的通信方式发送到电子钱包客户端上。电子钱包服务器在特定端口监听来自客户端的请求并与客户端协商建立一个 SSL 连接，以便双方进行安全通信。电子钱包服务器的 SET 交易组件给客户提供了一个接口，客户可以通过此接口与商家的服务器端进行通信，完成 SET 协议中的支付初始化请求、支付初始化响应、支付请求和支付响应的处理。电子钱包服务器将客户的数字证书和私有密钥统一放在数据库中，而 SET 消息的生成、加解密、数字签名等都是在服务器端完成的。

3.5.2 电子钱包的功能

电子钱包主要具有以下五个功能。

1. 个人资料管理

客户下载并安装电子钱包客户端软件后，可以通过客户端软件在电子钱包服务器中存储客户的个人资料，还可以通过客户端软件对个人资料进行增加、修改或删除。

2. 网上付款

客户在网上商店挑选好商品后，可利用电子钱包进行支付。客户只需打开电子钱包，选择用于支付的银行卡或电子现金，确认支付即可。整个支付过程是基于 SET 协议的，保证了网上支付的安全。

3. 交易记录查询

客户可通过电子钱包客户端软件对存储在电子钱包服务器上的历史交易记录进行查询。

4. 银行卡余额查询

客户可通过电子钱包软件查询存放在电子钱包中的银行卡的余额信息。

5. 商家站点链接

许多电子钱包客户端软件中设有众多商家站点链接，客户可通过链接直接登录商家站点进行购物。

客户在安装客户端电子钱包软件时，需要设置电子钱包的用户名和密码，以后每次使用电子钱包时都要输入用户名和密码，以保证电子钱包的授权使用。客户应对自己的用户名及密码严格保密，以防电子钱包被他人窃取。

3.5.3 电子钱包的网上支付流程

电子钱包的网上支付流程如图 3-2 所示。

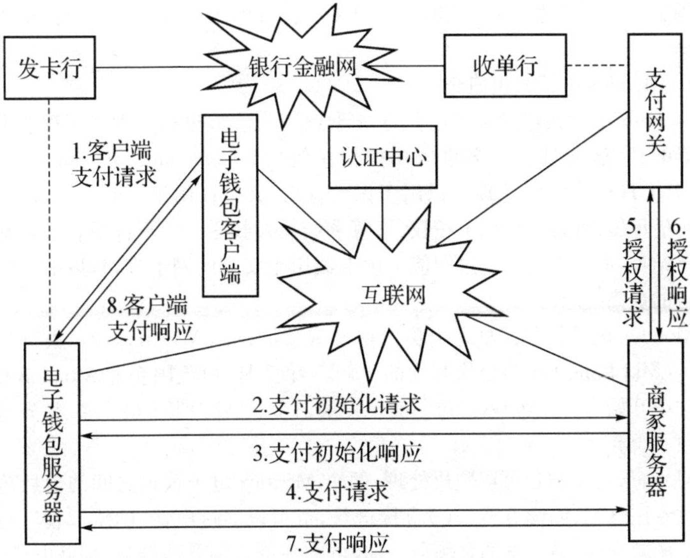

图3-2　电子钱包的网上支付流程图

1. 客户通过互联网在网上商店挑选商品，挑选好后确认购买。

2. 若该网上商店支持客户所安装的电子钱包，电子钱包客户端软件将自动激活，显示登录窗口，供客户输入用户名和密码。

3. 客户在电子钱包中选择用于支付的银行卡或电子现金等，并确认订单及支付信息。

4. 客户的订单及支付指令会通过电子钱包客户端以安全的方式传送给电子钱包服务器，由电子钱包服务器与商家服务器进行安全的SET通信（电子钱包服务器对订单及支付指令进行数字签名，同时利用双重签名技术保证商家看不到支付指令；商家将支付指令传送给支付网关；支付网关将支付指令解密并验证客户的数字签名，然后将数据发送到收单银行，再到发卡行进行确认，批准交易后返回确认信息给商家服务器；商家服务器返回确认信息给电子钱包服务器）。

5. 电子钱包服务器返回支付响应给电子钱包客户端。

6. 商家向客户提供相应的商品或服务，并请求支付。同时，电子钱包服务器将记录交易数据，供电子钱包客户端查询。

3.5.4　Mondex电子钱包

Mondex电子钱包是智能卡、电子钱包和电子现金的有机结合体。它将电子现金存储在智能卡式电子钱包中，其物理载体是智能卡，功能是电子钱包，而存储在电子钱包中的是电子现金。Mondex电子钱包充分发挥了智能卡、电子钱包和电子现金各自的优势。了解 Mondex 电子钱包有助于更好地理解前面所讲的理论知识。

1. Mondex 电子钱包简介

Mondex 电子钱包融合了现金的方便性这一优势，也充分发挥了智能卡一卡多功能的特点，而且拥有多重应用操作系统（Multi-Application Operating System，MULTOS），因此，它既可以用于识别身份，又可以用于实时支付，而不再需要使用借记银行账户、信用卡授权、清算和结算及找零。它不仅适合现实交易中的支付结算，而且也可以通过智能卡读卡器用于安全的网上支付，以适应电子商务支付的更高要求。

Mondex 电子钱包最早是由英国西敏寺（National Westminster）银行和米德兰银行（Mid Land Bank）合作开发的。1995 年 7 月，由英国企业 Mondex UK 在温斯顿市开始实用化实验，经过不断地发展，它现已成为当今最完整、最先进的电子钱包系统。

Mondex 电子钱包可以脱机处理，两个 Mondex 电子钱包之间的信息传递可以通过专用终端（如读卡器、PC）直接进行，也可以通过电话、网络远程进行。当一方金额减少时，另一方的金额会增加，可实现资金的及时转移，即及时的支付，不需要与 Mondex 电子钱包的发行主体取得联系。Mondex 电子钱包与使用者的银行账户连接以便让使用者进行循环储值。当 Mondex 内余额不足时，可以通过专用终端（如读卡器、ATM、圈存机等）将使用者在银行账户上的资金调入卡内。因此，它可以实现客户和客户之间、客户和商户之间以及客户和银行之间的电子货币价值转移。Mondex 内可存储 5 国货币。

2. Mondex 的使用

Mondex 电子钱包的使用十分简便。在一般的商务活动中，只要把 Mondex 插入商户的读卡器中，三五秒之后，交易收据便从设备输出，一笔交易即告结束，而读卡器会自动从 Mondex 中扣除本次交易的金额。因此，它能广泛应用于超级市场、酒吧、餐饮店、停车场和公交车上。在网络零售业务中，使用者能够通过互联网，借助读卡器与允许使用 Mondex 电子钱包的商户，实现安全、方便、任意大小规模的交易。

每一次的 Mondex 卡之间的交易都伴随着 Mondex 价值转移协议（Mondex Value Transfer Protocol，VTP）的实施，这个协议能够确保只有真正的 Mondex 电子钱包才能接受或储存价值。每一次价值的转移，对于每一次交易的实现，VTP 都提供数字认证以确认信息的真实可靠。

3.5.5 支付宝钱包

2013 年年初推出的“支付宝钱包”在原来支付宝客户端的基础上增加了优惠卡券管理及声波支付等功能，设计上也有意模拟钱包的功能和体验。其 Android

版已经上线。

图 3－3　支付宝钱包 Android 版界面

如图 3－3 所示，首屏由个人账户栏、交易账单栏、卡券栏以及“付钱”、“转账”、“扫码”、“手机充值”等四大服务组成，点击下方按钮后进入到更多功能区，此处包含了信用卡还款、水费、电费、燃气费、宽带、条码支付、彩票等服务。

新的设计突出了个人账单和优惠券管理，用户可以通过个人账单服务随时查看消费明细，随时了解自己的收支情况；优惠券管理服务则能统一管理所有的电子优惠券。

“支付宝钱包”还提供了声波支付、超级转账服务。“付钱”服务可以通过向交易方手机发送一段声波识别对方并建立快速支付，这一方案特别适合面对面的交易。而“转账”服务是可以向任何人（不论是否有支付宝账号）转账的“超级转账”，“扫码”服务是通过摄像头扫描二维码进行支付的方式。

据支付宝最新统计数据显示：2012 年无线支付总金额比去年增长 546％，使用无线支付的人数也同比增长了 223％，手机支付笔数占支付宝总体交易笔数的比例已经达到 9.2％。430 万支付宝用户的手机支付金额超过电脑支付。

3.6　电子支票

3.6.1　电子支票简介

电子资金传输就是电子支票系统，目前广泛通过专用网络系统进行企业转账支付，今后将逐步过渡到公用互联网上进行传输。电子支票系统的特点是支付过程中操作直接针对账户，对账户的处理即意味着支付的进行，是一种“即时付款”的支付办法。在支付过程中由于发起人不同又可分为付款人启动的支付和接收人启动的支付。在此系统中，付款人对支付的确认意义十分重大，这就需要一些确认的手段，如数字签名和自动验证。由于涉及账户，此系统也必须在线操作，不允许透支。

电子支票是网上银行常用的一种网上支付工具。支票一直是银行大量采用的支付工具之一。将支票改变为带有数字签名的电子报文,或利用其他数字电文代替传统的全部信息,就是电子支票。利用电子支票,使支票的支付业务和支付过程实现电子化,通过建立电子支票支付系统,在各个银行之间发出和接收电子支票向客户提供网上支付服务。电子支票系统通过剔除纸质文票,最大限度地开发了现有银行系统的潜力。

电子支票系统形式多样,如:通过银行自动柜员机(ATM)网络系统进行普通费用的支付;通过跨省市的电子汇兑、清算,实现全国范围内的资金传输;大额资金在海外银行之间的资金传输;每月从银行账户中扣除电话费等。

电子支票系统包含三个实体——购买方、销售方及金融中介。在购买方和销售方做完一笔交易后,销售方要求付款。购买方从金融中介那里获得一个唯一凭证(相当于一张支票),这个电子形式的付款证明表示购买方账户欠金融中介钱,购买方在购买时把这个付款证明交给销售方,销售方再交给金融中介。整个事务处理过程就像传统的支票查证过程。但作为电子方式,付款证明是一个由金融中介出文证明的电子流。更重要的是,付款证明的传输及账户的支出和信用几乎是同时发生的。如果购买方和销售方没有使用同一家金融中介,将会使用金融中介之间的标准化票据交换系统,这通常由国家中央银行(国内贸易)或国际金融机构(国际事务)协同控制。

电子支票具有下列优点:

(1) 与传统支票十分相似,客户不必再接受培训,且因其功能更强,所以接受度很高。

(2) 适宜做小额的清算。电子支票的传统的密码加密方式比以公开密钥加密的系统容易处理。收款人、收款人银行和付款人银行都可以使用公开密钥来验证支票。电子签名也可自动验证。

(3) 公司企业可以将其作为内部资源管理工具使用,好比公司内部现金的一种形式,以比现在更省钱的方法,通过网络来完成支付。除此以外,由于支票内容可以附在贸易对方的汇票资料上,所以电子支票容易与EDI应用的应收账款整合。

(4) 电子支票技术可连接公众网络金融机构和银行票据交换网络,以达到通过公众网络连接现有金融付款体系。

3.6.2 电子支票的运作

电子支票系统目前一般是专用网络系统,国际金融机构通过自己的专用网络、设备、软件及一套完整的客户识别、标准报文、数据验证等规范化协议完成数据传输,从而控制安全性。系统在专用网络上应用具有成熟的模式,例如SWIFT系统,其应用范围主要是企业与企业之间(如银行与银行或银行与普通企业之间)。为了保证报文传输的可靠、完整与安全,SWIFT主要从以下三个方面进行安全控制：

（1）客户身份与操作合法性检查，包括客户口令机制与读写控制。

（2）数据完整性控制，即对传输数据进行校验，排除介质故障和篡改。

（3）数据安全控制，即对数据进行加密，防止窃听。

公用网络上电子支票系统用于发出支付和处理支付的网上服务。付款人向收款人发出电子支票，即一个经付款人私钥加密的写有相关信息的电子文件，收款人将其存入银行，以取出现金。电子支票由客户计算机内的专用软件生成，一般应包括支付数据（支付人、支付金额、支付起因等）、支票数据（出票人、收款人、付款人、到期日等）、客户的数字签名、CA证书、开户行证明文件等内容。目前人们正在开发几种系统来处理这样的业务，大部分系统仍处于设计阶段。许多系统是为那些通过互联网出售信息或小型软件程序的公司而设计的。几乎所有的方案都依赖第三方或经纪人，他们证实客户拥有买贷的款额，也可以证实在客户付款前商家已交货。由于这个过程高度自动化，即使是交易额小至一美分，这种方式也很经济划算。

电子支票系统中主要的各方有客户、商家、客户的开户行、商家的开户行、票据交易所。票据交易所可由一独立的机构或现有的一个银行系统承担，其功能是在不同的银行之间处理票据。

一宗完整的电子支票业务由下述的若干步骤构成，这些步骤可分为三个不同阶段。第一阶段是客户的购买阶段；第二阶段，商家把电子支票发送给他的开户行，以得到现款；第三阶段，商家的开户银行通过交易所或客户的开户行兑换电子支票。

第一阶段（购买货物）：

（1）客户访问商家的服务器，商家的服务器向客户介绍其货物。

（2）客户挑选货物并向商家发出电子支票。

（3）商家通过开户银行对支付进行认证，验证客户支票的有效性。

（4）如果支票是有效的，商家则接收客户的这宗业务。

第二阶段（把支票存入商家的开户银行）：

（5）商家把电子支票发送给他的开户行。商家可根据自己的需要，自行决定何时发送。

第三阶段（不同银行之间交换支票）：

（6）商家的开户行把电子支票发送给交易所，以兑换现金。

（7）交易所向客户的开户行兑换支票，并把现金发送给商家的开户银行。

（8）客户的开户行为客户下账。

【本章小结】

本章主要对网上支付工具进行了概述，介绍了网上支付工具的支付流程，重点阐述了电子支票、电子现金以及电子钱包的特点、原理和支付流程。网上支付工具正在全球得到日益广泛的应用，将会改变人们的生活方式和贸易方式，市场发展趋势强劲、发展潜力巨大。

【案例】

跨境支付：从央行叫停万事达卡说起

2013 年 6 月，有消息称，央行叫停了万事达卡国际组织与广州市易票联支付合作推出的万事达“虚拟卡”业务，原因是“虚拟卡支付模式几乎等同于万事达卡发行人民币卡”。

万事达和易票联达成这个可以实现人民币全球支付的合作项目是在 2013 年 3 月份，该业务使用虚拟信用卡卡号实现支付。

此前，用户只要在易票联网站申请，会自动生成一个 16 位的万事达虚拟卡号，此卡号跟一般信用卡无异，有有效期、安全码等信息，用户只需要将自己的银行储蓄卡与该卡号捆绑，便可以用这张虚拟卡在国内外支持万事达卡支付的网站进行消费。

央行有规定：“任何支付机构不得与外国信用卡公司合作开展与人民币银行账户或人民币支付账户挂钩的跨境支付业务。”由于易票联直至目前仍没有具备人民币结算的资质，且国内的人民币支付卡交易并未向外资开放，所以易票联和万事达此举，在银行业看来，其逻辑是境内持卡人通过人民币账户向万事达的这张虚拟卡账户充值进行消费，事实上等同于万事达卡发行了人民币卡。

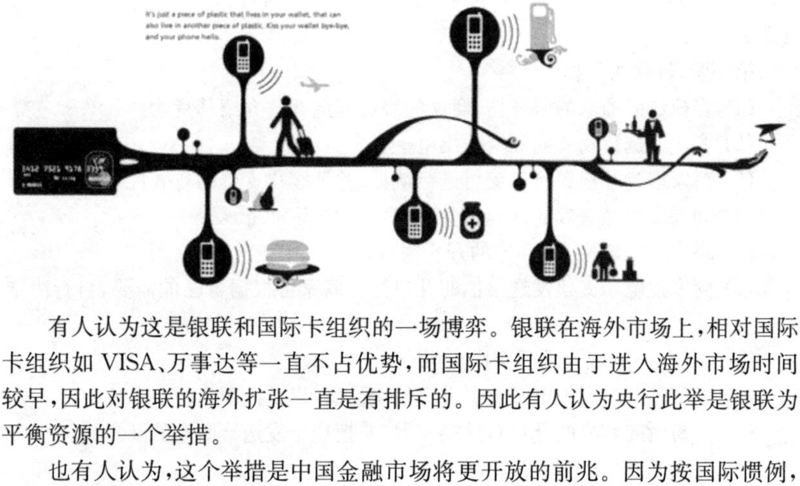

有人认为这是银联和国际卡组织的一场博弈。银联在海外市场上，相对国际卡组织如 VISA、万事达等一直不占优势，而国际卡组织由于进入海外市场时间较早，因此对银联的海外扩张一直是有排斥的。因此有人认为央行此举是银联为平衡资源的一个举措。

也有人认为，这个举措是中国金融市场将更开放的前兆。因为按国际惯例，谁的卡品牌谁来转接，而易票联的虚拟卡，国内由银联卡充值，跨境消费由万事达转接，与国际惯例出入较大，所以说，央行叫停如果是出于向国际惯例看齐的话，这也算是开放的前兆之一。

但是有一个细节不得不说，从这张虚拟卡的运作模式来看，其充值方式类似预付卡，而易票联并没有预付卡的牌照，所以这一点也可能是央行叫停其业务的重要考量之一吧。

如今，随着网民对跨境购买的需求越来越大，跨境支付也日渐被人们重视。

支付宝很早就推出了跨境支付的业务。在一些外币标价的购物网站支付时，系统将按即时汇率兑换成人民币，支付宝用户直接支付人民币即可。

2012年年中时，万事达方面称，其旗下子公司国际支付服务供应商DataCash集团与支付宝达成合作协议，共同提供国际支付解决方案。据介绍，全球范围的零售商都可通过DataCash的整合支付解决方案服务中国的在线支付市场。据称该解决方案高度整合，可以大大节省中国电子商务跨境交易中所产生的翻译和整合成本，且不限特定收单行。

跨境支付是一个需要继续完善的业务，从业务流程上，金融规范里，可能还需要很多的调整和优化。

这也是一个值得期待的事情，如果哪一天跨境支付可以做到和境内支付一样方便快捷，这无疑会给广大买家网友们提供一个可以购买海外优质产品的便利条件。

【基本训练】

1. 掌握电子现金的使用技能。
2. 简述电子支票支付的安全性要求。

第4章 第三方支付平台

【学习目标】

通过本章学习，应该达到以下目标：

知识目标：了解第三方支付平台的现状，认识第三方支付平台的必要性及重要性和发展中出现的问题，理解第三方网上支付对比研究及影响因素分析。

技能目标：掌握典型第三方支付平台的工作流程。

能力目标：通过学习第三方支付平台内容，具备认识第三方支付平台重要性的能力、分析问题能力以及业务创新能力。

"第三方支付平台"是指一些与各大银行签约、具备一定实力和信用保障的第三方独立机构所提供的交易平台。它和国内外各大银行签约、提供多种银行卡的网关接口，成为买卖双方进行交易过程中资金流动的中间平台。从事第三方网上支付的非银行金融机构被称为第三方网上支付厂商。

传统的网上支付主要是网上银行支付平台，使用银行卡(信用卡、借记卡)、电子支票和电子现金等作为支付工具。但是，随着网站商户和网上银行数量、规模的发展，网络卖家要实现网上支付，就要和各家银行逐个签订接入协议、安装各个银行的认证软件，这对于众多的中小商家无疑增加了收入成本。因此，第三方支付平台作为银行和网站之间的支付中介应运而生。

4.1 第三方支付发展现状及趋势

4.1.1 第三方支付的概念及原理

第三方支付，就是一些和产品所在国家以及国外各大银行签约、并具备一定实力和信誉保障的第三方独立机构提供的交易支持平台。在通过第三方支付平台的交易中，买方选购商品后，使用第三方平台提供的账户进行货款支付，由第三方通知卖家货款到达、进行发货；买方检验物品后，就可以通知付款给卖家，第三方再将款项转至卖家账户。

第三方支付的具体支付流程如图4-1所示。

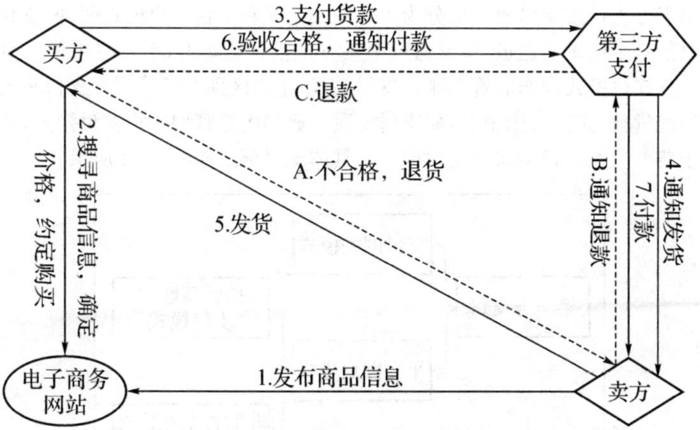

图 4-1　第三方支付流程图

具体步骤为：

第一步：卖方在网上发布自己的商品信息，包括产品的名称、规格、包装、图片、性能说明、价格、运输方式及运费、服务承诺等。

第二步：买方在电子商务网上浏览需求商品的相关信息，通过电子邮件、即时聊天工具、电话等通话工具与卖方进行沟通，确定商品规格、数量，商定价格和运输方式等。

第三步：买方按约定将所购商品的费用暂时付给独立的第三方支付平台。支付通过第三方在持卡人或者客户和银行之间进行。持卡人首先和第三方以替代银行账号的某种电子数据的形式（例如邮件）传递账户信息，避免了持卡人将银行信息直接透露给商家，另外也可以不必登录不同的网上银行界面，取而代之的是每次登录时，都能看到相对熟悉和简单的第三方机构的界面。

第四步：第三方支付平台在收到货款后通知卖方发货。

第五步：卖方接到第三方支付平台发货通知后，立即按约定方式发货。

第六步：如果买方收到所购货物并检查合格，则买方通知第三方支付平台付款给卖方。第三方机构与各个主要银行之间已签订有关协议，第三方机构与银行可以进行某种形式的数据交换和相关信息确认。这样第三方机构能够实现在持卡人或消费者与各个银行，以及最终的收款人或者是商家之间建立一个支付的流程。如果买方收到所购货物并检查，发现不合格或不符合约定时，退货给卖方。

第七步：第三方支付平台得到买方的付款指令后，将货款最终付给卖方。如果第三方支付平台收到的是卖方退款的指令，则将货款退还给买方（如图 4-1 中 B、C 所示）。第三方支付按支付方式分类，可分为网上在线支付、手机远程支付、电话支付、自助终端支付及其他类型的支付。

第三方支付按支付模式可分为支付网关模式和平台账户模式两种:支付网关模式只是一个简单的通道,买家通过第三方把款付给卖方;平台账户模式分为监管型账户支付模式和非监管型账户支付模式,主要区别在于第三方支付平台是否暂时保管货款,充当信用中介,如支付宝属于典型的监管型账户支付模式,而快钱则属于典型的非监管型账户支付模式。具体支付模式如图 4 - 2 所示。

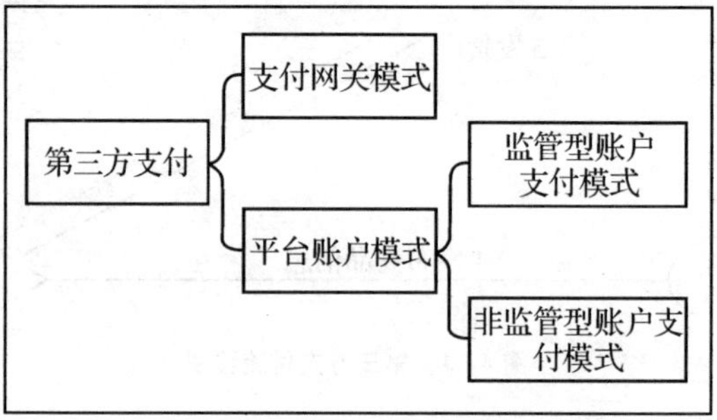

图 4 - 2　第三方支付的分类结构图

关于第三方支付的性质的界定,长期以来没有形成定论,有的学者认为第三方支付不是传统银行业务模式的创新;而是一种非银行类金融机构,有的专家认为第三方支付是网上银行的一部分,发挥着与银行相似的作用,是一种“虚拟银行”。2010 年 6 月,中国人民银行颁布的《非金融机构支付服务管理办法》,正式对第三方支付的性质予以定性:第三方支付是一种非金融机构。这种界定既肯定和承认了第三方支付的作用和存在,也明确了第三方支付的法律地位,这对第三方支付的金融风险分析和防范产生了非常深远的影响。

4.1.2　第三方支付的必要性及重要性

对于第三方支付存在必要性的分析,国内专家和学者主要运用博弈论的方法,讨论在只有两人参与的博弈中,为何不能达成交易,而在有第三方参与的条件下,能够达成交易,从而证明了第三方支付的必要性。

首先考虑买卖双方参与的一次性完全信息静态博弈,假设对于买家而言,购买物品所获得的效用为 $U-P$,其中 U 为他对该商品的评价,P 为该商品的价格。对于卖家而言,诚信时获得的效用为 $P-C_1$,不诚信时获得的效用为 $P-C_2$,其中 C_1、C_2 分别为高质量、低质量商品的成本,显然 $P>C_1>C_2$。

在上述假设下,该博弈是一次性完全信息静态博弈(表 4 - 1)。

表 4-1　两人一次性完全信息静态博弈分析表

		卖方	
		守信	不守信
买方	购买	$(U-P, P-C_1)$	$(U-P, P-C_2)$
	不购买	(0,0)	(0,0)

可以分析得出，由于买卖双方根据对方的策略而选择自己的最优策略，最终的纳什均衡结果是{不购买，不守信}，买卖双方的交易无法达成，他们无法获得帕累托最优解。

考虑引入第三方后博弈，此时，买家实际处于主动地位，有优先选择策略的权利，因为买家的货款是首先支付在第三方支付平台上的，因此，如果卖家不发货，或是卖家发出的货品属于次品或是假冒伪劣商品，则买家在经过等待或是验货后均可以拿回属于自己的货款，卖方得不到任何好处。引入第三方支付后的博弈模型如图 4-3 所示。

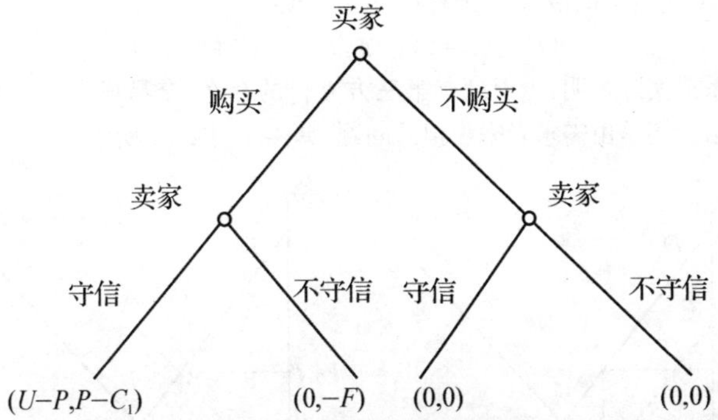

图 4-3　引入第三方的博弈模型图

此时，假设第三方支付平台在卖方没有发货或是被退货等不守信的情况下，第三方支付向买家进行全额赔付，并对卖家惩罚 F。假设买方从购买的商品中获得的效用为 U，商品价格为 P，成本为 C_1，则可构建表 4-2 所示的博弈模型。

表 4-2　引入第三方的完全信息动态博弈分析表

		卖方			
		{守信，守信}	{守信，不守信}	{不守信，守信}	{不守信，不守信}
买方	购买	$(U-P, P-C_1)$	$(U-P, P-F)$	$(0, P-C_1)$	$(0, P-F)$
	不购买	(0,0)	(0,0)	(0,0)	(0,0)

通过表 4-2 可以看出,对买方来说,"购买"得到的效用大于或等于"不购买"得到的效用,因此,"购买"是占优策略。对卖方来说,"守信"得到的效用 $P-C_1$ 大于"不守信"得到的效用 F,因此"守信"是占优策略。对买卖双方来说,"购买"和"守信"成为最佳策略,此时,双方的效用达到最大,这种纳什均衡达到了帕累托最优,也使卖家和顾客的交易最终达成。

通过上述分析可以看到,买卖双方直接交易不能达成的交易,在引入第三方支付后得以实现,这主要是由于第三方支付平台解决了双方的信任问题,从而最终实现了交易,并且使买卖双方的效用达到了最大。由此证明,第三方支付的作用是明显的,它的发展是必要的。

对于第三方支付存在重要性,可以运用供需模型分析第三方支付对于供需的影响和对社会福利的影响,进而分析它在经济生活中的重要性。

首先假设有第三方支付参与时的社会均衡价格为 P,没有第三方支付参与时的均衡价格为 $P-T$。实际上,如果没有第三方支付参与,交易仍可进行,只是不愿意这么做罢了,因此,假设没有第三方支付参与时的交易成本为 T。再假设社会需求为 D,社会总供给为 S,则有如下关系式:

$$D(P+T)=S(P)\text{或}D(P)=S(P-T)$$

此关系式实际表明,由于没有第三方支付的存在,交易成本 T 最终要发生,只是由供给者还是由需求者来承担的问题,具体如图 4-4 所示。

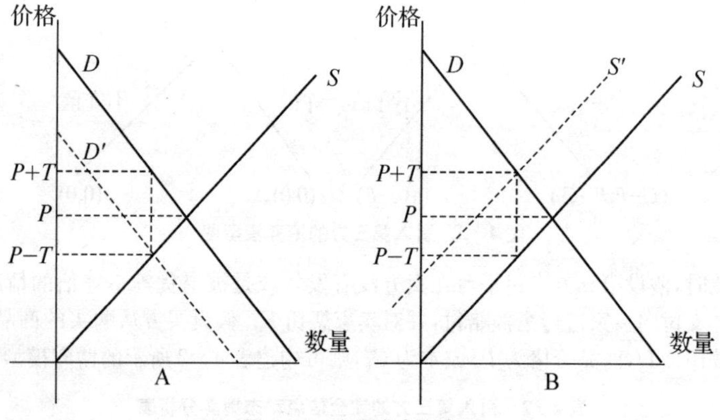

图 4-4 交易成本示意图

通过图 4-4 可以看出,没有第三方支付参与时,交易成本会提高 T,T 要么由供给方承担,如 A 所示,供给方最后得到的价格为 $P-T$,收益减少,从而其供给也会减少,供给曲线 D 向左下移动 T 移动到达 D'。T 要么由需求方承担,如 B 所示,需求方最终要付出的价格为 $P+T$,效用减少,从而需求也减少,需求曲线 S 向左上移动到 S'。

交易成本的存在，会给社会福利带来什么影响呢？通过图 4－5 可以看出端倪。

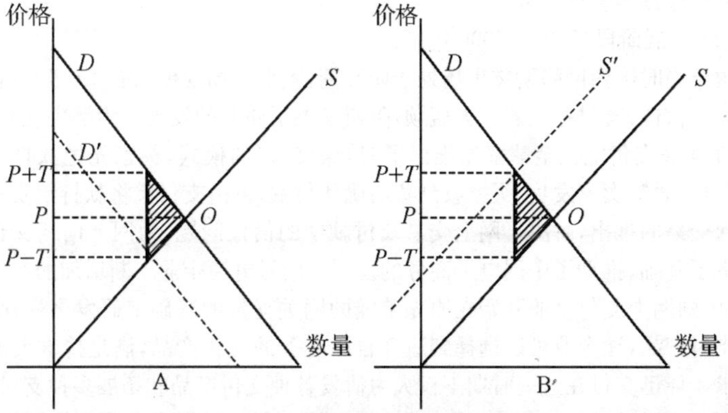

图 4－5　交易成本影响社会福利示意图

由图 4－5 可以看出，由于交易成本的存在，要么供给不足，如 A 所示，使得损失为阴影三角形面积大小的社会福利，要么需求不足，如 B 所示，也使得损失为阴影三角形面积大小的社会福利。而第三方支付的出现，较为有效地解决了交易成本的问题，使得供给和需求均达到均衡点 O，减少了社会福利损失。

4.1.3　我国第三方支付的发展现状及趋势

第三方网上支付出现于 2000 年，至今已经走过了近 14 年，这十多年里，第三方支付行业从无到有，不断壮大，为提高社会整体运行效率做出了巨大的贡献。相信将来，第三方支付将会获得又好又快的发展。下面对我国第三方支付的发展历史、现状及趋势做一个梳理。

1. 我国第三方支付的发展历史

第三方支付自 2000 年诞生，到目前大致经历了萌芽、发展、转型升级、制度化监管的四个阶段。

(1) 萌芽阶段(2000—2003 年)

第三方支付平台的出现，是随着电子商务的出现而出现的。2000 年，为有效解决电子商务中出现的资金流问题，环迅支付和首信易支付 2 家企业成为首批提供第三方网上支付平台的企业，为电商企业搭建在线支付平台，为初生的中国电子商务提供网关和基础应用服务。2001 年，环迅支付成为当时国内唯一支持 Visa、MasterCard 的在线实时支付服务平台。2003 年，环迅支付已经成功地与国内 20 家主流银行建立了支付接口，成为当时国内签约银行最多的支付企业。同时，环迅支付平台于 2003 年投入运营并完成首次在线支付，当时的商户是上海书城，首笔交易金额仅为人民币 37 元。同一年，支付宝等支付企业相继成立，加入了中国网上支付行业的大家庭，随着越来越多支付企业的进入，中国第三方支付行业从萌芽阶段逐步发展起来。

(2) 发展阶段(2004—2006 年)

由于当时国内网络购物市场处于萌芽期，整个市场规模只有 10 亿左右，买卖双方互不信任，支付存在着巨大瓶颈，阻碍了电子商务的发展。为解决这一问题，2003 年年底支付宝在全球率先推出了“担保交易”的模式，买家先把款打到支付宝，支付宝通知卖家发货，买家收到货后确认付款，再由支付宝将款打给卖家。这一担保交易的推出，解决了网上交易及付款中的信任问题，为网上信任文化的普及打下了基础，推动了中国电子商务的发展。面对电商企业不断增加的在线支付需求，中国网上支付企业开始在原先单纯的网关支付的基础上研发多样化、多类型的支付产品，让企业可以选择到适合自己业务的支付产品，满足持卡人的多样化需求。环迅支付在这一时期不仅大力研发各种支付产品和拓展多种支付工具，同时开始广泛结盟合作伙伴，并且开始关注网上支付过程中的风险控制问题，环迅支付在 2004 年成为中国首家“VISA 全球电子商务安全计划中国区战略合作伙伴”，2005 年环迅支付成立了业内首家风险控制中心。

(3) 转型升级阶段(2007—2010 年)

随着越来越多的企业加入第三方支付大家庭，第三方支付市场的竞争加剧。在竞争过程中，第三方支付企业开始认识到第三方支付平台作为电子商务基础服务的价值，认识到不同行业对于资金安全、风险控制、资金管理和行业应用在内的复合需求不断增加，为满足来自各行业的呼声，网上支付企业开始不断深入到不同的行业中，为行业开发定制化的资金解决方案，第三方支付平台开始独立运作，逐步向淘宝之外的商家开放。以支付宝为代表的第三方支付企业，开始将第三方支付平台独立运作，并向其他行业开放。短短几年内，第三方支付的业务范围已经覆盖了 B2C 购物、航空机票、旅游、教育缴费、虚拟游戏、物流、房产等众多垂直领域。支付宝凭借其创新，一跃成为中国最大的第三方支付平台，其市场份额占中国整个市场份额的 50%以上。

(4) 制度化监管阶段(2010 年底至今)

2010 年 6 月，中国人民银行颁布《非金融机构支付服务管理办法》(中国人民银行令〔2010〕第 2 号)，2010 年 12 月，中国人民银行又颁布了《非金融机构支付服务管理办法实施细则》。这两个办法对第三方支付的定义和性质、申请与许可、监督与管理、罚则进行了规定。这两个规定的出台，对第三方支付产生了深远的影响，在此阶段，各第三方支付企业在努力发展业务的同时，还要按照规定的要求，规范业务，申请许可，深化改革，适应监管的需要。

2. 我国第三方支付的发展现状

目前，第三方支付正处于监管加强和行业突围的阶段，现阶段我国第三方支付发展呈现出如下几个方面的特点：

(1) 市场规模不断壮大

根据艾瑞咨询发布的统计和预测报告，2010年中国第三方网上支付行业强劲增长，整体交易规模达到10 105亿元，突破万亿元大关。最新统计显示，2011年一季度在线支付市场规模已达到3 973亿元，环比增长10%，同比增长98.7%。二季度中国第三方互联网在线支付市场交易规模达到4 609亿元，环比增长16%，同比增长95.3%。2013年中国第三方网上支付交易规模超过20.7万亿元。市场规模不断壮大的主要原因：一是第三方支付逐步渗透到网络购物、旅行预订和生活缴费等多个领域，推动了整体市场交易规模的上涨；二是相关规定的出台，使得第三方支付行业发展环境不断改善，第三方支付企业获得了更加宽阔的市场发展空间；三是电子商务、旅行预订等支付相关行业的繁荣发展，推动支付电子化进程，带动第三方支付行业的快速成长。

(2) 竞争加剧，交易依然较为集中

在中国整个第三方支付市场迅猛发展的同时，一大批第三方支付企业成长并壮大起来。2011年5月26日，央行向国内27家第三方支付企业颁发了首批支付业务许可证。2013年7月10日，百度旗下的百付宝以及新浪支付等公司对外宣布，获得央行颁发的第七批第三方支付牌照，至此，央行共发放了250张牌照。

特别提出，全球预付卡公司艾登瑞德也获得了“预付卡发行与受理”的牌照，可以在江苏省、上海市、北京市、四川省四地发放预付卡。

根据艾瑞咨询发布的统计数据，2010年第三方支付市场交易基本被几大主要第三方支付企业垄断。前五家第三方支付企业交易规模占整个市场规模的比例分别为50.02%、20.31%、6.23%、6.12%、4.06%，合计交易规模占市场总规模的比例为86.74%，占据第三方支付交易规模的垄断地位。

2012年，第三方在线支付交易规模为12.9万亿元，2012年的整体支付市场中，中国银联依然占据核心地位，全年交易规模达7.76万亿；互联网支付企业迅速崛起，支付宝、财付通交易规模分别达到1.86万亿元、0.74万亿元；而主营收单的杉德支付、通联支付交易规模也分别达到0.92万亿元和0.32万亿元；而以快钱、易宝、环迅等为代表的综合支付平台也正通过线上和线下业务相结合的方式迅速壮大。

(3) 服务不断深入

随着计算机技术、网络技术和通信技术的进步，第三方支付工具不再局限于为电子商务提供基础服务，它不再仅是一个网络购物的支付工具，为网络购物提供支付瓶颈解决方案，而是在不断扩大其服务范围。如今，人们可以足不出户，既可以通过网络、手机、电话、甚至E-mail的方式进行预订机票及缴纳水电费、煤气费、电话费、教育培训报名费等，也可以通过第三方支付工具进行收款、信用卡还款、预订机票酒店等。例如广东韶关参加社保的人员可以通过支付宝缴纳医保，浙江很多地市则可以通过支付宝缴纳养路费，上海可以通过支付宝缴纳水电煤等公共事业费用。可以说，第三方支付提供的服务正日益影响和改变着人们的生活方式，在方方面面为人们的生活提供便利和贴心的服务，它正在日益成为人们生活的助手。

(4) 风险与创新并存

从目前来看，互联网阵营中除了具有市场先发优势的支付宝与腾讯财付通外，其他几家的第三方支付主要都是用于自身产品的支付。这些企业一定程度上就是为会员提供一个支付工具而已，他们无法防止使用第三方支付时可能存在的安全隐患和风险，更谈不上开发新产品的技术和用户体验，缺乏差异性，外部增长空间乏力。

随着我国网上支付产业深入发展，第三方支付企业为突出自身的核心竞争力，追求差异化发展道路，纷纷进行创新，使得第三方支付创新得到迅猛发展。目前，第三方支付行业的创新主要朝着两个方面发展：一个是更注重工具的通用性，面向用户需求，提供大众需要的更好的通用服务解决方案；另一个是追求细分市场创新，争取从行业或是客户群的特点提供最优的服务解决方案。例如，随着团购网站的发展，越来越多的第三方支付企业争取与团购网站合作。2011 年，网上支付已与拉手网、糯米网、24 券网等团购网站合作，为这些团购企业提供安全、高效的支付服务。

3. 我国第三方支付的发展趋势

今后，随着人们生活方式的改变和创新的深化，第三方支付还会获得新的发展机会。将来，我国第三方支付将呈现以下发展趋势：

(1) 交易规模继续扩大

一方面，资本市场在第三方支付领域将进一步活跃，将有更多的外来资本注入第三方支付行业，将会使第三方支付企业做大做强，从而能够提供更好的产品和服务，促使更多的企业和个人通过第三方支付完成交易。另一方面，人们的生活方式在逐步发生变化，越来越多的人认识到第三方支付的安全性和便利性，并具备了通过第三方进行支付的条件，从而对第三方支付的需求大增。例如，今后，随着智能手机的普及，以及云 OS 等新的移动操作系统的发展，更多用户开始习惯通过手机、PAD 等移动客户端直接进行消费及支付，这将极大促进交易规模的不断增大。根据艾瑞咨询发布的报告，第三方网上支付市场 2014 年将超过 29 万亿元。

(2) 市场更加细分

随着第三方支付市场的发展和竞争激烈程度的加剧，各家第三方支付企业将会在竞争中求生存，努力寻找市场的空白，走差异化和专业化的发展道路，跳出对“网上购物”业务的依赖，走出依赖自身资源对用户服务的传统业务圈，在第三方支付工具作为“支付工具”的功能上下工夫，走面向用户的服务企业发展和面向专业企业垂直发展相结合的道路，从而实现从单一产业链的支付服务向跨产业链的融合转移。例如，预订机票服务涉及航空公司、代理商、银行和客户等多个方面，区域跨度大、涉及平台和人员多、关系复杂，有的第三方支付企业已从专业服务角度出发，提出了做航空领域支付通道专业企业的计划，立足在这一领域做大做强。

(3) 并购潮起

《非金融机构支付服务管理办法》颁布以后，对国内的第三方支付企业产生了重大影响，根据该办法，第三方支付行业的准入门槛被提高，要在全国范围从事支付业务，其注册资本最低限额为1亿元，拟在一省范围内从事支付业务的，注册资本最低为3 000万元。到目前为止，全国400多家从事第三方支付的相关企业，仅有40家企业获得了中国人民银行发放的第三方支付牌照。而其他许多企业或由于注册资本达不到要求，或其他条件不符合，而不能获得第三方支付牌照。对于这些不能获得牌照的企业，将会逐步被"大鱼"吃掉。支付宝已收购了安卡支付，上海富友金融网络技术有限公司完成了与福建信和通商务服务有限公司"佰通卡"的并购。相信今后一段时间，并购将会潮起。

(4) 创新不断加强

随着技术的进步和客户需求的多元化，创新将会不断加强。2011年以来，支付宝推出了条码支付产品，商户通过扫描用户手机上的条形码即可向用户发起收银。快钱推出"快刷"产品，一插即刷的功能让手机变成移动POS机，可以覆盖远程支付、移动收款等多种应用场景，这些都是创新的结果。相信将来，第三方支付企业在对企业资质和资金处理安全性要求更高的细分行业的拓展和创新将进一步深化，如火车票在线购票、基金、公共事业和行政收费等领域。

(5) 国际化趋势明显

随着贸易和结算的国际化发展，第三方支付将会在国际贸易和国际结算中发挥越来越重要的作用。第三方支付企业将改变目前主要集中在国内发展的格局，有实力的企业将会拓展业务范围，走出国门，为国际贸易和国际结算提供支付清算服务。

4.2 第三方网上支付对比研究及影响因素分析

4.2.1 第三方网上支付优势及影响因素分析

1. 第三方网上支付优势分析

(1) 便捷性

第三方支付平台作为重要的参与者，与各电子商务网站以及有关银行都建立了相应的合作关系。用户在电子商务网站上进行买卖交易时，无须担心自己拥有哪个银行的户头，原因在于第三方支付平台已经提前对用户行为进行了详细分析，通过设置一个统一的支付界面，从而使用户不需来回切换各个网上银行的界面就能完成所有的操作，极大程度上使用户体验到操作的便捷性。

(2) 公正性

采用第三方支付平台特有的清算模式之后，就可以最大限度避免欺诈和拒付等不良行为的发生，降低了运营风险，从而创造出和谐、彼此信任的交易氛围。第三方清算模式由于采用了网站与银行间的二次结算方式，因而让支付平台不再单纯地作为连接各商业银行支付网关通道的形式存在，而是以中立的第三方机构身份，有效保留买卖双方的交易信息，监督买卖双方的交易行为，有力地保障了双方的合法权益。

(3) 开放性

第三方支付平台目前采取多银行、多卡种、多终端的支付方式，因而是一个开放程度很高的体系，据不完全统计，几乎所有的第三方支付平台都能够支持全国范围内的绝大多数银行的银行卡以及全球范围内的国际信用卡的在线支付，而且，现在的支付终端形式也发生了巨大的变化，不仅支持各种商业银行卡通过 PC 机进行支付，同时还支持电话、手机等多种终端。

(4) 安全性

凭借着雄厚的资金作为后备支撑，第三方支付平台建立起了完善的安全支付保障。一方面，它采用了目前最先进、最成熟的网上支付技术，架构上与各银行的支付网关直接相连，用户在进行买卖交易时输入的用户账号和密码都将通过网关传送给用户账户所在的银行，以银行本身支付网关的安全性要求就能提供足够的保障；另外，第三方支付平台本身也拥有很好的安全防护体系，使用国际上非常流行的 SSL128 位加密通道并予以 PKI 密钥体系配合传输用户的关键数据，强有力的保障了用户的数据安全。

2. 第三方网上支付影响因素分析

(1) 产业链各环节态度各异

网上支付产业链涉及商户、银行、第三方支付服务提供商、用户等环节，每个环节的态度和行为都直接影响到网上支付行业的发展。根据艾瑞咨询最新推出的网民连续用户行为研究系统 iUserTracker 的最新数据显示，2010 年网上支付用户覆盖数总体呈现稳定增长趋势，用户对网上支付的接受和使用程度逐步提升。艾瑞研究认为，随着电子商务快速发展的推动以及网上支付市场培育的深入，网上支付以其方便快捷等优势正吸引越来越多的消费者尝试。这是第三方网上支付发展的坚实基础。网上支付作为一种重要的金融服务类媒体，扮演着重要的角色。

(2) 网民不使用网上支付的原因

安全性和便捷性是影响用户使用网上支付的两个最主要因素。艾瑞调研数据显示，对交易安全性的担忧，仍是阻碍网民使用网上支付的首要原因，占比达 57.9％。

此外，还需要注意的是，开通和使用流程的复杂度也对网民使用网上支付有很大影响。由于流程的繁琐而导致用户放弃使用网上支付的比例达到了31.4%。第三方支付平台除了要不断加强支付的安全性外，更应该着重简化用户开通和支付流程，让网民真正体验到网上支付的便捷性。

(3) 网民使用网上支付的用途

服装鞋帽类产品是网上支付购买最多的实物产品。艾瑞调研显示，购买各种实物产品仍是网民使用网上支付最多的行为。2010年68.5%的网民都通过网上支付方式购买过实物产品。其中，网上支付在服装鞋帽类产品的购买中渗透率最高，其次是图书音像类和数码产品类。充值卡网上支付的用户使用情况也较好。主要的第三方支付平台纷纷推出了手机充值优惠活动，逐步受到越来越多网民的关注和使用，这对网上支付的普及率提升起到了一定的作用。2013年投资理财产品十分火热，网上支付则成为网民购买理财产品时使用逐步普及的重要方式之一。

4.2.2 第三方支付面临的问题

1. 市场竞争问题

银行关系的竞争是支付公司之间竞争的焦点。是否能与各大商业银行形成密切合作，是否能在和银行的商业谈判中将价格压至最低，成为支付公司竞争的重中之重。但是支付公司与银行间的关系，却并非只有合作。如果银行甩掉第三方支付公司，而单独直接与商家进行网关对接时，那时第三方支付公司将会面临前所未有的强大挑战。除此之外，现有产业竞争对手的无序竞争也是影响行业发展的重要因素。第三方支付行业的异军突起吸引了众多企业进入。据不完全统计，单单互联网第三方支付企业就已经超过了300家。当前大多数第三方支平台的盈利模式仍然是收取支付手续费，也就是指银行与第三方支付平台事先协商一个基本的手续费率，支付服务商将对应费用缴纳给银行，之后第三方支付平台自己的毛利润加在这个费率之上，再向客户收取一定的费用。但是尽管现在产业发展迅速，行业内大多数企业的生存状态实际上却并不理想。为抢占更多的市场份额，部分支付企业甚至不惜血本，将支付给客户的提成份额一升再升，优惠条件更是层出不穷。无序竞争的局面迫使各个企业利润微薄甚至出现经营亏损。究其原因，这是由于缺乏相应的行业标准和规范，企业数量过于庞大，以零利润甚至是负利润参与抢夺市场份额的不良竞争，而忽略产品服务质量的提高。长此以往，行业必然会失去生命力，导致造血功能的缺失，面临灾难性的打击。当然不仅仅是银行和现有产业竞争对手，现时条件下我国的第三方支付市场还面临着其余三种力量的竞争，他们分别是替代品生产商、潜在竞争对手和客户，他们代表了驱动产业竞争的五种最基本的力量。而第三方支付市场的这五种竞争力量的相互博弈，将最终决定所在产业的平均盈利水平，同时也要看到，这五种力量的此消彼长、分化组合也一定会对第三方支付平台未来的发展产生极其深远的影响。

2. 运营风险问题

第三方支付结算隶属于支付清算组织，它提供的金融业务是非银行类别的，为了规范金融市场秩序，中央银行将借发放资格牌照的形式来提高经营门槛。对于现存的企业来说，如果不能成功持有资格牌照，那么结局就有可能是企业被整合或收购。于是政策风险将成为当前这个行业最大的风险，将会严重影响外来资本对这个行业的继续投入，如果没有资本在背后给予强大支持，那么这个行业只是靠自己的原始积累是很难发展起来的。当前环境下，国家正在制定相关的法律法规，计划在保证金、注册资本、风险能力等环节上准备对这个行业加强监管力度，采用发放经营资格牌照的政策形式来提高进入门槛。

3. 诚信问题

第三方网上支付平台诚信问题包括两个方面：一是用户担心在网上支付现金后买到的商品是假货，或者所获得的服务以及产品与自身期望值相距甚远；另一个方面，第三方网上支付平台给一些不守信用之人提供了很多钻空子的机会，如套现、退货后买家发回的不是当时的产品等。

4.3 网络第三方支付产生的法律问题

4.3.1 网络第三方支付产生的法律问题

新事物在发展壮大的过程中必然会出现这样那样的问题，而发现问题、解决问题的过程正是一个不断进步的过程。上文中提到的法律规范虽然都有积极的意义，但有些问题规定仍不明确，要完善就要从问题本身去分析，现就网上第三方支付平台存在的主要法律问题分析如下：

1. 沉淀资金管理不清晰

沉淀资金是常见于银行和企业的说法，指的是在日常的资金流入流出过程中，账户中总留有一定数量的资金，这部分资金数量比较稳定，所以叫沉淀资金。在第三方支付过程中，沉淀资金指的是第三方支付流程中必然存在的因延迟交付、延迟清算而大量滞留于支付平台的在线买卖双方的货款和在线交易双方在交易前后滞留在平台内的资金。

下面我们以一次在淘宝网上购物的具体操作流程来介绍沉淀资金问题，如图4-6所示。

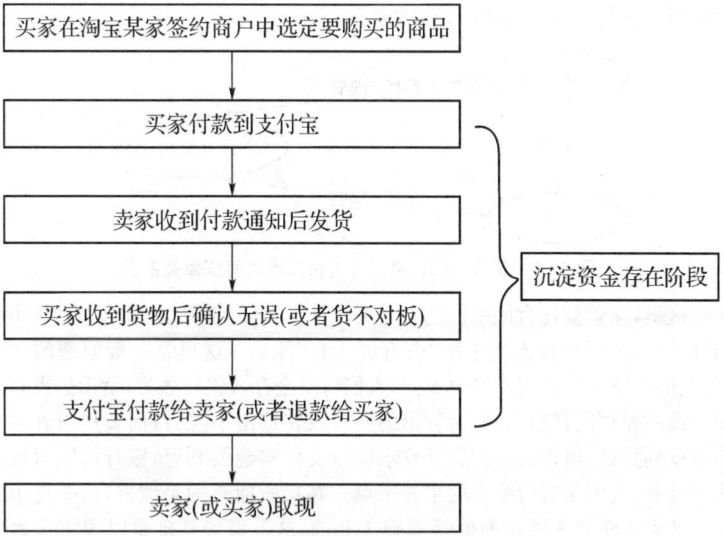

图 4-6　网络购物交易流程图

从图 4-6 反映出的网络购物交易流程可以看到，从买家付款给支付宝到支付宝付款给卖家(或者支付宝退款给买家)期间经过货物运输、买家确认的过程，这样的支付流程决定了支付资金或长或短都会在第三方支付平台停留一段时间，卖方在收到货款后也不一定马上取出，仍然可能在第三方支付平台上滞留一段时间。虽然每笔资金的数目可能并不大，但是据艾瑞公布的数据显示，2010 年第四季度的中国第三方网上支付交易规模达 3 537 亿元，其中支付宝占高达 50.64%的市场份额。如此大规模的交易数额，可以估算出第三方支付平台中每天的沉淀资金的数目也是相当大的。若此沉淀资金性质不明，缺乏有效的管理，必然会产生第三方支付的信用危机，随着第三方支付平台业务量逐渐增大，沉淀资金也会日益加大，从而带来的风险也就随之加大。

(1) 沉淀资金的属性

要分析沉淀资金的属性问题，首先我们要解决的是买方、卖方与第三方支付平台三者之间的法律关系问题。而在整个交易环节中，买方属于资金支付者，卖方属于资金接受者，支付者与接受者之间是买卖合同关系。买家付款到第三方支付平台，由第三方支付平台暂时保管，这段期间买方与第三方支付平台是一个保管合同的关系。买方收到货物后确认无误，第三方支付平台接受指令将资金转移到卖方账户，这时买方与第三方支付平台是委托关系。

而与此同时，卖方委托第三方支付平台收取买方的付款，如暂时不将账户中的资金提现的话，也可由第三方支付平台保管，卖方与第三方支付平台也是一个委托保管的关系。如果买方收到的货不对板，要求退还资金，则依旧属于保管合同中取回保管物。各方的法律关系如图 4－7 所示。

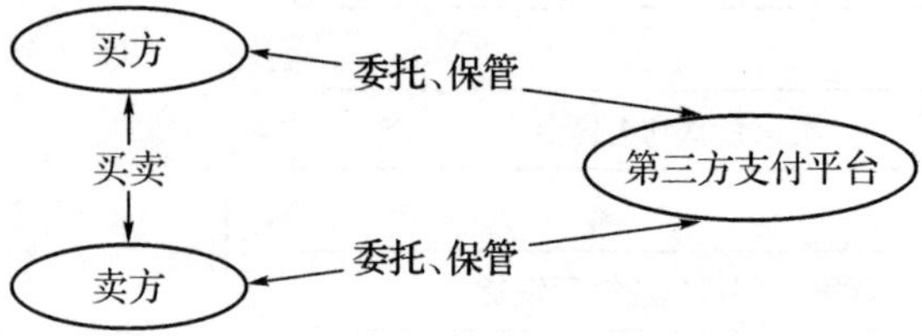

图 4－7　买方、卖方、第三方支付三者之间法律关系图

在这里，保管委托合同中标的有些例外是货币，传统民法理论认为，货币是特殊的种类物，其所有权流转采用“占有即所有”原则。这里是一般原理的一个例外，与人们将资金存入银行账户不同，人们将资金存入银行账户，货币的占有与所有权一致的原理同样适用，此时货币的所有权转移给了银行，而客户得到的是存款单等权利凭证，可以凭借此凭证要求银行支付本金及利息，银行可以对货币进行使用处分，这也是银行收入的主要来源。客户所拥有的是债权，而非货币的所有权。这需要建立在强大的信赖基础之上，而这个信赖基础是以国家作为后盾的，所以在我国银行的信用足以保证存款人的利益。第三方支付平台与此不同，其并没有强大的信用基础，只是一个涉及银行业务的企业，如果像银行那样把滞留在第三方支付平台上的资金认为是一种债权债务关系的话，第三方支付平台就可以随意使用处置这部分资金，这对于第三方支付平台的用户来说无疑是不安全的，利益得不到实质的保障。把支付者与第三方支付平台的关系理解为保管委托合同关系更为妥当，资金的所有权并未转移，仍然属于支付者。

其实上述“货币的占有与所有权一致”原则的例外也有其他的情况，如依据《信托法》及其他有关法律、中国人民银行的有关规定、最高人民法院的有关司法解释，某些专用资金账户（或称特户）中的钱款的归属问题，不适用“占有与所有一致”规则。其最为典型的是保证金账户、信托资金账户中的钱款，其所有权不属于占有该资金的银行、信托公司，而仍然属于交付该笔钱款的开证申请人、委托人。另有特殊性的是，这些专用账户中的钱款，因其特殊性质，也不得因其他债权债务关系而被冻结、查封、扣划。

(2) 沉淀资金的利息分配

根据前面对于第三方支付平台中沉淀资金的属性分析，买方将资金转移到第三方支付平台，买方与第三方支付平台产生的是保管合同的关系，根据我国《合同法》第三百七十七条规定“保管期间届满或者寄存人提前领取保管物的，保管人应当将原物及其孳息归还寄存人”。保管合同中，保管物的孳息是归属于寄存人的，所以沉淀资金在第三方支付平台上滞留所产生的利息应归属于买方，这个是毫无疑问的。但是第三方支付公司不向用户支付账户中沉淀资金的利息事实上早已是一种普遍现象。第三方支付用户的沉淀资金一般存放在第三方支付公司开设的银行账户，银行通常对沉淀资金按照活期存款处理，而由银行将每笔利息发放给每位客户是很不现实的，所以银行只能将利息总额支付到第三方支付公司的账上，而无法直接发放到每位用户的账户。目前存在的最大问题是，第三方支付公司作为中间方却将用户的利息截留下来而不支付给客户，是否已经构成侵吞。

(3) 沉淀资金的银行托管

为了加强对沉淀资金的监管，央行在《非金融机构支付服务管理办法》中规定，客户的备付金应当在商业银行中设立专款专户与企业的自有资金相分离，这里的客户备付金就是我们所指的沉淀资金。但是目前只有支付宝与工商银行合作，设立专款专户单独管理外，其他公司大多代替银行的职能，可以直接支配交易款项，可能出现非法占用、挪用资金的风险。在支付宝的首页上可以查到中国工商银行给支付宝出具的《支付宝客户交易保证金托管报告》。工商银行每月都会给支付宝出具这样一份报告。2011年2月份的报告称报告期间内未发现支付宝客户交易保证金被挪用的情况，在抽查的2011年1月1日至2011年1月31日发生的支付宝提现、转账交易7 402笔中，没有发现与公司提供资料不符的交易。

支付宝与工商银行合作，目的就是想证明对于该沉淀资金支付宝并没有随意动用，用户可以放心。但是就上述工商银行给支付宝出具的报告来看，内容过于简单，很多问题一句话带过，交代不够清晰，并没有真正起到监督的作用。例如，报告中并没有提供各项资金或者大额资金的走向，是不是真的专款专用？调查是如何进行的，谁又对调查的结果负责？所以这样的报告很难让人信服。希望在实施的具体过程中，能够更加完善商业银行对沉淀资金的监督管理细则，使得客户更加明白安心。

目前，支付宝公布"余额宝"服务已经推出。此业务推出后，可以解决支付宝小额沉淀的问题。用户可以用余额直接购买货币基金等理财产品，余额宝首期会支持天弘基金的增利宝货币基金。支付宝的合作对象天弘基金是国内的一家小型基金，这也是小基金联合支付宝等第三方平台抢占电子商务流量、对抗大基金的局面的开端。

多数支付宝账户中都有少量资金，过去这些资金只能沉淀，无法获得利息收益。根据支付宝接近8亿的用户规模和每天数十亿元的交易金额，"沉淀"在支付宝平台的资金可能达到300亿元之多。此外，支付宝是担保交易模式，买家付给支付宝的钱要在确认收货以后，才由支付宝付给卖家，而资金停留在支付宝这段时间会产生一定的利息收入，这部分资源可以说是很大的浪费。从2012年5月获得基金第三方支付牌照至今，支付宝一直在为"沉淀"的余额资金寻找出路。余额宝的推出使客户在支付宝网站内就可以直接购买货币基金等理财产品，获得相对较高的收益。与活期利率年利率0.35%左右相比，货币基金收益无疑对支付宝余额更具吸引力。

这款货币基金也非常适应互联网的需求，预计收益比银行活期高出近10倍。

在银行渠道，购买货币基金的门槛大多为 1 000 元，而通过余额宝购买货币基金，没有限制最低购买金额，1 元钱就可以购买，年化收益率能达到 3%至 6%的普遍水平。通过“余额宝”，用户既可以购买货币基金等理财产品，余额宝内的资金还能随时用于网上购物、支付宝转账等支付。重要的是余额宝支持当天转入转出，同时提供了被盗全额补偿的保障，确保用户资金没有风险。

据支付宝官方介绍，用户将资金转入余额宝，实际上不是将钱转入支付宝账户，而是进行货币基金的购买，相应资金均由基金公司进行管理，余额宝的收益不是“利息”，而是用户购买货币基金的投资收益。余额宝的目标是让那些零花钱也能获得增值的机会，让用户哪怕只有一两块、一两百块钱都能享受到理财的快乐。

2. 消费者保护不到位

来自中国互联网络信息中心的数据显示：2010 年网络购物的市场规模将超过 4 300 亿元，网购人群也大幅度增长，使用过网络购物的互联网用户接近 2 亿人。面对如此大的消费市场，一些网络黑客捕捉到了“商机”，在用户网购过程中挖好了一片片“雷区”，大肆骗取用户钱财。据金山网络安全中心云网址鉴定系统统计数据显示，2010 年 1 月至 10 月，平均每天新增的与网络购物相关的钓鱼网站约为 1 500 个。另外交易劫持型木马增长最快，网上付款，钱却被划给黑客，交易劫持是 2010 年新兴的一种网购威胁。据金山最新统计数据显示，2010 年交易劫持类木马已经从最初的 1 个发展为近千个不同种类的木马，每天仅金山截获的被攻击用户电脑就在 2 000 例左右，是年度增长最快的安全威胁。

所谓交易劫持即通过在正常的网络购物交易过程中给消费者电脑植入木马，一旦用户电脑被植入木马，这一用户之后所有正常的网购交易都会被劫持。用户即使是点选购买正常的商品，但其交易单会被木马自动修改，收款方会从正常网店改成木马控制者。用户付了货款，但店主收不到钱，这些货款被自动打入了木马控制者的账号。在消费者以为完成了正常的购物流程后，才发现卖方没有收到货款。这种方式很隐蔽，也让消费者防不胜防。比如 2010 年 6 月被截获的数字大盗就是典型的交易劫持型木马。

另外在市场交易中，消费者往往由于信息的不对称处于劣势地位，而在网络环境下，由于网络具有虚拟性，消费者往往只是通过广告、图片、语言介绍而做出判断，很难全面真实地了解相关的信息，所以对消费者的特殊保护显得尤为重要。下面我们主要对消费者的知情权和安全权加以分析。

(1) 消费者的知情权

消费者的知情权，是指消费者依法所享有了解、购买、使用的商品或者接受的服务的有关真实情况的权利。该项权利旨在消除经营者与消费者信息不对称给消费者带来的不利。在消费者使用网络第三方支付平台所提供服务时，由于服务本身的技术性或复杂性，交易方式的格式化，第三方支付平台有义务也完全可以利用网络这一个便捷的手段，向消费者提供充分的自身信息、产品信息和交易信息，以确保消费者知情权的实现。问题在于如何使得消费者获得真实、充分的信息，如果完全取决于第三方支付平台自身的诚信程度，这是很难被实现的。

(2) 消费者的安全权

消费者的安全权是指消费者享有的人身和财产不因消费而受到任何侵害的权利。实际中，若想使用第三方支付平台，都要进行注册，而在进行注册的过程中，往往需要注册者提供姓名、身份证号、手机号等个人身份信息。而这些信息一旦被泄露，就会使消费者的个人隐私难以得到保障。另外网络支付涉及资金的流动，在资金的划入划出过程中，消费者的财产安全也是不容忽视的。所以，应当规范第三方支付平台对于消费者个人权益的保护，总的来说，主要包括以下几个方面：

①第三方支付平台的稳定安全问题。消费者在使用计算机网络时，系统不安全、不稳定或者易受攻击，也可能给消费者带来财产上的损失。目前我国相关网站还未建立起系统的、完善的安全管理体系。

②消费者隐私安全问题。第三方支付平台支付服务的开展依赖于消费者的真实资料信息，网络环境下消费者的隐私往往表现为一系列数据，而侵权行为往往是对此类数据信息的非法收集以及利用、泄露或者通过 cookies 收集数据，分析消费者的兴趣爱好，向其发送迎合其口味的广告或者将掌握的客户资料整理后进行其他经营活动，赚取经济上的利益，这些往往都未经过所涉及的消费者的同意，是在其完全不知情的情况下进行的，这都将侵害消费者的隐私权。

③消费者财产安全问题。在使用第三方支付平台支付时，通常都要使用密码才可以付费，从某个角度来讲是更安全，但是这种方式也增加了消费者的风险，一旦密码被盗而产生的损失就要消费者自己承担责任。消费者的密码被黑客盗窃使用，消费者的网购账户莫名其妙地发生交易，其损失往往很难挽回，尤其是小额交易。第三方支付企业一般会以账户和密码相匹配为由，不会承担责任。而如果向公安局报案，往往由于涉及的金额较小而达不到立案的标准，消费者只能自认倒霉。

3. 套现洗钱监管不力

对于第三方支付公司来说，由于交易本身的虚拟性，很难核实整个的交易流程，这样使得网络第三方支付平台更容易成为洗钱、套现的工具。另外由于网络的遍及范围很广，甚至第三方支付具有跨国性，这就给第三方支付平台对洗钱套现等违法行为提出了更高的监管要求。

网络交易的匿名性、隐蔽性的特点，使得第三方支付平台很难辨别资金的真实来源和去向，资金的非法转移、套现、洗钱、贿赂等活动便有了可乘之机。那么违法之人选择第三方支付平台作为其帮助工具的原因是什么？而我们在具体防范的过程中会有什么样的阻碍？

(1) 产生的原因

首先,套现金额大成本低。目前各大银行的取现额度并不是100%的信用额度,目前只有交通银行针对年轻用户推出了Y-POWER等信用卡支持信用额度实现100%取现。

其次,操作简单便捷。利用第三方支付平台实现套现,往往是通过网上虚假交易,自买自卖行为实现的。其过程与网络购物交易流程一样,只不过买卖双方是一个人或者是提前串通好的朋友。针对非法资金的流转也是一样的,通过网络支付平台进行洗钱一般以虚拟商品交易为作为掩盖,这样往往比通过实物商品交易更简单便捷。

再次,银行大量发放信用卡。目前各大银行为了争夺市场占有率,大量发放信用卡,对发放对象审查不够严格。一人多卡的现象已成为普遍,利用第三方支付平台为信用卡之间的循环套现提供了便利条件。

最后,监管不力成漏洞。第三方支付平台如今已经成为网络消费时代一种重要的支付手段,和传统渠道单一的银行支付相比,它确实给人们带来了快捷和方便。但是,它的监管体系一直没有确立,在这种模糊状态中,支付平台也很容易成为套现、洗钱等违法行为的工具。

(2) 防范过程中的阻碍

利用第三方支付平台进行套现、洗钱不仅加大了银行的风险,破坏了信用体系,也阻碍了电子商务的发展,但是由于网络的匿名性、交易记录的不完善也给我国的防范套现、反洗钱等工作带来了新的挑战。

第三方支付平台对用户的身份审查并不像金融机构那么严格,通过网上第三方支付平台洗钱完全可以实现匿名交易,加之网络交易时间、空间的不确定性,都给监管部门查找到交易双方准确的身份信息带来了很大的难度,给执法部门的调查和惩治犯罪带来了障碍。

在针对套现、洗钱的资金监测过程中,往往是通过相关交易的详细记录来判断交易主体的行为是否具有非法操作的嫌疑,交易记录的不完善将会大大增加监测的困难。另外网上支付主要是通过对密钥、证书、数字签名的认证完成的,加密技术在一定程度上保证了客户的隐私权,同时也屏蔽了交易主体的身份信息,导致监管部门无从获取。这些都大大增加了国家对于防范套现、反洗钱等工作的难度。

4. 各方法律责任不明确

法律责任,是指在网上支付法律关系中,由于一方当事人的过错或者法律规定而应当承担的民事责任。目前许多国家并无专门法律调整第三方支付过程中的各个当事人的法律关系。一般而言,是通过一组合同群调整各方当事人之间的法律关系,由合同法和侵权法调整。

通常情况下,用户在申请注册账号时都必须"同意"一份服务协议,而这些服务协议就成了当事人之间的法律关系的依据。然而,这些服务协议都是第三方支付平台自己制定的格式合同,消费者要么同意协议便可以使用服务,要么不同意协议不接受服务,没有选择的余地。因此,在整个交易过程中消费者相对处于弱势地位,缺乏保护,因此存在法律责任难以归责的风险。

4.3.2　网络第三方支付的立法现状及其评价

我国的网络第三方支付发展较晚,学界对于要求对网络第三方支付立法更是千呼万唤。之前对于网络第三方支付的规范只能分散参考已经颁布的电子商务类法律,2010 年 6 月 21 日央行针对网络第三方支付平台服务提供商颁布了《非金融机构支付服务管理办法》,却在还未正式实施之时就已经引起了学界的广泛争议。

1.《中华人民共和国电子签名法》及其评价

从 2004 年商务部颁布《中华人民共和国电子签名法》至今,中国支付行业相关规范文件经历了从无到有,从笼统到细化的阶段。《电子签名法》主要涉及的是交易各方的电子认证,对交易安全起到了促进作用,但是对网络第三方支付中存在的问题基本没有涉及。此后的《网上交易平台服务自律规范》《关于网上交易的指导意见(暂行)》《网络商品交易及有关服务行为管理暂行办法》也都不具有针对性。

2.《支付清算组织管理办法(征求意见稿)》及其评价

2005 年 6 月,中国人民银行出台了《支付清算组织管理办法(征求意见稿)》,对包括了网络第三方支付平台服务提供商的支付清算组织的性质、准入条件、审批程序等都做了明确规定,但是该办法迟迟没有实施,主要是还存在很多问题:

(1)《办法》涉及包括人民银行清算部门、商业银行、银联、具有支付清算功能的第三方支付机构等职能、业务都不相同的机构,试图将非金融机构性质的第三方支付机构纳入金融体系进行综合管理,然而相关金融机构都有相关的专门法律进行规制,网络第三方支付机构才是真正需要监管的,如果不区别对待,将会出现法律冲突。

(2)《办法》允许支付机构将不超过支付清算保证金 50%的资金用于非高风险投资,这里的投资行为缺乏法律依据,既然不是金融机构,那么第三方支付机构就无权独立使用用户资金,否则就会关系到公众资金的管理和安全问题,涉足金融机构的职能。

(3)《办法》的风险防范机制存在漏洞,用户账户中的资金虽然实行专户存储,但是是由第三方支付机构指定的银行存储,银行无权过问资金的流向与用途,也无法获知真实的交易数据,只能听命于第三方支付机构的调用,所以第三方支付机构想要洗钱或者是挪用是轻而易举的事。

3.《网上支付指引(第一号)》及其评价

2005 年 10 月,中国人民银行发布了《网上支付指引(第一号)》,对银行从事网上支付业务提出了指导性建议。该指引明确了业务人员操作失误情况下的责任承担，对因提供服务的第三方服务机构的过错造成客户损失的，银行应予赔偿，再依约进行追偿。但是该指引调整的主体主要是商业银行，不涉及网络第三方支付机构，而且只具有指导意义，真正产生问题时，由于法律缺失，责任的归属仍然很难界定。

4.《非金融机构支付服务管理办法》及其评价

2010年6月21日颁布的《非金融机构支付服务管理办法》终于第一次为网络第三方支付"正名"，其内容共五章七个内容。主要包括：一是明确了提供非金融机构支付服务的网络第三方支付机构必须接受中国人民银行的监管；二是要求网络第三方支付机构提供支付业务时必须领取支付业务许可证；三是对第三方支付机构的准入条件设定了门槛，如商业存在、业务种类、资金实力、出资人资质等；四是划分了审批程序；五是对客户备付金做出了具体规定以便安全管理；六是确立了支付机构支付业务的规范经营要求；七是《办法》的过渡期间要求。2010年12月1日颁布的《非金融机构支付服务管理办法实施细则》补充说明了支付机构从事支付业务最基本的规则、申请人资质条件、业务范围等，但是对业界最关心的备付金问题却没有提及。

《办法》的出台虽然填补了网络第三方支付的法律空白，但仍存在以下缺陷：

首先，《办法》将网络第三方支付机构定性为非金融机构，这不但在理论上仍然存在争议，而且《办法》主要调整的业务为"网络支付、预付卡的发行与受理、银行卡收单、中国人民银行确定的其他支付服务"，网络第三方支付服务机构的业务显然不止这些，还有一些类似金融机构的业务仍然处于"自由状态"。

其次，《办法》对第三方支付机构的市场准入设立了较为苛刻的条件，如在全国范围内从事支付业务注册资本不低于1亿元，主要出资人必须连续服务且连续盈利2年以上，最近3年未因违法犯罪活动受过处罚等。就目前看来，市场上满足条件的不过只有主流的几家，势必会使一些中小企业退出竞争的舞台。

再次，明确客户备付金不属于支付机构的自有财产，不得以任何形式挪用，这里还是没有涉及最关键的银行利息的归属问题，而且备付金流向的监管还是存在盲区。

最后，要求"支付机构的实缴货币资本与客户备付金日均余额的比例不得低于10%"，由于10%是一个浮动的标准，随着备付金的增大而增高，而使用最普及的支付宝日均备付金高达几十亿，也就意味着支付宝需要拿出几亿作为实缴货币资本，这显然缺乏现实意义。

电子商务的发展毫无疑问为我们的生活带来极大的便捷性，网上第三方支付行业的出现更是解决了交易双方之间的信任危机，以一个中立者的身份，保障交易双方的资金安全，方便快捷，极大地促进了电子商务的发展。在我国互联网产业发展进程中网上第三方支付平台起到难以代替的支撑作用，推动着我国电子商务的持续发展。

通过对我国网上第三方支付平台的法律规定的研究，发现依然存在法律漏洞，如沉淀资金管理不清晰、消费者权益保护方面措施不力、存在套现洗钱等金融风险、法律责任不明确等，这些问题亟待解决。学界对此提出了立法完善的建议：针对网上第三方支付平台的特殊性提出应适用的原则，如技术中立原则、鼓励促进原则、保护弱者原则；针对沉淀资金的管理提出了合理安排沉淀资金及利息、细化银行沉淀资金监管的建议；针对落实消费者保护，提出了规范信息披露的内容和要求、加强平台系统和数据的安全、完善取证规则的建议；针对防控套现洗钱，提出了建立身份识别技术、监测可疑记录的建议；明确网上第三方支付平台、客户、银行相应的责任问题。

总而言之，网上第三方支付平台的发展是机遇与风险的并存，我们应不断发现问题、分析问题、解决问题，为这种新型支付平台的发展提供良好的法律环境，使网上第三方支付平台在发展中逐步规范，在规范中实现持续发展。

【本章小结】

本章重点对第三方支付平台的发展进行了回顾和展望，展现了第三方支付的概念，和现阶段我国发展电子商务中第三方支付存在的必要性和重要性。结合第三方支付的现状进行了对比研究和影响因素分析，最后提出了第三方支付面临的问题。

【案例】

支付宝

一、发展历程："植根淘宝"到"独立支付平台"

支付宝发展历程大体上经历了两个阶段，从最初的"植根淘宝"到"独立支付平台"，与同时期诞生的其他第三方支付平台不同，支付宝一开始只面向淘宝，即与淘宝网购物的应用场景相结合，服务于淘宝交易。后来支付宝独立发展，向独立支付平台转型，支付宝成为电子商务的一项基础服务，担当着"电子钱包"的角色。

植根淘宝(2003—2004 年)

支付宝 2003 年最初上线主要针对淘宝上购物的信用问题，即解决网购用户的需求，推出"担保交易"模式，让买家在确认满意所购的产品后才将款项发放给卖家，降低网上购物的交易风险，支付宝植根于淘宝网购需求，充当淘宝网资金流工具角色。

当时支付宝(淘宝旗下的一个部门)并没有什么长远发展目标，只是一款专为淘宝网的发展需要打造的支付工具，主要面向淘宝网提供担保交易，解决淘宝网发展的支付瓶颈问题。后来有评论认为淘宝能够在短时间内超越易趣，不仅仅是免费模式，支付宝对买卖双方信用的建立不可或缺。

反过来淘宝网的发展为支付宝带来源源不断的用户，2004 年，阿里巴巴管理层认识到支付宝在初步解决淘宝信用瓶颈后，不应该只是淘宝网的一个应用工具，即"支付宝或许可以是个独立的产品，成为所有电子商务网站一个非常基础的服务"。

同年 12 月，支付宝从淘宝网分拆，支付宝网站上线，并通过浙江支付宝网络科技有限公司独立运营，宣告支付宝从淘宝网的第三方担保平台向独立支付平台发展。

独立支付平台(2005 年至今)

2005 年 1 月，马云在达沃斯经济论坛上表示，2005 年将是中国电子商务的安全支付年，2 月支付宝推出全额赔付制度，3 月与中国工商银行达成战略合作伙伴协议，在原有基础上进一步加强双方电子商务支付领域合作的范围和深度，随后又与中国农业银行、VISA 等达成战略合作协议。

但当时网络消费仍处于初步发展阶段，支付宝外部拓展空间有限，淘宝依旧是其单一客户，这也与支付特性有关，即支付需要在某个应用场景下发生，人们不会无缘无故使用支付宝的服务，也就意味着支付宝的独立发展需要借助整个互联网电子商务的发展。

支付宝首先切入的是网游、航空机票、B2C 等网络化较高的外部市场，在电子商务的迅速发展的驱动下，截至 2006 年年底，使用支付宝作为支付工具的非淘宝网商家，如数码通讯、游戏点卡等企业已经达到 30 万家以上，支付宝独立支付平台的身份也开始被外界所接受。

2007 年，支付宝分别与第九城市、南方航空等一系列外部企业达成合作，2007 年支付宝全年交易额 476 亿元人民币(占整个网上支付市场 47.6%的份额)，其中大约 70%来自淘宝，外部商家占比 30%左右，另外 2007 年支付宝针对商家(淘宝网和阿里巴巴网站的交易除外)展开收费。

2008 年 8 月，支付宝用户数突破 1 亿，超越淘宝网的 8 000 万用户，占网民总数的 40%，10 月份支付宝宣布正式进入公共事业性缴费市场，通过支付宝网上缴纳水、电、煤气费以及通信费等日常费用，另外支付宝与亚马逊、京东商城、红孩子等独立 B2C 展开合作，成为其平台的支付方式之一，并推出 WAP 手机版，布局移动领域，2008 年支付宝全年交易额超过 1 300 亿元人民币。

2009 年支付宝继续拓展应用行业，1 月与携程达成合作、2 月与芒果网达成合作，至此，国内前三大在线旅行均成为支付宝合作伙伴(2008 年与艺龙达成合作)，7 月份支付宝宣布用户达到 2 亿，在不到一年的时间里，支付宝用户实现翻番，随后支付宝又与友邦保险合作共同拓展电子商务保险销售渠道。

截至 2009 年 12 月，支付宝外部商家已经增长到 46 万家，全年交易额 2 871 亿元人民币，市场份额 49.8%。2010 年 4 月，阿里巴巴集团宣布将在未来五年内，继续向支付宝投资 50 亿元人民币，同年 11 月支付宝启动“聚生活”战略，即建设无形的开放平台，从“缴费服务”向“整合生活资源”进行战略转型，实现市县级的水电煤缴费、信用卡还款、缴纳罚款、交学费、行政类缴费以及网络捐赠等多项服务。

2010 年 12 月，支付宝用户突破 5.5 亿，除淘宝和阿里巴巴外，支持使用支付宝交易服务的商家已经超过46万家，同时支付宝推出“快捷支付”，用户无需开通网银便可用银行卡进行网上交易支付(目前合作银行80家左右)。另外，2011年5月京东商城宣布放弃与支付宝合作，京东CEO解释主要是支付宝费率较快钱、财付通、汇付天下更高，京东商城的支付宝交易额占支付宝总交易额不到千分之一(2010年数据，京东商城货到付款占比90%)。

2011年5月，中国人民银行宣布支付宝、财付通、易宝支付等27家公司获得央行颁布的首批第三方支付牌照，支付宝业务范围涵盖货币汇兑、互联网支付、移动电话支付、预付卡发行与受理(仅限于线上实名支付账户充值)、银行卡收单等，这也意味着第三方支付无序状态的结束，新一轮业务深耕的开始。

2011年7月，支付宝推出手机支付产品——条码支付(Barcode Pay)，进军线下支付市场，消费者和商家间通过支付宝条码进行交易，无需银行卡，支付宝用远程支付模拟近场支付，推行线下支付网络化发展。

二、支付宝商业模式

支付宝实际上只是一种虚拟的电子货币交易平台，并通过对应银行实现账户资金的转移，也就是说支付宝资金的转移通过用户支付宝账户和银行账户进行，商业银行为支付宝提供基础服务，而支付宝更像是一款搭载在商业银行上的支付应用。

支付宝需要将用户资金存放在合作商业银行当做交易保证金，工商银行对资金进行“托管”服务，检查支付宝存放在各家商业银行的客户交易保证金余额总和是否与用户存放在支付宝的资金余额与待处理款、未达款余额之和平衡，并按月出具报告。这也间接解释了支付宝用户沉淀资金的去向，即以交易保证金的形式存放在合作的商业银行。

目前支付宝向用户提供付款、提现、收款、转账、担保交易、生活缴费、理财产品(主要是保险)等基本服务，相当于一个电子钱包的功能。在淘宝网的支持和电子商渗透率的带动下，支付宝用户规模由2008年末的1.3亿增长至2010年末的5.5亿，年均复合增长105.7%，同时交易额由2008年的1 391亿元人民币交易量增长至2010年的5 055亿元人民币，年均复合增长90.6%。

【基本训练】

1. 简述第三方支付存在的必要性和重要性。
2. 论述我国第三方支付发展中面临的问题。

第5章　网上银行

【学习目标】

通过本章学习，应该达到以下目标：

知识目标：了解网上银行的兴起与发展，认识网上银行发展中的风险，了解网上银行在反洗钱工作中的问题，理解我国网上银行发展的策略建议。

技能目标：掌握网上银行的基本应用流程，掌握提升网上银行安全性的措施。

能力目标：通过学习网上银行内容，具有银行系统操作的基本能力，具有一定的防范银行业务风险的能力。

电子商务是网上银行产生的商业基础，可以说没有电子商务的发展，就不会有网上银行的兴起。电子商务是一种伴随因特网的普及而产生的新型贸易方式，它是当代信息技术和网络技术在商务领域广泛应用的结果。电子商务技术的发展催生了网上银行。通常说，电子商务对银行的要求有两方面：一是要求银行为之提供相配套的网上支付系统；另一方面是要求银行提供与之相适应的虚拟金融服务。电子商务是一种网上交易方式，所有的网上交易都由两个环节组成的，一是交易环节，二是支付环节，前者是在客户与销售之间完成，后者需要通过银行网络完成。

网上支付系统的建立是电子商务正常开展的必要条件，否则网上交易无法进行。要发展电子商务必须依托先进的网上银行。网上银行为电子商务的发展提供了一个安全、平稳、高效的网上支付系统，从而有力地支持了电子商务的正常开展。

5.1　网上银行的兴起与发展

网上银行的兴起与电子计算机信息技术和电子商务的发展有密切的关系。1995年以来，在发达国家和地区的金融界不时掀起一阵阵网络风潮。美国是网上银行最早出现的地方。1995年10月，世界第一家网上银行——安全第一网上银行(Security First Network Bank)在美国诞生。美国也是网上银行业发展最快的国家，目前已有400多家金融机构推出网络业务。美国同时也是网上银行业务出新的地方，汇丰控股与美林集团于2000年4月8日宣布，共同出资组建全球首家提供网上银行及财富管理服务公司。在21世纪的金融服务中，网上银行及其虚拟金融服务将成为传统银行最主要的挑战者，同时，网上银行业的发展必将引起金融领域的革命。

1. 国外网上银行发展现状

目前,国际上提供网上银行服务的机构分两种:一种是原有的实体银行(Incumbent Bank),机构密集,人员众多,在提供传统银行服务的同时推出网上银行系统,形成营业网点、ATM、POS 机、电话银行、网上银行的综合服务体系;另外一种是信息时代崛起的直接银行(Direct Bank),机构少,人员精,采用电话、Internet 等高科技服务手段与客户建立密切的联系,提供全方位的金融服务。现举例说明这两种银行的发展情况。

(1) 高效、快速发展的直接银行:德国的 Entrium Direct Bankers。Entrium Direct Bankers,1990 年作为 Quelle 邮购公司的一部分成立于德国,最初通过电话线路提供金融服务,1998 年开辟网上银行系统,目前已经成为德国乃至欧洲最大的直接银行之一。截至 1999 年底,拥有客户 77 万,其中使用网上银行系统的客户达 15 万,资产总额 38.18 亿美元,控制德国直接银行界 30%的存款和 39%的消费贷款。

Entrium 没有分支机构,员工共计 370 人,依靠电话和因特网开拓市场、提供服务。370 人服务 77 万客户,人均资产达 1 000 万美元,大大高于亚洲的银行领先水平(新加坡发展银行人均资产 580 万美元,中国农业银行人均资产 50 万美元),而且 Entrium 认为现有系统完全可以满足 250 万客户的需求,这一连串数字足以给我国人员臃肿的商业银行敲响警钟。

Entrium 经营的业务品种主要包括消费信贷、循环周转贷款、信用卡、投资、在线交易等。虽然目前仍以电话服务为主,但正在加速发展网上银行服务。它的网上银行发展战略十分明确:将 Entrium 从拥有网上银行服务的领先的电话直接银行转变为拥有电话银行服务的领先的网上直接银行。Entrium 的成功归功于它利用先进的科技手段开拓市场、联络客户、处理业务。

(2) 美国银行提供网上银行服务的优秀代表:Wells Fargo。根据国际上一家权威的电子商务评价公司,Gomez Advisors 从使用性能、客户信任程度、网上资源、关系协调、成本等方面对美国以及欧洲等地银行的网上银行服务进行评比,Wells Fargo 是 1999 年度网上银行系统使用性能最好的银行,是美国第七大银行,资产总额 218 亿美元,拥有 5 925 个分支机构,资本收益率高达 34%。目前,它被认为是美国银行业提供网上银行服务的优秀代表,网上银行客户数量高达 160 万,银行网站每月访问人数 96 万(并非人次);接受网上银行服务的客户占其全部客户的 20%。

Wells Fargo 的网上银行系统不仅节约成本,更主要的是带来新增收入和客户:使用网上银行的客户素质好、收入高、账户余额大、需求种类多,银行赚取的收益和手续费收入相对较多;在 160 万网上银行客户中,15%是由网上银行服务带来的新客户。

Wells Fargo 取得的成功归功于几个因素：

①及早地开发和使用高科技，Wells Fargo Bank 早在 1994 年就开始投资网上银行，并不断扩大、提高其网上银行的服务。

②方便、多渠道的服务网络。该行认为，客户需要的是一个多渠道、全方位的服务网络，Internet 仅仅是其服务体系中不可分割的一部分。

③服务品种覆盖面广。提供服务的种类包括：账户管理、投资服务、保险、贷款等各个方面。

④客户关系维护与客户群体系。Wells Fargo 认为这一体系对市场开发至关重要，它严格划分客户群，其尊贵客户仅占全部客户的 2%，并得到特别的关注与服务。

Wells Fargo 是一个传统的机构银行，它成功地步入网上银行的轨道，可为亚洲的负担银行开拓网上银行服务的范例。

目前国际金融界的发展状况表明，尽管不同的银行有其不同的发展战略，目前正处在不同的发展阶段，但有一点是肯定的，即随着 Internet 的不断发展，随着金融业的不断创新，网上银行必将包含银行所有的业务，成为银行主要的业务手段。

2. 国内网上银行发展现状

1996 年 6 月，也就是美国开始有了网上银行 8 个月后，中国银行在因特网上设立网站，开始通过国际互联网向社会提供银行服务。经过几年的发展，中国的网上银行发展呈现以下特点：

(1) 设立网站或开展交易性网上银行业务的银行数量增加。截止到 2002 年 12 月，我国正式获准开办交易类网上银行业务的大中型中资商业银行(总资产 1 000 亿元人民币以上)已达 3 家，占全部大中型中资商业银行的 50%。

(2) 外资银行开始进入网上银行领域。目前，获准在中国内地开办网上银行业务的外资银行包括汇丰银行、东亚银行、渣打银行、恒生银行、花旗银行等。另外，还有几家外资银行的申请正在审核之中。

(3) 网上银行业务量在迅速增加。这表现在客户数和交易金额两个方面。2000 年年底，我国中资商业银行办理网上银行业务的客户数为 41 万户，交易金额 6 500 亿元。到 2002 年 12 月底，客户数已超过 350 万户，交易金额超过 5 万亿元，业务覆盖全国主要大中城市。

(4) 网上银行业务种类、服务品种迅速增多。2000 年以前，我国银行网上服务单一，一些银行仅提供信息类服务作为银行的一个宣传窗口。但目前，交易类业务已经成为网上银行服务的主要内容，提供的服务包括存贷款利率查询、外汇牌价查询、投资理财咨询、账户查询、账户资料更新、挂失、转账、汇款、银证转账、网上支付(B2D，B2C)、代客外汇买卖等，部分银行已经开始试办网上小额质押贷款、住房按揭贷款等授信业务。同时，银行日益重视业务经营中的品牌战略，出现了名牌网站和名牌产品。但目前我国尚未出现完全依赖或主要依赖信息网络开展业务的纯虚拟银行。

(5) 中资银行网上银行服务开始赢得国际声誉。2002年9月,中国工商银行网站被英国《银行家》杂志评为2002年度全球最佳银行网站,这表明中国银行业网上银行的服务水平已向国际水平靠拢和看齐。

3. 网上银行的运行特点

(1) 业务智能化、虚拟化

传统"砖瓦型"银行,其分行是物理网络,主要借助于物质资本,通过众多银行员工辛苦劳动为客户提供服务。而网上银行没有建筑物、没有地址,只有网址,其分行是终端机和因特网带来的虚拟化的电子空间,主要借助智能资本,客户无须银行工作人员的帮助,可以自己在短时间内完成账户查询、资金转账、现金存取等银行业务,即可自助式地获得网上银行高质、快速、准确、方便的服务。

(2) 服务个性化

传统银行一般是单方面开发业务品种,向客户推销产品和服务,客户只能在规定的业务范围内选择自己需要的银行服务,而因特网向银行服务提供了交互式的沟通渠道,客户可以在访问网上银行站点时提出具体的服务要求,网上银行与客户之间采用一对一金融解决方案,使金融机构在与客户的互动中,实行有特色、有针对性的服务,通过主动服务赢得客户。

(3) 金融业务创新的平台

传统银行的业务创新主要围绕资产业务,针对商业银行的资产负债业务,进行资产证券化,对金融产品进行改造与组合,满足客户和银行新的需求,而网上银行侧重于利用其成本低廉的优势和因特网丰富的信息资源,对金融信息提供、企业资信评估、公司个人理财顾问、专家投资分析等业务进行创新和完善,提高信息的附加价值,强化银行信息中介职能。

在我国经济不断发展、消费者需求不断提高、电子商务形式日渐多样化的情况下,网上银行的发展面临着良好的发展环境与机遇,我国网上银行业应当充分利用好当前发展的有利环境,加大力度开发适合各类消费者需求的网上银行业务,满足消费者需求的同时也促进我国网上银行业利润的提高。

4. 网上银行与传统银行的区别

(1) 业务侧重点不同

我国银行业务总体上可分为资产业务、负债业务、中间业务,其中资产业务主要是银行资金运用业务,包括贷款业务、债券投资业务、现金业务等;负债业务主要指银行资金的来源,包括存款业务、借款业务等;中间业务指不构成银行表内资产、表内负债的非利息收入的业务。

在传统银行业务中资产、负债业务所占的比例较大,中间业务所占比例较小。而在网上银行业务中,中间业务所占比例较大,资产、负债业务所占比例较小。这主要是因为传统银行可以充分利用其网点优势、人员优势对资金进行划拨运用。而网上银行则是充分运用其网络的便利性，为客户提供中间业务服务，从中收取服务费。

(2) 业务组织结构的不同

目前我国传统银行业务实行的是模块化管理，即存贷款部门、结算部门、市场营销部门各司其职，层层负责。而网上银行充分利用网络优势，把其业务总体上分为个人与企业业务，在业务形式上进行了简化。

(3) 经营管理模式的不同

传统银行的经营管理经历由资产管理到负债管理，由负债管理到资产、负债管理，最后到资产、负债、风险综合管理的过程。传统银行业务偏重资产、负债管理，即在存款、贷款业务管理方面所占比重较大。而网上银行主要是以客户管理为中心，以中间业务管理作为重点，与传统银行在业务经营管理方面有很大的不同。

(4) 风险管理方面的区别

传统银行的风险管理经历了资产风险管理模式、负债风险管理模式、资产负债风险管理模式，目前传统银行采取的是全面风险管理模式。在影响传统银行业务的八大风险中，主要是抓信用风险、市场风险、操作风险，并兼顾其他风险管理。而网上银行业务主要是建立在信息技术基础之上，因此在风险管理方面，对操作风险和技术风险有所偏重。

5.2 网上银行的风险与对策

由于网上银行与传统商业银行具有相同的性质，但是与传统商业银行相比，网上银行在业务经营管理以及组织模式等方面都有所不同，这将改变风险的产生原因，并产生某些新的风险，其中技术风险和法律风险最为突出。

5.2.1 网上银行的风险

网上银行在我国得到了快速发展，其优越性也得到银行和银行客户的一致认可。然而，网上银行的风险亦不可忽视，近年来与网上银行相关的操作风险和客户因办理网上银行业务而造成损失的事件也频频发生。具体来说，我国网上银行主要面临以下几种主要风险：

1. 操作风险和技术风险

操作风险主要包括因为信息技术的应用所产生的内外风险和技术软件的选择而产生的风险。技术风险是指网上银行系统设计有缺陷或者是银行职员、客户的错误操作而导致银行损失的风险。由于各家银行所选择软硬件技术标准不同，对网上银行风险认识的侧重点不同，网上银行所显现的弱点也各异。所以黑客或银行内部员工可以通过网络进入银行的电脑系统删除和修改网上银行的程序，盗用他人身份接管网上银行客户的储蓄和信用账户。同时客户在缺乏安全知识的情况下进行不规范操作发生泄密也会使网上银行和客户双方都遭受损失。发生该种风险时银行须承担客户损失资金的偿付和系统修复的成本，此外还会影响到银行的形象和客户对银行的信任。

信息科技特别是网络技术的快速进步，有可能使网上银行面临技术选择风险。一旦网上银行的创立者在面临多种技术选择时，做出错误判断而选择了一种最终将被技术变革所淘汰的技术方案，则可能使其所经营的网上银行处于技术陈旧、网络过时的竞争劣势。网上银行信息技术选择的失误，将使网上银行面临巨大的技术机会损失，甚至是巨大的商业机会损失。

2. 法律风险

法律风险是指由于有关网上交易法律法规的不健全而使网上银行陷入法律纠纷的风险。同传统银行相比，网上银行有两个十分突出的特性，它传递信息包括契约采用的是电子化方式；它模糊了国与国之间的自然疆界，其业务和客户随着互联网的延伸可达世界的各个角落。这样就向传统的基于自然疆界和纸制合约基础上的法律法规发出了挑战。

法律风险在我国网上银行发展过程中的表现还包括我国自身相关的法律法规不够完善，相关的制度规范和约束机制还不够健全，缺乏相对规范的法制环境。目前，网上银行在我国还处于起步阶段，政府有关法规中对于网上交易的权利与义务规定比较模糊，缺乏网络消费者权益保护规则，银行与商家、客户的关系、签名有效性等不明确。网上银行业务涉及诸多其他法律，如消费者权益保护法、知识产权法、货币发行制度等。银行可能因使用电子货币或使用虚拟金融服务而损害客户隐私以至于被提起诉讼，或因在自己的网页上建立与重要客户的链接而陷入官司纠纷。犯罪分子可能利用网上银行从事洗钱活动从而使银行被动违反反洗钱法律，电脑黑客也可能利用多种手段连接网上银行客户的网页使客户迁怒于银行，罪犯利用假造的证书以银行名义销售给客户，受骗者可能将银行作为起诉对象等。上述种种，将使银行面临被判罚款、行政处罚、民事赔偿以及刑事责任等诸多窘境，影响银行业务的正常开展。

3. 系统安全风险

系统安全风险主要包括来自外部的黑客攻击、计算机病毒、网络欺骗所造成的风险。黑客曾经是人们对一些具有高超编程技巧、迷恋计算机代码的程序设计人员的称谓，但是现在的黑客已经对计算机信息系统的正常秩序构成了威胁，网上银行成为其首要攻击对象。计算机病毒也给网上银行安全带来严重威胁。计算机病毒如同真实病毒一样具有传染性，一旦爆发会在整个网络中传播，其影响可以迅速传递到世界各个角落。各种针对网上银行的木马程序、密码嗅探程序等不断翻新，因此防范计算机病毒是确保网上银行安全的必要措施。网上欺诈已成为当今世界上最常见的网络风险之一。一些不法分子通过发送电子邮件或在互联网上提供各种免费资料引诱互联网用户。当用户接受他们提供的电子邮件或免费资料时，不法分子编制的病毒也随之进入用户的计算机中，并偷偷修改用户的金融软件，当用户使用这些软件进入银行的网址时，修改后的软件就会自动将用户网上银行账号上的资金转移到不法分子的账号上。

4. 链接服务风险

链接服务风险，主要是指网上银行链接不到足够的其他电子商务网站，银行无法为客户在网上消费提供支付服务，造成客户转移注册，并最终导致银行收益损失的可能。在客户决定网上银行能否生存的情况下，客户在网上消费到哪里，所注册的网上银行就应跟踪链接到哪里。网上银行要实现盈利目标，就必须吸引到大量的客户。为此，网上银行一方面要向社会公众做好宣传与营销，提高自己品牌的知名度；另一方面要做好与其他著名商务网站的链接，让他们提示客户在进行消费时优先链接到自己的网址，使用本行提供的交易支付工具。如果网上银行链接不到足够的电子商城或其他知名网站，就会出现客户流失现象，并最终影响到银行的经济收益。

5.2.2 发展我国网上银行的相关对策措施

(1) 培育风险控制文化，提高风险管理水平

我国商业银行应制定"风险管理文化培育实施方案"，借鉴国际先进的风险管理理念，树立本行的风险管理核心理念，要努力培育以"诚信、公正、守法"为标志的良好的企业风险控制文化，以此来影响银行员工的行为取向，逐步形成系统的风险控制制度和奖惩办法，让每一位员工认识到自身工作岗位上可能存在的风险，以培养员工风险意识，提高风险应对能力，在全行形成一种风险防范的道德评价和职业环境。

网上银行是基于现代信息技术而建立的，因此对相关风险管理者的素质和风险管理水平提出了挑战。因此，防范网上银行的操作风险，除了要树立银行员工的风险控制文化外，还应着重提高风险管理者的素质水平。网上银行风险管理者应具有计算机和金融学的相关专业背景，还应不断补充自身的知识结构、提高风险管理水平以应对各种复杂的网上银行操作风险。商业银行也应加强对风险管理者的培训，建立相关的激励与约束机制，从而提高网上银行风险管理水平。

(2) 完善相关法律法规

针对目前我国网上银行相关的法律法规不够健全的现实情况，如何制定和完善相关法律法规，并严格执行有关规定，使网上银行业务的开展有法可依、有法必依是发展我国网上银行的当务之急。目前虽然我国新《刑法》界定了构成计算机犯罪的范围，人民银行也曾颁布了《网上银行业务管理暂行办法》，但现有的法律保障仍显不足。因此，应充分利用和执行《网上银行业务管理暂行办法》、《合同法》、《会计法》、《票据法》、《支付结算办法》等法律拟订网上银行相关协议，制定有

关业务流程和业务处理规定，应充分利用目前执行的关于网络安全方面的行政法规，如《计算机信息系统安全保护条例》、《计算机信息网络国际联网管理暂行规定》等，利用中国金融认证中心在认证技术方面的权威性和第三方认证的合理性。

(3) 加强产品创新，实现长尾盈利

传统柜面经营模式中，网点开办成本高、业务处理效率低等状况严重局限了银行业的发展。网上银行作为一种新的金融服务提供方式的出现，以其方便、快捷、创新和超越时空等优点拓宽了银行业的发展路径。

基于长尾理论，尽管单一中小客户给银行带来的利润较低，但考虑到庞大数量带来的巨大潜在需求，网上银行可以通过多样化产品创新来调动这部分潜在需求，从而获得“长尾”的潜在收益。依托数字化网络平台，在网上银行产品创新的过程中，应及时了解、反馈客户需求变化，针对不同的细分市场和不同客户的金融需求，提供多样化的金融产品，快速、有效地满足客户的差异化需求。

(4) 建立 CRM 客户关系管理系统，重塑客户细分

从网上银行的发展实践来看，各网上银行经营策略与原先“二八”定律指导下的经营策略并无二致，仅仅是利用网络手段改变了服务形式。各银行应充分发挥网上银行低成本、高效率的优势，摒弃传统基于“二八”定律的“嫌贫爱富”的客户细分策略，建立客户关系管理信息系统，依托数字化信息处理平台，最大限度挖掘不同职业、不同消费能力、不同业务需求的客户资源。

基于新的经济形势以及客户需求、行为、购买倾向、收入消费水平等特征，各网上银行应区分真实客户和潜在客户的不同类型，灵活、有效地进行客户关系管理，准确把握客户需求，建立个性化的客户沟通服务体系。在日常经营维护过程中，根据市场反馈不断修改和完善产品、服务质量，“一视同仁”地与各种类型客户保持长期、稳定、共赢的客户关系，夯实“长尾”市场。

(5) 创新营销方式，拓宽用户群体

创新营销方式，合理运用宣传形式和活动载体，全面加强网上银行业务宣传，拓宽用户群体。①继续深入丰富网站宣传力度，建立和完善各银行网站信息系统，加大各门户网站、财经网站、地方网站、视频网站和生活服务网站的资金投入和宣传力度，充分利用微博、博客、微信等新媒体和基于 WEB 2.0 的网上银行平台，深入开展各项推广活动。②及时了解客户需求，解答客户疑难问题，并围绕客户需求，在细分市场的基础上找准目标，树立市场品牌，不断丰富和完善网上银行的产品功能。③坚持捆绑销售的营销方式，全方位开展“一揽子”营销工程，对个人业务与网上银行业务实行捆绑营销，加大推广力度，实现交叉销售。

5.3 网上银行的安全性与客户的安全意识

对网上银行信息系统而言，安全性是第一位的，安全性是网上银行系统建设的一个非常重要指标。网上银行系统是银行业务的延伸，使用网上银行，用户能

够通过互联网使用商业银行的核心业务服务，实现各种非现金交易。由于互联网是一个开放的网络环境，网上银行使得银行的金融系统网络在互联网上开辟了一扇大门，各种来源于互联网的安全威胁都会通过这扇大门影响到银行后方的金融业务系统。

5.3.1 交易系统的安全性

交易系统的安全性，指的是网上银行系统运行维护平台的物理环境的安全性。为防止服务器受到攻击，通常采用以下几种技术措施：

1. 高安全级别的服务器

服务器采用可信的安全服务器和专用的操作系统，消除操作系统带来的安全漏洞。凭借服务器特有的安全构架，保证只有合法的用户请求才能够通过代理程序传递到应用服务器进行后续的业务处理。

2. 通过防火墙隔离网络区域

一般采用多重防火墙方案，通过防火墙将服务器的网络环境隔离成多个不同界别的安全区域，各个安全区域之间的数据流向由防火墙进行严格的策略限制。使得互联网、网银服务器、银行内部网络之间实现逻辑隔离，防止通过互联网非法入侵。

3. 实时安全监控

通过网络动态监控设备进行实时的安全监控，实时对系统进行漏洞扫描和入侵检测，发现问题及时报警处理。

5.3.2 身份识别的安全性

身份识别的安全性，指的是对网络用户进行身份鉴别，确保真实的客户身份。目前，网上银行的身份认证机制，主要包括以下几种方式：

1. 登录密码

登录密码方式的身份认证，是最简单的一种方式，也是所有网上银行必备的一种方式。但是由于密码很容易被他人冒用，所以目前网上银行采用密码方式登录，只能够执行一些查询、下挂账户间转账等一些基本的、不会造成客户资金转移的简单业务。

2. 动态口令卡

动态口令卡是银行事先为用户发放的一张卡片，包含一个二位的口令矩阵。网银交易时，系统通过矩阵中的某组密码组合，来实现用户身份的确认。这种方式安全性有一定的提高，也相对比较方便，能够进行一些小额的支付交易。

3. 手机动态口令

手机动态口令，指的是在交易过程中，网银系统向用户的注册手机发送一个动态的随机口令，用户通过提交收到的随机口令，实现用户身份的进一步认证。

这种方式安全性较高，也相对比较方便，可以作为一种安全的网银身份认证手段。但是由于手机短信的通信不稳定性，可能在有效时间范围内收不到随机口令，对交易流程造成影响。

4. 动态口令令牌

动态口令令牌是一种专有的硬件设备，小巧便携，通过特有的动态口令算法，能够与后台的网银系统同步产生相同的口令序列，通过设备中读取的口令，实现对用户身份的认证。

5. 安全 UKey

安全 UKey 也是一种硬件设备，形如 U 盘。通过 PKI 数字证书技术，实现用户身份的认证。UKey 中内置用户的密钥和数字证书，用户密钥不可复制。安全 UKey 的认证方式，是目前最为安全的一种身份认证方式，而且，还可以通过 UKey 中的数字证书实现交易业务签名，通过电子签名法保证交易信息的有效性。

5.3.3　网络通信的安全性

网络通信的安全性指的是用户访问网上银行的过程中，数据在用户主机和网上银行服务器之间传输过程的安全性。互联网是一个开放的平台，用户的密码、网银数据等敏感信息，通过互联网进行传输很容易被黑客拦截，造成秘密信息泄漏。黑客也能通过钓鱼网、路由拦截等方式对用户访问的数据进行绑架，用虚假的网上银行来蒙蔽用户，骗取用户的私密信息。为了防止这些情况的发生，网上银行通常采用加密传输的机制，保护网络通信的安全。

5.3.4　客户的安全意识

密码学研究表明，最大的安全隐患，还是来自于人。不论技术手段提供如何完美的安全方案，但是如果客户本身安全意识不够，仍能够带来很多的安全问题。网银交易系统和交易过程中，银行已经充分考虑了交易风险，避免了很多安全问题的发生，在发生问题时能够最大程度上减少客户的损失。但是，在客户使用网银系统，以及日常工作和管理过程中，仍然存在很多安全风险问题。这些安全风险包括三个方面：

1. 网银密码

如果客户没有足够的安全意识，网银密码很容易被有心人获得或骗取，对用户的网上银行账户造成不必要的损失。为了用户银行资金的安全，需要用户妥善保管网银密码。

2. 网银身份认证设备

网银身份认证设备，包括动态口令卡、绑定的手机、动态口令令牌、安全 UKey 等，由于通过这些设备认证后能够获得更大的网银业务操作权限，直接影响用户的资金安全,所以对这些设备的管理尤为重要。如果这些设备被其他人非法使用,可能会对用户的资金带来极大的危害。对这些设备的管理,银行拥有一套完整的注销机制,在发现设备丢失的情况下,需要用户及时通知银行进行注销,并换发新的设备。

3. 网银数据

网银数据指的是用户通过网上银行,下载到本地的账务流水等数据。这些数据虽然不会对用户的资金造成直接的影响,但是也能够造成用户敏感金融数据的泄漏,会对用户的其他方面带来一定程度的影响。对于企业用户来说,单位内部计算机的使用和访问没有特定的限制,通过下载的网银数据,很容易造成企业金融数据的泄密。除此之外,本地保存的网银数据还受到来自互联网的木马等网络攻击的安全威胁。

安全性作为网上银行赖以生存和发展的基础因素,在网上银行建设一开始就得到了极大的重视,并贯穿整个网上银行业务交易的过程和各个环节中。银行采用多种有效的技术手段和业务手段,保障网上银行使用的安全。但安全性和便捷性是互相矛盾的,安全性越好,意味着操作越复杂。客户在使用这些安全手段的过程中,往往为了自己更加方便,而主动放弃了一些安全措施,这都是非常危险的,必须在安全性和方便性上进行权衡。

5.4 网上银行在反洗钱工作上的难点及建议

近年来,各家商业银行纷纷大力发展网上银行业务,并呈现出井喷式的发展趋势。随着信息技术的进步和产品的创新,网上银行业务品种不断完善,业务量持续增加,如何持续稳健地发展网上银行业务,打击利用网上银行业务洗钱等非法犯罪行为,已成为金融机构迫切需要解决的问题。

5.4.1 网上银行在反洗钱工作上的难点

1. 网上银行的交易特点,使得"了解客户难"

了解你的客户是反洗钱工作的基础,而目前网上银行本身缺乏完善的体系,许多网上银行的信息交流和业务办理可以在几乎匿名的方式下进行,而许多金融机构不需要跟客户见面就可以为其开立账户,这为洗钱者提供了方便。就算最初开立账户时按规定签订协议、提供相关资料,可以辨别客户的真实身份,但在以后的网络交易中,由于没有人的参与,通过该账户进行交易的人可能不是最初开立账户的人,这就使为防范和控制洗钱而规定的银行赋有的"了解客户"的义务无法履行。

2. 账户身份识别的难度

网上银行支付系统主要是通过公私密钥、证书、数字签名的认证来确认交易双方身份的。这种只认"证"不认"人"的特点决定了认证各方只能查证交易各方的身份及支付方的余额,而不可能审查支付方余额的来源及性质。复杂的加密技术使网上银行支付工具更为安全,保护了客户的隐私权,金融机构也很难知道该信息的来源,难以在有限时间里调查和追踪其交易行为。

3. 银行交易原始记录的无纸化增加了发现和分辨可疑交易的难度

传统支付交易的办理,客户会到银行柜台上填写相关票证,并写明交易的时间、金额、用途等要素,并签名确认,一笔交易至少要经过两三个相关工作人员的经办、授权、审查才能办理,在如此严密的业务流程控制下,频繁发生的大额交易很容易被察觉。然而通过网上银行办理业务,只要在账户余额不透支的情况下,客户通过互联网可以随意自主地汇划资金,而且也无须注明用途。没有原始的单证,只有业务流水和分户账,银行很难对其资金进行事中的监控和事后的分析。

4. 网上银行业务的特殊性和隐蔽性增加了发现可疑交易的难度

网上银行与传统银行业务最大的区别就是突破了时间和空间的局限,客户只要通过一台连接因特网的电脑就能随心所欲地完成各种支付交易,由于网上银行方便、快捷、可靠,尤其是客户身份可隐秘运作的特点,洗钱犯罪活动在网络上大行其道。而与此同时,作为银行机构,大多仍然把发现可疑交易的重点放在传统业务上,往往只关注大额存取现金、转账等日常柜面上实时发生的业务,而对日终结账和月末打印出的网上银行业务流水及单位分户账进行系统的分析和甄别往往无暇顾及,从而对网上银行可疑交易的发现和上报增加了难度。

5. 交易限制设置的难度

现在多数商业银行网上银行业务中对网银交易审核不够严格,客户通过网上银行办理支付转账业务时,特别是公转私业务,没有对其交易提出必要限制,当发起业务时不需要提供任何证明材料和交易合同;而且在交易金额方面,通常只有单笔不超过500万元的广义约束,而缺少对当天累计交易金额的限制,这无疑为洗钱等非法交易提供了极大的便利。但是如果金融机构设定限制过大、过于严格,又会影响客户的结算效率,势必削弱网银交易的便捷性。

5.4.2 规范网银业务加强反洗钱工作的几点建议

1. 从国家宏观管理层面

(1) 健全相关的法律制度

中国《反洗钱法》主要针对金融机构或特定非金融机构的传统业务,对网上银行的反洗钱监管相对滞后。从各商业银行对网银业务进行可疑交易监测的情况看,网银业务已成为反洗钱的“盲区”,网上银行已成为洗钱犯罪的重要领地,应引起国家层面的高度重视。中国虽已制定了《网上支付指引》等规定,但其适用范围仅为境内银行业金融机构开展的网上支付业务,对第三方服务机构及国外银行在我国开展网银业务没有作出具体规定,且《网上支付指引》只是指导性文件,对银行还缺乏法律约束力,可参考美国等国家设立严密的《电子交易法》,并明确网银的市场准入规则，明确跨境银行业务的监管标准和要求，这不仅对反洗钱大有裨益，且将极大地促进中国网银业务发展。

(2) 加强各部门之间的横向联系

通过高科技来研究开发反洗钱软件和系统。这个软件可以根据需要，自动进行全方位、多角度的检索汇总等操作，使得反洗钱工作逐步规范化、科学化、数据化和网络化，并将金融认证中心体系与之对接，发现有异常交易，反洗钱程序则立即进入自动关注、自动分析、自动认证状态，并提示反洗钱部门立即介入。同时，人民银行应充分利用账户管理系统，力争通过此系统与组织机构代码管理、工商、公安、税务等部门的联网，帮助商业银行确定客户的身份，并利用账户系统采集账户资料，为异常交易的识别提供基础信息。把日常工作中事后监督变为实时的、无间断的监控，提高网上银行反洗钱的敏锐度、时效性和准确性。

(3) 推进金融利率市场化进程

国家金融监管机构要逐步推进金融利率市场化，从宏观层面看，利率市场化的实现，能够拓展各家金融机构的发展空间，拓展中小公司融资空间，从而最大限度地减小了地下钱庄的生存空间。

(4) 规范网上购物行为

对于日益高涨的网购业务，国家目前缺少一定的专业性规范，对网上出售商品的商店也缺乏准入制度，这才导致网上购物引发的欺诈、盗窃等案件频发。因此，国家层面应尽早制定相关法律、法令对网上购物行为进行必要规范。

(5) 加强宣传，努力构建“防打”结合的机制

对于国家层面和各金融机构来讲，要不断加大宣传攻势，加大反洗钱工作的投入，以营造一种高压态势和防控氛围；公安司法部门也要努力提高应对利用现代高科技进行犯罪的侦破技巧，与金融机构密切合作，有效打击洗钱犯罪行为，统一构建“防打”结合的工作机制。

2. 从金融机构内部管理层面

(1) 不断完善网上银行反洗钱内控制度，真正识别客户身份

商业银行等金融机构应针对网上银行的业务特点建立起系统化的网上银行反洗钱内部工作机制，以保证反洗钱全过程有效涵盖网上银行业务。在“了解你的客户”方面，金融机构应通过实地调查等措施，掌握客户的真实情况，包括住址、经营规模、主营业务及业务收入等针对账户控制人和开立人非同一人的问题，尽快开发一套指纹认证系统，客户建立网银账户时，一定要预留指纹。当客户要进入网上银行交易系统时，就必须通过指纹识别，以确保网上用户的“实名制”。这样，既有利于保障客户的资金安全，又有利于网银反洗钱工作的有效开展。

(2) 采用科技手段加强对洗钱行为的监测

现阶段网上银行洗钱犯罪活动往往采用高科技手段进行，传统的反洗钱手段已渐渐不能满足监控要求，迫切需要不断开发先进的反洗钱监控软件，建立与支

付清算系统对接的交易监测系统，对大额和可疑交易进行自动、及时的监测和记录，使数据甄别分析智能化，使反洗钱工作逐步规范化、科学化，为异常交易的识别提供基础信息，提高网上银行洗钱活动的敏锐度、时效性和准确性，为打击网上银行洗钱犯罪提供有力的技术支持。

综上所述，当前形势下，商业银行等金融机构只有不断开发创新业务和金融服务，才能跟得上金融业发展的潮流和步伐。而在发展的同时，我们也要重视和打击利用新兴业务进行洗钱等非法犯罪行为，我们要通过不断地探索、实践，逐步建立起一套有效的反洗钱预防体系，切实提高反洗钱防控水平，将洗钱活动阻止于发生的源头，维护广大人民的切身利益不受侵害，保证国家金融经济体系持续稳健发展。

5.5 我国网上银行发展策略建议

我国网上银行起步较晚，与发达国家相比，在业务规模、运行功能效率等方面还存在不小差距。本节通过针对我国网上银行市场结构、市场行为、市场绩效的分析中找出我国网上银行存在的问题，从网上银行整体发展策略、法律建设等方面提出解决对策。

5.5.1 网上银行业务的整体发展策略

针对我国网上银行在市场结构、市场行为及市场绩效方面存在的问题，商业银行应从整体战略角度出发，完善我国网上银行市场结构体系，规范网上银行市场行为，提升网上银行市场绩效。具体应该做到如下几点：

1. 健全网上银行市场准入制度

市场准入为网上银行监管的第一道关口。要加强对网上银行准入的监管力度，在网上银行业务的稳定性、保密性、安全性方面要提高准入要求，而在网上银行业务种类、范围方面要从宽要求。要遵循有所为有所不为、科学合理的监管原则，充分保证网上银行运行的安全性与效率性的有效统一。

2. 加强网络基础设施建设

网络设施为网上银行存在与发展的基础平台，网络基础设施的广度和深度直接决定了网上银行业务发展空间的大小。所以商业银行在开展网上银行业务之前，首先要完善自身的网络基础设施建设，保证网上银行业务有一个安全、平稳、可靠的发展平台。

3. 完善社会信用体系建设

我国目前个人及企业诚信信息体系建设还不健全，个人和企业在融资或者交易过后往往忽视对自己的交易融资凭证做好保管与相关的记录工作，银行金融相关部门的诚信记录体制建设还不够健全。没有完善的社会信用体系，就不能有效对客户的诚信度进行考核，影响金融部门融资决策，给我国金融体系的安全运行带来不确定因素，增加银行运行风险。网上银行可以充分利用自己的网络科技优势，对登录网上银行的客户的交易记录进行详细的记录，为完善我国社会信用体系建设做出应有贡献。

4. 加强网络自身安全系统建设

网上银行是建立在网络基础之上的，网络本身就存在一些自身的安全风险，如黑客攻击、程序漏洞、病毒侵扰等。网络这些风险对网上银行的安全运行无疑是致命的，所以开展网上银行业务的商行，必须通过加强防火墙、密码系统建设，确保网络运行安全。同时应该在网上银行页面增加消费者网上银行应用教育方面的内容，使消费者能够正确运用网上银行，避免因操作原因引起的风险事故的发生。

5. 加大新产品、新业务开发力度

与传统银行相比，网上银行是一种全新的银行经营模式，其在支付、结算、金融工具方面与传统银行有很大不同，这就需要网上银行开发出与网上客户需求相适应的支付、结算、服务形式和新的金融工具。我国目前还没有纯网上银行，一些网上银行业务都是经传统银行业务网络化转移过来的，所以我们网上银行业务要以传统银行业务为基础，依托网络信息化平台，加大对自身业务创新与整合的力度，创造出适合网络化发展与消费者需求的新型网络支付金融工具与金融业务，改善银行经营环境，创新银行经营方式，提高银行经营利润。

6. 加强针对网上金融风险的监管

目前我国金融市场监管对象主要是一些传统的金融机构，针对网上银行的监管方面的法律法规还不够健全，需要完善针对网上银行监督管理方面的法律建设，规范网上银行行为，增进市场信心。具体要做到以下几个方面：一是加强网上银行市场准入审批管理，严格依照网上银行市场准入法律法规，对一些不符合标准的网上银行业务坚决不予审批。二是加强网上银行运行过程监管力度，对业务运行过程中出现违法、违规、经营不善的网上银行业务进行依法取缔或者是撤销，对出现信用危机的网上银行所在商行进行依法监管，情节严重的要撤销其法人资格。三是银监会要会同有关法律部门，建立网上银行突发事件处置制度，制定处置预案，及时有效地处置网上银行突发事件，维护经济市场安全有序运行。四要加大网上银行信息披露制度建设力度，提高网上银行运作的市场透明度，增强市场约束，增进市场信心，维护网上银行金融市场稳定。

7. 完善我国网上银行法律体系建设

良好的网上银行市场运行环境需要法律法规作为保障，针对我国网上银行特点，立法部门应该从如下几个方面加强网上银行立法工作：(1) 要加强网上银行市场准入立法工作。针对我国网上银行市场垄断程度较高的现状，立法部门应该坚持有所为有所不为的原则，对中小银行或者是企业集团开设网上银行业务方面适当放宽限制，鼓励中小商业银行进行网上银行业务创新。(2) 加强网上银行贷款、支付、交易方面的立法工作，明确客户、网银供应商、网络开发商在交易中的法律责任，完善网上银行交易证据法律确认工作，从立法角度保证消费者、网上银行、网络开发商的权益，维护网上银行金融市场的安全运行。(3) 加强网络签名的合法化建设。增强电子签名的法律效力是解决网上银行交易纠纷的主要途径。目前我国关于网上签名的法律地位还不明确，需要加强这方面的法律建设。(4) 要增强网上银行交易税收的法律效力。随着电子商务的不断发展，网上银行交易规模日益增大，如果不对网上银行交易进行纳税的话，会带来很大一部分税收损失，所以应从法律方面确定网上银行交易纳税的合法性。

5.5.2　完善我国网上银行市场结构建设

我国网上银行客户数量规模还比较小，网上银行用户数所占我国整体人口基数及网民数量的比例偏低，而且客户集中度较高。从交易规模来看，我国网上银行业交易规模也呈相对集中趋势。针对以上问题，我们应该从以下几个方面入手，完善我国网上银行业市场机构。

1. 积极引导消费者转变观念，增加网上银行消费需求

目前在我国，虽然网络普及率已经较高，但是人们网上消费意识还比较淡薄，人们还是习惯于现实中看得见、摸得着的交易，对网上银行消费概念还比较模糊，导致了我国网上银行用户数量比例偏低。造成这种现象的原因有以下几个方面：一是各商行对网上银行宣传力度不够，消费者不知道有网上银行的存在；二是有的消费者虽然知道有网上银行可以使用，但是对网上银行安全问题存在顾虑，在网上银行与传统银行比较之后可能还会选择自己比较熟悉、安全性能比较高的传统银行服务；三是一些偏远地区网络基础设施落后，根本就没有网上银行存在，也就谈不上网上消费了。

针对上述状况，各商行要加大对网上银行的宣传力度，让消费者对网上银行的便捷性、安全性都有所了解，同时要针对一些不同的消费者群体，设计出一些适合不同消费者需求的人性化业务，引导消费者进行网上银行运用体验，改变消费者对网上银行的一些负面认识，增强消费者运用网上银行的意识。同时，要提高我国网络的普及程度，网络的普及要先于银行的普及，因为网络的建设费用要比传统银行建设费用低很多，而且网络可以触及社会的每一个角落，通过网络的普及，可以让没有传统银行网点地区的人们，利用网上银行很方便地办理银行业务。通过上述举措，使我国网上银行在吸引更多客户的同时，也扩大了网上银行业务的普及程度。

2. 中小银行应加大网上银行开发力度

目前在我国金融市场中，中小银行无论在资金规模、客户量、业务范围等方面与国有大型商业银行相比，都存在很大的差距，这也是造成我国网上银行在客户规模与交易规模方面呈相对集中趋势的主要原因之一。从经济学角度来说，我国

网上银行业务基本呈现的是一种寡头垄断形式，这种寡头垄断形式无论在资源配置效率，还是市场运行效率方面，对我国网上银行市场的发展都存在阻碍作用。而中小银行网上银行的发展，从某种程度上可以改变这种寡头垄断形式带来的负面影响。

与一些大型商业银行相比，中小商行也有自身的一些优势：规模小、结构简单、经营灵活等。中小商行的这种优势和网上银行业务方便灵活的特点相契合，所以中小商行可以充分利用这些优点，更容易地推出一些网上银行业务。

中小商行在网上银行的推行中应该注意如下几点：一是结合自身特点和市场需求状况，及时推出适合市场需求的网上银行业务，并依据市场需求变化及时调整业务结构，以此来吸引更多的消费者。大型商行一般是通过增加银行网点来扩充自己的业务及客户规模，中小商行资金有限，可以另辟蹊径，通过开发更加适合市场需求的网上银行业务，与大型商行进行竞争。二是要建立自己的独特品牌，树立品牌意识。品牌效应是一种无形资产，良好的品牌效应有助于中小商行推销自己的业务，有助于吸引更多的消费者，增强自己的市场竞争力。

3. 政策保障

除了中小商行的自身努力外，国家也应该出台相关政策，以保障我国中小商行能够顺利开展网上银行业务。同时相关银行监察部门应该在中小商行开展网上银行业务方面，放低市场准入门槛，完善中小商行开展网上银行的市场准入与退出机制，鼓励支持中小商行通过开展网上银行业务，积极参与金融市场竞争，打破市场垄断，为优化我国金融市场结构提供政策保障。

5.5.3 网上银行市场行为策略

网上银行市场行为分为价格行为和非价格行为，价格行为主要是网上银行定价行为，非价格行为包括营销行为、盈利行为等。本部分主要对网上银行定价行为、营销行为及市场定位方面提出具体发展策略。

1. 定价策略

网上银行在运行初期为了吸引顾客，可以采取免费策略，但考虑到开发成本、营业利润等因素，网上银行收费是必然的趋势。网上银行收费必须有一个循序渐进的过程，要充分考虑成本因素、同行业价位因素、消费者接受程度、与传统银行对比优势等各方面因素。可以针对不同的业务服务质量、不同的客户群体收取不同的费用。无论采取何种的定价方式，都要充分权衡网上银行利润与竞争优势的关系，保证网上银行利润与竞争优势协调同步发展。

2. 营销策略

网上银行营销策略是指网上银行充分利用网络信息技术平台，整合价格和各种营销手段，以市场需求为导向，在满足消费者需求的同时，实现自己的经营目标。整个营销过程是各种营销手段的整合过程，而不是将产品简单地推销给客户的行为。

(1) 加强传统银行业务网上化创新力度

网上银行不应该只满足成为一个信息咨询网站，要充分结合传统银行业务特点，利用网络科技优势，将一些传统银行的交易业务进行网上转移，力争将网上银行打造成一个全方位、全天候、多功能的网上金融超市，给客户带来方便的同时也促进网上银行自身利润的提升。

(2) 转变以产品为导向的经营战略

现在商行推出网上银行产品往往只是注重对产品本身进行宣传，在网上银行业务产品同质化比较严重的今天，对网上银行产品的宣传并不能吸引更多的客户，因为大家产品都是一样的，选哪家都一样。所以商行在推出网上银行产品时，要走出宣传误区，要从以产品为导向的推广理念转变到以客户需求为导向的宣传理念上来，把客户需求作为推广网上银行产品的主要导向，才是网上银行经营战略的正确选择。

(3) 要增强网上银行与客户的互动性

网上银行与传统银行最大的区别就是，它不像传统银行那样，有柜员可以和顾客面对面的交流，客户面对的是一个冷冰冰的网络终端，这就使得网上银行没有像传统银行那样的人性化的服务。针对这一点不足，网上银行应该在其页面上设置一个与客户交流的平台，收集客户的一些交易信息、意见和建议等，根据这些信息制定出满足不同消费者需求的业务，并及时更新服务方式和服务质量，以争取更多的客户和更大的市场占有率。

(4) 要注重品牌建设

像现实中购物一样，客户选择网上银行产品的一个重要方面就是看品牌，在网上银行产品日益同质化的今天，各商行在推出网上银行业务的同时，一定要注重品牌的建设和维护。一个品牌的成功并不是一日之功，首先在产品设计上要保证质量可靠，安全性能高，人性化程度高；其次要注重产品的维护工作，主要是要注重消费者权益维护工作。现在商行在推出网上银行产品时往往只注重产品的质量，缺少消费者权益维护意识，对一些客户反应的问题视而不见或者是处理滞后，这些都给网上银行产品品牌推广带来障碍。

(5) 要注重成本优势与产品差异化建设

一个产品有没有竞争优势，首先要看它与同类产品相比有没有价格上的优势。在相同质量情况下，消费者更容易选择价格较低的产品。一件商品如果要确保其具有价格优势和利润收入，就必须减少其成本，所以网上银行产品在设计时一定要做好成本控制，争取在最低成本的情况下开发出质量最高的产品。另外在网上银行产品的设计过程中一定要注重差异化建设，要做到人无我有，人有我精，人精我转，始终走在产品竞争优势前列。

3. 市场定位选择

我国银行业，特别是中小商业银行，在开展网上银行业务时，应该综合考虑自身的优势和市场需求实际情况，针对不同的客户群体，提供差异化的网上银行服务，收取不同的费用，满足各类消费者群体的差异化需求。无论什么行业，要想满足所有消费者需求是不可能的，各商行应该在开展网上银行业务的同时消除业务同质化影响，找准适合自己发展的市场位置，最大化争取到适合自己业务特点的客户群体，更深层次地开拓属于自己的网银市场。

5.5.4 推动网上银行绩效建设的建议

市场运作能力和资源配置能力是衡量网上银行市场绩效的主要指标，要提高网上银行市场绩效，主要是提高网上银行的运作效率。衡量网上银行运作能力的主要指标还是看其产品竞争优势、人才优势的大小及业务领域的拓展程度的高低等，所以提高网上银行运行绩效具体需要从以下几个方面入手：

1. 提高产品竞争优势

客户选择商品时主要考虑的要素包括价格、产品质量、服务质量等。商业银行在推出网上银行业务时，首要考虑的是与同类业务相比，自己的网上银行业务有没有在价格上的优势。要做到价格上的优惠，商行必须在业务开发的过程中降低开发成本，保持成本优势。其次要保证网上银行产品质量，不能只顾成本忽略质量上的要求，要平衡成本与质量的关系。同时要使设计出的产品外观上具有新颖性，能够贴近消费者日常生活，在安全性、快捷性、方便性上做足文章，吸引消费者的注意。第三要注意业务在运行中的管理，不能在产品投入运行后就不闻不问了，要建立消费者信息反馈机制，及时改进产品设计缺陷。

2. 提高网上银行营销强度

一个产品设计得再好，如果营销能力达不到要求，也难以销售出去，所以网上银行营销能力也是衡量网上银行市场运作能力的一个重要方面。网上银行营销能力的提升主要是靠广告宣传，商行应该在自己的营业网点以宣传栏的形式，或者是在顾客办理传统银行业务的过程中，以及银行网站上，向顾客展示网上银行的一些优势功能，增强客户网上银行运用意识。在网上银行的推销过程中，一开始可以不收取任何费用，主要是增强客户体验和对网上银行的认可程度。待形成一定客户规模后，可以收取适当的运营费用。

3. 拓展网上银行服务领域

首先要通过宣传，消除消费者对网上银行安全性能的担忧，增强客户使用网上银行的信心，扩展消费者规模，增进网上银行业务收入。其次要拓宽网上银行服务领域，要在相关法律法规允许范围内多开展一些中间业务，像代理保险、证券、基金、理财业务等。三是要增大网上银行客户规模，要在争取个人客户的同时进行企业网上银行用户市场开拓，实行团购优惠政策，积极开发各级网上银行用户，以此增加网上银行利润，增强网上银行运行效率。

4. 使银行资产规模与网上银行业务规模协调一致发展

商业银行网上银行效率低下的主要原因是商行的资产规模、利润规模和网上银行客户规模没有协调一致发展，要么资产规模超过最优网银运作效率要求，要么低于网银运作效率要求。

所以商行在开发网上银行的过程中，一定要保证自己的资产、利润规模及网上银行宣传费用与网上银行的利润规模和客户规模相适应，使得自身传统银行业务与网上银行业务协调一致发展，以达到网上银行运行效率最大化要求。

5. 积极引进高素质人才

无论在哪个行业，人才都是推动企业不断前进的原动力，网上银行也不例外。商行要想使自己的网上银行产品、服务在同行业中占据优势地位，必须先保证自己拥有比同行更加优秀的人才资源。商行可以通过校园招聘或者是社会招聘、国外引进等形式，吸纳一些金融专业或者是计算机专业方面的优秀人才。招聘到人才后，要对其加强培训，使其尽快掌握各方面专业知识。要通过福利待遇、晋升机制等方式留住人才，充分发挥人才优势，提升网上银行运作效率。

【本章小结】

网上银行与传统银行相比存在组织结构、业务组织形式、经营与管理模式的差异，网上银行有区别于传统银行的显著的经济特征。网上银行除了具有传统银行的风险外，还具有网上银行特有的风险，所以要加强网上银行的风险管理。如何持续稳健地发展网上银行业务，打击利用网上银行业务洗钱等非法犯罪行为，已成为金融机构迫切需要解决的问题。

【基本训练】

1. 简述如何提升网上银行的安全性与客户的安全意识。
2. 简述网上银行在反洗钱工作上的难点及建议。

第6章 网上支付系统

【学习目标】

通过本章学习，应该达到以下目标：

知识目标：了解网上支付系统的概念，掌握网上支付系统的组成；了解网上支付系统的分类，掌握典型网上支付系统的工作过程。

技能目标：掌握典型网上支付系统的基本技能。

能力目标：通过学习网上支付系统的内容，具备网上支付系统操作的能力。

在欧美，各银行为争夺企业客户，纷纷推出网上支付系统服务，极大地推动了电子商务的发展。他们在线生意的结算方式主要分网上及时结算和网下结算。网下结算（汇款、支票、邮寄等）优点是安全，可是缺点很多。首先，网上客户多半富有激情，有时甚至是冲动，离线后他们很可能平静下来。去邮局汇款、写支票、去银行转账等繁琐的操作令他们生厌，导致的结果是改变初衷或忘得一干二净。其次，网下结算多出许多人为操作，核对、确认、时间延误等，商户烦，客户更烦。而在线结算时，支付的表单在安全的服务器上填写，随后客户的信用卡资料被银行系统认证。通过银行与商户网站的接口，认证结果被传回，订单被转入商户电子信箱。银行扣除手续费后将余额转入商户的账下，一切都自动进行。

在中国，过去银行之间各自为政，互不联网（甚至一个银行在全国各地也不联网），相互交易结算困难，更不用说网上结算服务了。但现在情况发生了很大的改变，主要表现为网上支付系统的不断完善。

6.1 网上支付系统概述

6.1.1 网上支付系统定义

网上支付系统是电子商务系统的重要组成部分，它指的是消费者、商家和金融机构之间使用安全电子手段交换商品或服务，即把新型支付手段[包括电子现金（E-CASH）、信用卡（CREDIT CARD）、借记卡（DEBIT CARD）、智能卡等]的支付信息通过网络安全传送到银行或相应的处理机构，来实现网上支付。

一套数字支付系统要获得成功，它必须符合下列要求：

可接受性——为了获得成功，支付体制必须被广泛接受；

匿名操作——如果客户要求，他们的身份应该受到保护；

可兑换性——数字货币应该能够兑换成其他类型的货币；

灵活性——应该支持几种不同的支付方案；

综合性——支持现有的应用程序，支付接口与应用程序可综合使用；

可靠性——支付系统应该具有高度可用性，避免任何小小的失误；

可升级性——允许新客户和经营者的加入，不会破坏系统结构；

安全性——允许在开放网络上，比如因特网上，进行财务交易；

易用性——支付过程应该像现实世界中那样方便。

6.1.2　网上支付系统的功能

虽然货币的不同形式会导致不同的支付方式，但安全、有效、便捷是各种支付方式追求的目标。对于一个网上支付系统而言（可能专门针对一种支付方式，也可能兼容几种支付方式），应有以下的功能：

1. 使用数字签名和数字证书实现对各方的认证

为实现协议的安全性，对参与贸易的各方身份的有效性进行认证，通过认证机构和注册机构向参与各方发放 X.509 证书，以证实身份的合法。

2. 使用加密技术对业务进行加密

可以采用对称密码体制和非对称密码体制来进行消息加密，并采用数字信封、数字签名等技术来加强数据传输的保密性，以防止未被授权的非法第三者获取消息。

3. 使用消息摘要算法以确认业务的完整性

为保护数据不被未授权者建立、嵌入、删除、篡改、重置，而完整无缺地到达接收者，可以采用数据变换技术。通过对原文的变换生成消息摘要并传送到接收者，接收者就可以通过摘要来判断所接收的消息是否完整，否则，要求发送端重发以保证其完整性。

4. 当交易双方出现异议、纠纷时，保证对业务的不可否认性

用于保护通信用户对付来自其他合法用户的威胁，如发送用户对他所发消息的否认，接收者对他已接收消息的否认等。支付系统必须在交易的进程中生成或提供足够充分的证据来迅速辨别纠纷中的是非。可以采用仲裁签名、不可否认签名等技术来实现。

5. 能够处理贸易业务的多边支付问题

由于网上贸易的支付要牵涉客户、商家和银行等多方，其中传送的购货信息与支付信息必须连接在一起，因此商家只有确认了支付信息后才会继续交易，银行业只有在客户确认了购货信息后才会提供支付。但同时，商家不能读取客户的支付信息，银行不能读取商家的订单信息，这种多边支付的关系就可以通过双联签字等技术来实现。

6.1.3 网上支付系统的类型

1. 目前，世界通用的支付系统不下几十种，根据在线传输数据的种类（加密、分发类型）粗略可以被分为以下三类：

第一类是使用“信任的第三方”（Trusted Third Party）。客户和商家的信息比如银行账号、信用卡号都被信任的第三方托管和维护。当要实施一个交易的时候，网络上只传送订单信息和支付确认、清除信息，而没有任何敏感信息。实际上通过这样的支付系统没有任何实际的金融交易是在线（on-line）实施的。First Virtual 是典型的信任第三方系统。在这种系统中，网络上的传送信息甚至可以不加密，因为真正金融交易是离线实施的。

第二类是传统银行转账结算的扩充。在利用信用卡和支票交易中，敏感信息被交换。例如，如果客户要从商家购买产品，客户可以通过电话告知信用卡号以及接收确认信息；银行同时也接收同样的信息，并且相应地校对用户和商家的账号。如果这样的信息在线传送，必须经过加密处理。著名的 CyberCash 和 VISA/Mastercard 的 SET 就是基于数字信用卡（Digital Credit Cards）的典型支付系统。这种支付系统，对于 B2C 在线交易是主流，因为现在大部分人更习惯于传统的交易方式。通过合适的加密和认证处理，这种交易形式应该比传统的电话交易更安全可靠，因为电话交易缺少必要的认证和信息加密处理。

第三类是包括各种数字现金（Digital Cash）、电子货币（Electronic Money and Electronic Coins）的支付系统。和前面的系统不一样，这种支付形式传送的是真正的“价值”和“金钱”本身。前面两种交易中，信息的丢失往往是信用卡号码，被伪造的信息也只是信用卡号等。而这种交易中被偷窃信息，不仅仅是信息丢失，往往也是财产的真正丢失。

2. 根据支付体系结构的不同分类，可分为：

(1) 银行卡非 SET 电子商务支付系统（SSL），此类型是国内普遍采用的网上支付方法。

(2) 银行直接参与的非 SET 电子商务支付系统（类 SSL），该系统支付信息不经商家，直接到银行站点支付，该系统风险较小。

(3) SET 电子商务支付系统。SET 是实现在开放的网络（Internet 或公众多媒体网）上使用付款卡（信用卡、借记卡和取款卡等）支付的安全事务处理协议。目前中国银行的网上银行中的支付方式是基于 SET。

目前中国各商业银行推出的网上支付都可归类到以上三种支付系统。

3. 根据支付时间的不同分类，可分为：

预支付系统、即时支付系统和后支付系统。（这将在下一节中进一步阐述）

4. 根据支付工具的类型来划分

通过支付工具的类型又可以分为电子信用卡支付、电子货币支付、电子支票支付等。

6.1.4 网络支付体系构成

1. 网上交易主体

网上支付系统的主体首先应该包括买(消费者或用户)卖(商家或企业)双方。

2. 安全协议

网络支付系统应有安全电子交易协议或安全套接层协议等安全控制协议,这些涉及安全的协议构成了网上交易可靠的技术支撑环境。

3. 金融机构

包括网络金融服务机构(含第三方支付)、商家银行和用户银行。

4. 认证体系

公开安全的第三方认证体系可以在商家和用户进行网上交易时为他们颁发电子证书,在交易行为发生时对数字证书和数字签名进行验证。

5. 网络基础设施

网上支付建立在网络平台之上,包括因特网、企业内联网,要求运行可靠,接入速度快、安全等。

6. 法律和诚信体系

属于网上支付与结算的外部环境,是由国家及国际相关法律法规的支撑实现的,另外,还要依赖于完善的社会诚信体系。

7. 电子商务平台

可靠的电子商务网站以及网上支付工具(信用卡、电子货币、电子支票等)。

6.2 网上支付系统及其运作过程

在这里,我们根据支付时间的不同为标准来阐述网上支付系统。

6.2.1 预支付系统

预支付就是在购买方消费之前,已从开户行获得一定数量的货币,这些钱被用于以后的支付行为。

预支付系统是银行和在线商店首选的解决方案,由于他们要求用户预先支付,所以不再需要为这些钱支付利息,而且可以在购买产品的瞬间将钱传送给在线商店以防止数字欺骗。预支付系统的工作方式像在真实商店里一样,顾客进入商店并用现金购买商品,然后才得到所需商品。

预支付系统可通过基于智能卡的电子钱包和电子现金系统来实现。

1. 智能卡

智能卡(Smart Card or IC),即嵌入式微型控制器芯片的IC卡,在欧洲十分流行,在美国的认可度也在逐渐上升。使用智能卡,必须使用相应的读卡设备和智能卡操作系统。开发商使用智能卡的程序编制器,同时提供智能卡应用程序接口。卡上的钱采用加密的方式进行储存，并受到口令的保护以确保智能卡方案的安全性。

支付过程是：启动浏览器，通过读卡机登录到开户银行上，将卡上信息告知银行，用户从智能卡上下载现金到商家的账户上，或从银行账号下载现金存入卡中。

由于涉及硬件设备，必须有相应的硬件设备的支持。智能卡的普及非常迅速，尤其在法国。可以肯定的是，使用智能卡交易，安全可靠，但是要防止智能卡的物理丢失。如果不需要物理上的 PIN 验证，那么，丢失了智能卡，也就丢失了财产。

智能卡的最大优点在于它具有相对安全性、简单易用以及在线操作等特点。总之，这些优点导致了它的低交易费用。在欧洲，已经确立了两套标准：英国的 Mondex 卡和德国的 GeldKarte。

(1) Mondex

由英国西敏斯银行发行，于 1995 年 7 月开始在伦敦西南方向的拥有 18 万人的斯文顿市试用，发行 IC 卡万余张，可实现货币的存入、取出，提供匿名性和无痕迹服务。日本于 1997 年引入 Mondex，目前，澳大利亚 4 家银行、新西兰 6 家银行准备推广 Mondex，以北美、亚、澳洲 17 家大公司为股东的 Mondex 国际有限公司总部，在亚太地区推广应用 Mondex，香港汇丰和恒生已发行 40 000 余张卡。

使用 Mondex 电子钱包，只要 3～5 秒钟就可以完成交易，使用密码锁定方式，安全性比较高。而且支持转账结算和资金划拨功能。

Mondex 在英国发展已经比较成熟，在美国也逐渐开始流行。金钱既可以通过 ATM 机或连在电话机上的读取机进行转账，也可以通过一种特殊的电子钱包进行转账。这种读取机可以拨号到银行，建立用户和银行之间的连接，这样他们就可以进行转账。一旦你充值到你的智能卡之后，你就可以使用电子钱包将钱过户到你的商务伙伴那里。你可以通过钱包、ATM 机以及 Mondex 电话来查看卡上的收支情况。金钱交易可以在任何两个拥有 Mondex 卡的人之间进行。Mondex 系统可以在卡上同时支持 5 种不同的货币，一种货币可以在任何一家银行兑换成任何其他一种货币。到目前为止，卡本身还没有一种机制进行货币兑换，因为智能卡不包含汇率的信息。

Mondex 在任何情况下都不需要一家银行作为中介。该系统可以保证像现实中现金交易那样的匿名操作，但这样也存在一个缺陷，那就是不能跟踪犯罪性的交易。目前，几乎没有网站接受 Mondex 卡，但相信不久以后会有越来越多的网站支持它，因为它可以支持小数目支付而几乎不需要交易费用(用户每月缴纳 2 美元/欧元的酬金)。

Mondex 系统采用几种强大的安全措施，使得几乎不可能进行伪造货币。它采用价值传输协议(VIP)，这种协议采用强大的加密技术以保护金钱的传送过程。Mondex 的金钱转移只能在 Mondex 卡间进行，这使得它成为一套封闭的系统。

在丢失时，Mondex 系统允许客户锁住卡上的金钱。银行也建立一套报酬机制来激励将卡归还给卡主的行为。拣到卡的人也不能使用该卡，因为它要求输入一个 PIN 号后才能操作。

(2) GeldKarte

1997 年，德国的一些银行开始发行带有嵌入式芯片的新借记卡，这种芯片包含电子现金的功能，被称为 GeldKarte(MoneyCard)。因为借记卡从 1999 年开始每两年都要替换一次，所以德国的借记卡都已被更换为智能卡。与 Mondex 相比，GeldKarte 最大的不同在于卡是如何进行充值的，用这种卡取钱时必须使用一种特殊的自动取款机。

(3) VisaCash

VisaCash，一种电子钱包，已经在好几个国家尝试推行。有两种不同的卡可以使用：一种是单值卡，类似于电话卡；另一种是充值卡，类似于 Mondex 和 GeldKarte 卡。

2. 电子现金(E-Cash)支付系统

电子现金/数字货币(Digital Currency)以基于数字签名的密码系统为基础，是以数字化形式存在的现金货币，既具有金钱所拥有的同等价值及纸币现金便于携带的基本特点，又由于和网络计算机系统结合起来使用而具有互通性、可取用性、多用途性、易用性、高安全性和高私密性、快速简便等特点，已经在国外的网上支付中作为实际的支付工具使用。由于数字签名的安全可靠性，使得电子现金在 21 世纪的网上支付中发挥更大的作用。

在网上交易中，电子现金适用于小额零星的支付业务，使用起来要比借记卡、信用卡更为方便和节省。不同类型的电子现金都有其自己的协议，每个协议由终端服务器软件——电子现金支付系统，和客户端软件——电子钱包软件执行。

电子钱包是客户在电子商务购物活动中常用的一种支付工具，是一种客户端的小数据库，包含诸如信用卡账号、数字签名信息以及确认和身份验证信息等数据。使用电子钱包购物，通常需要在电子钱包服务系统中运行。电子钱包软件通常免费提供，顾客可以直接使用与自己银行账号相连接的电子商务系统服务器上的电子钱包软件，也可以采用各种保密方式调用 Internet 上的电子钱包软件。目前世界上有 VISAcash 和 Mondex 两大电子钱包软件，其他电子钱包软件还有 MasterCardcash、EuroPay 的 Clip 和比利时的 Proton 等。一些软件公司正在创建电子钱包的应用程序接口(API)以便更多种电子现金都可以使用一个钱包。

电子现金是以电子化数字形式存在的现金货币。电子现金比现有的实际现金(纸币和硬币)有更多的优点，实际现金要承担较大的存储风险、高昂传输费用、较大的安全保卫和防伪的投资。

电子现金的发行方式：包括存储性质的预付卡(即电子钱包)和纯电子系统形式的用户号码数据文件等形式。

电子钱包：用户可以购买的特定销售方可接受的预付卡。预付卡和储蓄卡一般用于小额支付，在很多商家的 POS 机上都可受理。例如银行发行的具有电子现金功能的智能卡、各种储蓄卡等。

纯电子系统：纯电子数字化现金没有明确的物理形式，它将以用户的数字号码的形式存在，这使它适用于买方和卖方处于不同地点的网络和 Internet 事务处理中。付款行为就是从买方的数字化现金中扣除并传送到卖方。实际的数字化现金的传输过程通常经过公钥或私钥加密系统以保证只有真正的卖方才可以使用这笔现金。

仅从技术上讲，各个商家都可以发行电子现金，如果不加以控制，电子商务将不可能正常发展，甚至由此带来相当严重的经济金融问题。电子现金的安全使用也是一个重要的问题，包括限于合法人使用、避免重复使用等。对于无国界的电子商务应用来说，电子现金还在税收、法律、外汇汇率、货币供应和金融危机等方面存在大量的潜在问题。因此，有必要制定严格的经济金融管理制度，保证数字货币的正常运作。

电子钱包也可以看成是电子现金的一种形式，往往和智能卡结合使用。图 6-1 为 E-Cash 的交易图。

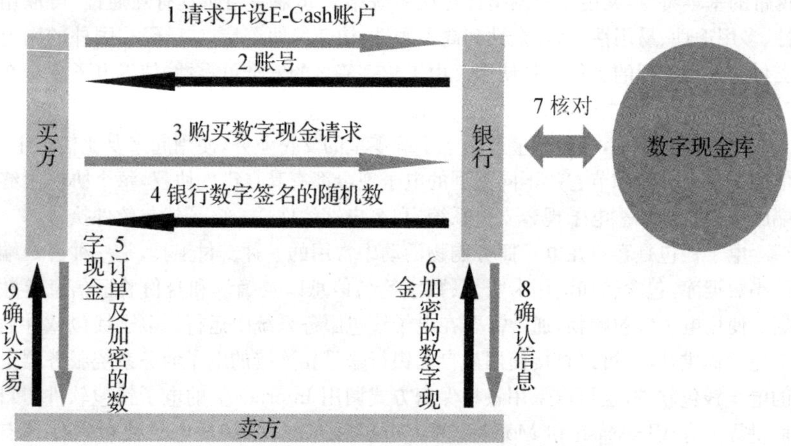

图 6-1　E-Cash 的交易图

电子现金的主要特点是：银行和卖方之间应有协议和授权关系；买方、卖方和 E-Cash 银行都需要使用 E-Cash 软件；适合于小量的交易（minipayment）；身份验证由 E-Cash 本身完成；E-Cash 银行负责买方和卖方之间资金的转移；具有现金特点，可以存、取、转让，而且安全性也比较好。

电子现金的主要缺点是：就和普通的货币一样，硬盘故障的时候，如果没有备份，现金就丢失了。

目前，一些试运行的电子现金支付系统有：DigiCash、NetCash、CyberCoins、Modex、VisaCash等。

(1) E-Cash(DigiCash)

E-Cash是一种已实现的无条件匿名电子现金支付系统，主要特点是通过数字记录现金，集中控制和管理现金，是一种足够安全的电子交易系统。E-Cash是由荷兰阿姆斯特丹Digicash公司于1994年5月开发的在线交易用的电子现金支付系统。于1996年3月在美国圣路易Mark Twain银行使用，当时有万余人和两千多零售商参加此项试验；芬兰Merita银行也实现了E-Cash；日本的日立公司也在进行E-Cash试验。使用E-Cash客户软件，消费者可以从银行提取和在自己的计算机上存贮E-Cash。制造货币的银行验证现有货币的有效性并把真实的货币与E-Cash进行兑换。商家能够在提供信息或货物时接收支付的E-Cash货币。客户端软件叫计算机钱包(cyberwallet)，负责到银行存、取款以及支付或接收商家的货币。Digicash是一种无条件匿名系统，在这种支付方式下，商家所能看到的只是银行的签字，支付者的身份是匿名的。

在美国，为了能交易转账，买卖双方须在Mark Twain银行存款，取得World Currency Access账号。它由FDIC(Federal Deposit Insurance Corporation)发行，但无需付息或在一定期限内不付息。买方必须指示Mark Twain银行将钱从World Currency Access账上转到E-Cash中自己的账号上，一旦转入，钱就不属于银行了，而且银行也不再为其担保。

①支付过程

买主对适量E-Cash通过相当安全的密码协议进行加密，并送给卖方，可通过任何数字通信，如E-mail、软盘打印文件、复印件等递送。卖方收到后，对其解密后存入自己的计算机，并可转入卖主的World Currency Access账上，实现了将买主的钱减掉，并加到卖主的账上。

②安全性

银行虽然完成了E-Cash的存取，但不能跟踪E-Cash的具体交易，这是由于采用了双钥密码。采用了RSA数据安全公司的RSA密码产品，整数模为768bit，保证系统具有匿名性和不可跟踪性。系统还提供不可否认性和可仲裁性，能够解决交易双方发生的任何争执，这是网上支付系统能够成功的必要条件。虽然这种纯电子E-Cash可以复制，但它不能重复使用，这由Mark Twain银行数据库的证实系统来保证。

(2) CyberCoins

除了前面提到的CyberCash信用卡解决方案之外，还有一种叫CyberCoins的系统是应用于微支付的系统，使货币商和顾客可以通过因特网销售和购买数字产品。CyberCoins的面值从0.25到10美元不等，主要是那些对于使用信用卡购买来说太小的币值。

在一个专门的因特网服务器上为每个顾客和贸易商提供了专门的"现金容器"(Cash-Containers)用作 CyberCoins 账户。利用 CyberCash 钱包,可以将钱转移到 CyberCoins 账户中。为了可以用该钱包进行支付,需要从 Web 浏览器向 CyberCash 钱包发送一个特殊指令,该指令要求顾客接受支付。一旦顾客同意支付,钱就被从顾客账户过户到贸易商账户,其通信过程通过加密来保证安全性。顾客订单发送到贸易商,贸易商将贸易商数据添加到订单中,并将已完成的订单发送给 CyberCash 网关,然后由该网关来完成账户间的转账。

(3) NetCash

NetCash 是可记录的匿名电子现金支付系统。主要特点是设置分级货币服务器来验证和管理电子现金,其中电子交易的安全性得到保证。

NetCash 是由南加州大学于 1995 年开发出来的,但现在已不再使用。虽然它是一套优秀的实现方案,但是它所要求的基础设施过于复杂以至难以实现,所以难以获得成功。不过在早期,还是有许多因特网用户使用它。下面解释 NetCash 的工作方式。NetCash 提供因特网上的匿名支付,它是一种支持实时网上支付的电子货币。为了从货币服务器那里获得钱,客户需要在 NetCheque 服务器上有一个账户。NetCheque 系统为在线支付系统(它经过扩展后包括电子现金)提供一套安全的框架,NetCash 和 NetCheque 的结合使客户可以选择他们的匿名级别。

(4) 微支付系统

微支付(Micropayment)系统主要是用在特别小的网络交易上面,比如客户浏览收费网页等,其精确度甚至可以达到以十分之一美分计算。比较典型的微支付系统如 IBM 的 Micropayments 系统、Millicent 钱包、NetBill Electronic Commerce Project、MPTP 等。

Millicent 钱包用的是能够在 WEB 上使用的,叫做便条(Script)的电子令牌。Script 被安全地保存在用户的 PC 硬盘上,并用个人身份号或口令对其加以保护。由于是微型交易,所以对本身交易的安全考虑并不要求太高,这样的系统,仅仅使用用户的 PIN 码就可以保护自己的用户标志了。

(5) Worldpay

Worldpay 是一种通过 Internet 的安全的、多币制网上支付系统。使用 Worldpay 的好处是不受地域的限制。消费者拥有信用卡或借记卡授权的 Worldpay 多币制账户,账户处理是集中式的,因此可以在世界上任何地方、任何计算机上存取资金。这个转账的功能是传统交易行为的扩充,也是计算机金融自动化的产物,特别之处是需要 Worldpay 银行作为运行系统的经纪人。

6.2.2 后支付系统

后支付系统就是允许用户购买一件商品之后再支付。无论是现实生活还是电子世界中，信用卡都是一种最普遍的后支付系统。但是信用卡收费很贵，这主要是因为其低级的安全措施可能会使银行因受欺骗而增加费用，而且事务处理费用也很高。与信用卡相比，借记卡相对比较安全，因为它要求顾客证实他们知道那些只有卡所有者才知道的信息，例如个人识别号 PIN(Personal Identification Number)。但是，为实现完全地在线交易，其相关的通信费用很高。

后支付可通过信用卡解决方案、电子账单及电子支票或货到付款来实现。

1. 电子信用卡系统

信用卡在 1915 年起源于美国，是一种信用凭证，一种将支付与信贷融为一体的业务。信用卡支付是当今网络支付最流行的支付方式。

与其他的支付形式相比，信用卡支付系统具有一系列优点。信用卡允许消费者集中所有的收费，然后在以后的某个时间进行全部支付(比如，在月底)。信用卡系统提供良好的消费者保护，因为客户在某个时间框架内有权退还商品，还可以进行讨价还价，因为他们不是通过客户的账号直接进行收费。信用卡不限定国家的货币，无论人们在哪里购买他们的东西和服务，货币兑换都可以自动进行。

信用卡支付系统的特点是：每张卡对应着一个账户，资金的支付最终是通过转账实现的；由于在消费中实行“先消费，后付款”的办法，因此对信用卡账户的处理是后于货款支付的。也就是说，购物支付是通过银行提供消费信贷来完成的，对信用卡账户的处理是事后的事情，因此属于“延迟付款”一类，与电子转账有实质上的不同。信用卡支付系统无须采用在线操作，可以透支。

安全是信用卡支付最需要解决的问题。为了使信用卡支付更加安全，在最近几年中，有两套标准已经被制定出来：一套是由 Netscape 公司开发的 SSL 加密方案；第二套标准是由 Visa 和 MasterCard 共同开发的安全电子交易(SET)。SSL 和 SET 的差异是很明显的。SSL 只加密 Web 浏览器和 Web 服务器间的传输过程(用户的计算机和经营者的计算机)，而 SET 提供一套完整的支付解决方案，不仅包含了客户和经营者，还包括了银行，因为信用卡支付需要银行的参与。

不同的信用卡有不同的信用卡支付系统。典型的信用卡支付系统有 Cyber-Cash 和 First Virtual Holding 等。

信用卡支付有各种模式，如脱机支付、联机间接支付以及联机直接支付等。目前出现的网上信用卡支付主要有以下几种模式：

(1) 通过中介(经纪人)支付的模式——First Virtual Corp(FVC)系统

用户在网上经纪人处开账号，网上经纪人持有用户账号和信用卡号，用户用账号从商家订货，商家将用户账号提供给经纪人，经纪人验证商家身份后，将信用卡信息传给银行，完成支付过程。这种支付过程是通过双方都信任的第三方(经纪人)完成的，用户账号的开设不通过网络，信用卡信息不在开放的网络上传送，第三方经纪人使用 E-mail 来确定身份，以防止伪造，商家自由度大，无风险，且交易成本很低,对小额交易很适用。

由 FVC 公司提供的支付系统方案,于 1994 年 10 月开始使用。截止到 1996 年 3 月 30 日,已有 166 个国家的 3 300 多个商家和 21.5 万个商家个体用户使用该系统。1997 年 3 月,FVC 公司宣布该系统已拥有 35 万用户。

(2) 简单支付加密模式——CyberCash

使用这种模式付费时,用户信用卡号码被加密,采用的加密技术有 S-HTTP、SSL 等。这种加密技术的信息只有业务提供商或第三方付费处理系统能识别。由于用户进行在线购物时只需一个信用卡号,所以这种付费方式给用户带来了方便。这种方式需要一系列的加密、授权、认证及相关信息传送,交易成本较高,因此对小额交易而言是不适用的。

(3) SET 模式

SET (Secure Electronic Transaction) 协议,是由 Visa 和 MasterCard 联合 Netscape, Microsoft 等公司,于 1997 年 6 月推出的一种新的电子支付模型。在 SET 协议中要使用五种证书:持卡人、商家、支付网关、收单者、颁发者,使用的仍然是 PKI—CA 体系结构,采用的是双重签名机制。为了使信用卡在网上支付过程中真正实现交易安全和支付的不可否认性,采用安全电子交易协议(SET)是不可缺少的步骤。SET 协议是专门用于加密信用卡支付的协议,可更好地保证信用卡在 Internet 环境下进行网络直接支付,现在已经成为网上银行支付的安全标准。它的应用保证了信用卡支付过程中信息的机密性、数据的完整性、消费者账户的可确认性、商户的确定性和可互操作性。

2. 电子支票系统(E-Check 或 E-Cheque)

电子支票支付遵循金融服务技术联合会(FSTC, Financial Services Technology Consortium)提出的 BIP(Bank Internet Payment)标准(草案)。电子支票支付目前一般是通过专用网络、设备、软件及一套完整的用户识别、标准报文、数据验证等规范化协议完成数据传输,从而控制安全性。电子支票的支付流程不是单一的,典型的电子支票系统有 E-Check、NetBill、NetCheque 等

电子支票作为网上支付的有力工具,已经较为完善。早在 1995 年,美国一些大银行和一些计算机公司组成的 FSTC,公开演示了使用互联网进行电子支票交易的过程,现在发展的主要问题是逐步过渡到公共互联网络上进行传输。

电子支票和传统的支票形式几乎有着同样的功能。比如说内容上同样有支票支付人的姓名、支付人金融机构名称、支付人账户名、被支付人姓名、支票金额等。不同于传统的支票人为签名,电子支票需要经过数字签名,被支付人数字签名背书,使用数字凭证确认支付者/被支付者身份、支付银行以及账户。从伪造签名意义上说,伪造一个电子支票远远比伪造一个传统的支票的签名难度大,所以安全度比较高。金融机构使用签过名和认证过的电子支票进行账户存储。

电子支票具有以下优点：首先是和传统支票工作方式相同，易于理解和接受；加密的电子支票使它们比基于公共密钥加密的数字现金更易于流通，买卖双方的银行只要用公共密钥认证确认支票即可，数字签名也可以被自动验证；电子支票适用于各种市场，可以很容易地与 EDI 应用结合，推动 EDI 基础上也可以被自动验证；第三方金融服务者不仅可以从交易双方处抽取固定交易费用或按一定比例抽取费用，它还可以作为银行身份，提供存款服务，且电子支票存款账户很可能是无利率的，因此给第三方金融机构带来了收益；电子支票技术将公共网络连入金融支付和银行清算网络。

电子支票付款的步骤：

①买方用自己的私有密钥在电子支票上进行数字签名；

②使用卖方的公钥加密电子支票；

③使用 E-mail 或其他方式向卖方支付；

④只有卖方可以收到用卖方公钥加密的电子支票；

⑤用买方的公钥确认买方的数字签名；

⑥向银行进一步确认电子支票；

⑦卖方发货给买方。

现在在开发或者在应用的电子支票系统主要有：FSTC Electronic Check、The Mandate Electronic Cheque、NetCheque、NetChex，以及由美国匹兹堡的 Carnegie Mellon 大学开发的 NetBill 等。

(1) FSTC 电子支票系统

FSTC(金融服务技术联盟)成立于 1993 年，它共有 60 多个成员，包括美洲银行和花旗银行等，1995 年 9 月，FSTC 给出了一个示范性的电子支票概念。和纸基支票一样，电子支票包含了给付款人银行的一条指令，用来向被确认的收款人支付一笔指定数额的款项。由于这种支票是电子形式的，并且通过计算机网络来传递，从而给支票处理带来了更大的灵活性。同时还出现了一些新的服务，如可以立即验证资金的可用性；数字签名的确认增加了安全性；支票支付能够很容易地与电子订单和票据处理一体化等。

电子支票的基本流程如图 6－2 所示。

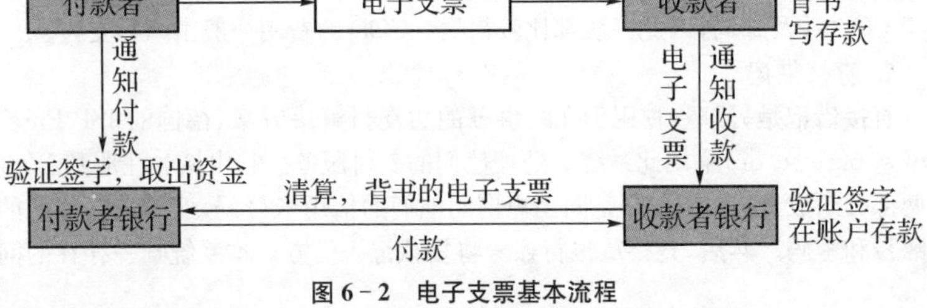

图 6－2　电子支票基本流程

①付款人在签发支票时，需要提供的信息与使用纸基支票时所提供的信息一样多。所有能够签发电子支票的个人拥有基于某种安全硬件的电子支票簿设备。在FSTC结构中，“支票簿”是由电信设备（Telequipment）公司生产的、被称作“智能辅币机”的安全硬件设备。该设备的功能就是安全地存储密钥和证书信息，并保持最近签发或背书过的支票的记录。支票在某种安全信封中被传送给收款人。这种信封将以安全电子邮件方式，或双方之间已加密过的交互对话方式进行传送。

②收款人收到支票后，也将使用某种安全硬件设备对支票进行背书，然后把支票发送给收款人银行。

③收款人银行收到支票后，将利用自动清算所（ACH）或电子支票呈送（ECP）方式来清分支票。从这一点上来讲，其处理与当前纸基支票所经历的过程是完全相同的。

④电子支票通过传统的ACH网络进行传送。相应地，资金从付款人银行账户转账到收款人银行账户。

(2) NetBill电子支票系统

NetBill电子支票系统是美国Carnegie Mellon大学开发的一种支票系统。该系统尽可能地改善了低价值信息产品的买卖。系统参与者包括客户、商家以及为他们保存账户的NetBill服务器。这些账户可与金融机构中的传统账户相连。客户的NetBill账户可以从其银行账户转账来注入资金，而商家的NetBill账户中的资金可以存入其银行账户。

(3) NetCheque电子支票系统

NetCheque电子支票系统是南加州大学信息科学协会开发的一种支票型的系统。NetCheque包括NetCheque服务器（银行）的层次结构，提供了分布式清算账目服务，同时也允许用户在可信性、易接近性、可靠性等原则的基础上挑选其中意的银行。

3. 货到付款

货到支付COD(Cash on Delivery)是一种离线工作的后支付模型。顾客可以在网上订购商品和服务，并在所购商品或服务到达时支付。中国邮政速递部门近年来所开办的揽收货款业务，也属于货到支付形式之一。

该系统可以更加容易地向你不知道的顾客或因一种或其他原因而不愿意提前支付的顾客出售商品或服务。而且你没有必要一直等到顾客支付后才发货。由于COD涉及邮局，因此一般都比较昂贵。COD的费用一般由顾客支付。

4. 直接借记

直接借记是另外一种用于在线事务的后支付解决方案，德国的ISP PureTec(www. puretec. de)采用此系统来处理他们的支付服务。它由域名注册和Web站点两部分组成。PureTec不是向用户询问他们的信用卡号码，而是询问他们的银行账号和密码。然后，直接从银行账号将货款记入借方。本系统唯一存在的问题就是签名。为了从银行取得贷款，你必须得到在记录订单的同一张数据记录纸上的一个用户合法签名。只要有关数字签名的法规不健全，就必须打印出已完成的订单，签名后将其用传真发给 PureTec。

直接借记还不完全是一个即时支付解决方案，但是，由于数字证书法律正处于制定过程中，因此，首先接受顾客数字签名来将账号记入借方的 Web 站点和银行的出现，只不过是一个时间问题罢了。

直接借记不需要专门软件，因为在大多数国家，银行还不接受数字签名。德国正打算建立 HBCI 标准，该标准不仅允许直接借记，而且还允许其他银行业务应用。一个专门的 Web 窗体足以从顾客那里收集到所有有关信息，然后把这些信息打印出来并传真给贸易商。整个处理过程是人工的，但是，由于银行详细信息是以数字形式保存的，因此，输入窗体的数据有助于节省时间。传真过来的窗体被用来授权转账。一旦数字签名被接受，在贸易商服务器上的专门软件就会将事务传送到银行，银行会马上启动转账。

6.2.3 即时支付系统

即时支付系统是以交易时支付的概念为基础的，即在交易发生的同时，钱也从银行的账户中转入卖方。即时支付系统实现起来是最复杂的，因为该系统为了立即支付，必须直接访问银行的内部数据库。即时支付系统需要执行比其他系统更严格的安全措施，因而它是最强大的系统。基于因特网的即时支付系统是“在线支付”的基本模式。在即时支付系统中，支付的同时登入付款人账户，ATM 卡就属于这种情况。

1. 借记卡

平时，借记卡的使用是十分频繁的，实际上，它们在欧洲的使用远远超过在美国的使用。信用卡与借记卡的不同之处在于：借记卡要求具备个人身份证号(PIN)和硬件设备——用于读取保存在卡后面磁条中的信息；对于信用卡来说，保存在磁条中的所有信息也被刻印在卡上。当然，它们两者最主要的差别在于如果你想使用借记卡的话，那你的银行账户里必须有足够的钱，而信用卡则可以透支，大多数的银行都允许客户可以透支一定数额的钱，但是往往要求较高的利息。

到目前为止，因特网上还不存在直接刷借记卡的实例，因为没有计算机配备可以读取磁条的硬件终端。随着这种硬件设备价格的跌落，它们终将取代软驱，成为计算机外围的一种日常设备，当前的趋势是从磁条逐渐向智能卡的电子芯片过渡。智能卡目前主要还只用于电子现金，但相信在将来，它们将取代借记卡和信用卡而成为主流。

2. 移动电话支付

通过移动电话进行支付现在已经逐渐开始流行起来。你已经可以在芬兰的赫尔辛基市通过移动电话购买苏打，这种技术十分简单易用，因为它只要求客户在经营者的机器附近就可以。毫无疑问，新技术已经被开发出来，使得移动支付在因特网上的实现成为可能。

商家可以从即时支付模型获得利益，因为货款与订单是同时到达的，这可以减少发生欺骗行为的可能。在退货的情况下，后支付模型存在一个微小的缺陷，由于后支付系统没有直接从顾客的银行账户中记入借方，因此，有可能在任何金融事务发生之前将所购的商品退回。在即时支付模型中，发生退货时，商家需要将货款存回顾客的银行账号。

从实践中比较来看，后支付系统相对比较普遍。由于该系统已经在互联网上运行比较长的时间了，预支付和即时支付在互联网上都不普遍，它们所使用的一些标准还有待于解决，并且很多事情仍在变化之中。这是因为基于 SSL 的信用卡支付已经相当成熟，所以其他的诸如 SET 标准如果要获得推广，必然要面临巨大的挑战。

6.2.4　网上支付的运作过程

以基于 SET 协议的网上购物为例。首先客户要在自己的计算机里安装一个电子钱包，然后需要到 CA 认证中心(CA 的网站)去申请一个证书，这个证书用来在做交易的时候跟商家、银行做身份上的认证。做好了这些准备工作以后，客户便可以进行网上支付了。

客户通过自己的浏览器在某网上商店选取好商品后，把它放到购物车里结算，在结账单里填写姓名、地址、联络方式。接着启动电子钱包，输入自己的密码，在钱包中选取一张卡来付款。此时，计算机上会出现一个窗口来确认商店，实际上这就是证书在起验证作用，表明这家商店是一家经过认证的真实的商店，这些信息则来自 CA 和支付网关。确认商店后，下一步就是验证一下客户的账户是否有足够的钱，当通过支付网关进入银行网络完成验证并反馈回来的时候，客户卡中的钱实际上已经从账户中扣除了。至此，客户的购物流程已经完成。而对于网上的商户来说，货款虽已从客户卡中扣除，但还没有马上放到商户的账户里。银行会定时自动生成一个报表，然后跟商户服务器上生成的报表做一对照，一旦确认，银行便会把钱划到商户的账户里，这时商户的服务器已收到订购要求和订单号码，可以开始发货了。在基于 SET 协议的整个过程中，客户的信息是分开走的，银行只看到客户卡信息而看不到订单信息，商户则相反，这样就保证了整个交易过程信息的完整、保密、安全。

归纳起来，上述案例的一个完整的网上支付过程如下：

(1) 消费者向银行提出申请领取电子现金。

(2) 银行在验证了消费者的身份后，从消费者的真实账户中扣款，并将等值的电子现金存入消费者的电子钱包。

(3) 当消费者通过浏览器连接到网络商店观看商品并决定要购买某项商品

时，按下“购买”键，商店端的软件就会将此商品的订单送给消费者的电子钱包软件。

(4) 电子钱包开始激活管理功能，将订单上所列的电子现金支付给商店端软件。

(5) 商店端在收到消费者送来的电子现金后就会传送到银行去验证这笔电子现金是否为银行发行的合法电子现金。

(6) 如果验证无误的话，银行就会通知商户验证成功，并将电子现金转成相应的真实现金金额存入商户的账户，随后商户将消费者所订的商品送出。

6.3　网上支付现状及对未来的展望

6.3.1　网上支付系统的发展情况

(1) 电子商务于20世纪90年代初兴起于美国、加拿大等国，近年来网上支付已被人们普遍接受。各厂商如IBM、惠普、微软、SUN等纷纷推出自己的电子商务产品和各自的解决方案。随着电子商务的发展，各种法规也随之健全，德国、韩国、意大利、西班牙以及美国的许多州已经通过数字签名和身份认证法律。1996年下半年，美国财政部颁布有关《全球电子商务选择税收政策》白皮书；联合国国际贸易法委员会(UNCITRAL)已经完成模型电子商务法的制定工作，为电子交易制定出统一通用的规则。另外，两大国际信用卡组织VISA和MasterCard合作制定的安全电子交易(SET)协议定义了一种网上支付过程标准，其目的就是保护互联网上支付卡交易的每一个环节。SET是专为网上支付卡业务安全所制定的标准。

我国的北京、上海、广州等信息产业发展较快的城市的信息产业部门开始了电子商务相关的研究，并在1998开通了自己的电子商务系统，其他省市也纷纷开始建立电子商务系统。但是，各大城市都处于实验探索阶段。

(2) 我国发展电子商务支付系统的现有条件

法律方面：目前我国还没有有关电子商务的法规，数字签名的有效性也没有得到法律的认可，这对电子商务的发展很不利。我国有关部门正在考虑制定有关电子商务的规范和制度。

金融业方面：用卡付款代替传统的现金付款已越来越被人们所接受，但目前还只有少数银行推出了网上银行业务。随着银行间竞争的加剧，各商业银行都把目光投向了网上银行。绝大部分的银行都可实现网上支付。对于支付网关建设，目前各家商业银行也已达成了一定的共识。支付网关作为金融专用网和公用网之间的安全接口，有的为商业银行自己建设，也有的为由多家商业银行联合共建。

市场方面：出于电子商务潜在的巨大利润，商家盼望电子商务早日实现。

顾客的要求:网上支付为用户提供了很大的方便,得到了用户的欢迎。但由于网上支付要用户承担一定的风险,故要顾客普遍接受网上支付还需时日。

6.3.2 存在的问题

(1) 现阶段要在中国实现电子商务的网上实施安全支付,有以下难点。

①没有有关电子商务的法规。

②没有一个统一的、易于实现与各商业银行互联的支付网关。

③关键技术如加密技术难于保证为用户提供安全的网上支付。

④各商业银行在网上支付的认识上存在差异,有的银行可能不会在网上支付系统的建设上给予必要的配合。

各商业银行推出的网上支付方案各不相同,如银行卡非 SET 电子商务支付系统、银行直接参与的非 SET 电子商务支付系统和 SET 安全电子商务系统方案,都有银行使用,这必将造成开发上的重复浪费。

(2) B2B 环境中存在的问题

目前,尽管如前所述的网上支付系统运行良好,并且近几年来也得到了很大的发展。但现实中 B2B 商家没有充分地利用它们,因为对于复杂的商务来说,这些支付系统过于简单。

就拿全球食品贸易网站(GlobalFoodExchange.com)来说,这是一家做易腐商品供应的公司,认为目前还没有一套网上支付系统可以满足公司的需求。

问题关键在于定购价和发票价两者存在差异,因为易腐食品在运输过程中有一系列指标要求,否则,将受到降级处理。没有一种网上支付系统可以有效地处理这类价格差异。大多数系统不能超出只处理购买订单的范围。

因此,GlobalFoodExchange.com 正在开发它自己的支付系统和解决软件。而现在,很多商家都必须解决关于发票价所引起的争端,通常只是通过耗时的电话讨论。如何解决购买价和发票价之间的分歧对支付系统来说已成为主要的挑战。为了让支付系统能良好地运行,商家自己也必须根据自己的特点开发一些东西。

许多其他的商家也必须走同样的路,需要开发他们自己的支付系统,因为标准的解决方案并不能在错综复杂的 B2B 领域中良好地运作。还有另一家需要解决包装问题的公司是 Packexpo.com,一家针对包装行业的公司,它至少采用了六种财务交换模型。依赖各自的商品销售类型,公司可能需要一个开放账户模型,或者其他模型。因为这些模型并不容易被颁布成标准产品,总是要求公司自己的客户集成系统可以自动处理整个过程。

总之,在 B2B 的支付系统中还有很多实际问题需要解决。

6.3.3　对未来的支付系统的展望

将来，高度集成的系统框架将有助于通过互联网进行安全商务交易。支付解决方案将只是基础设施中的一部分，这是因为当前的支付系统并不强调开放式、扩展式的贸易过程。贸易不应该只是指如何进行支付，还应该包括其他因素，例如如何促销、收条、派送证据以及售后服务等。客户在现实中所要求的也必须在虚拟世界中同样能实现。这里主要集中讨论针对 B2C 领域的两项工程（SEMPER 和开放式贸易协议）和针对 B2B 领域的两项交易（全球信誉企业和 OBI）。

(1) B2C 中应用的支付框架

①SEMPER

SEMPER(Secure Electronic Marketplace for Europe Research 欧洲安全电子交易研究所)(http://www.Semper.org)是欧盟所建立的一个研究项目，它允许通过因特网用电子货币进行支付。SEMPER 项目视图确定这样一个环境所需的下部结构，它的前任项目 CAFE(Conditional Access for Europe 欧洲条件访问)已经确定了在现实世界应用电子护照、数字驾驶证和计算机货币的技术要求。终端设备和取款机可以识别使用者并允许存储电子货币。

正如我们从本章中了解到的那样，互联网上并存许多种不同的、相互难以兼容的支付系统。而许多在线商店只接受其中的几种，甚至有的商店只接受其中的一种支付系统。理想地，每一家商店都应该能支持任何一种可用的支付方案，而不给经营者增加费用。目前没有为支付制定一个统一的框架，为在线商务所设计的解决方案需要实现每一种支付方案，一种接着一种，但这样做费用太高。就算是一种普通的支付服务框架，也必须将商务模型和支付模型分开。一种工作框架应该让不同的支付模型对商务应用来说是透明的。

SEMPER 框架是由一个安全内核以及在周围的不同服务所组成。这些服务被分成若干个模块，目前已经有了加密模块、证书模块以及支付模块。通过一个专门的应用编程接口 API(Application Programming Interface)，可以将这些模块从业务应用中调到该安全内核。支付与业务过程之间的连接需要通过 API 的一个表示支付模型的层来定义，如信用卡支付系统或电子现金解决方案。为了完备 API，需要实现以下的特性：支付模型必须是自动选择的，以便应用；它们应当只需要考虑支付的大小和接受者，而且需要创建工具，这些工具允许将支付模型插入到这个通用的支付服务程序中。

一种基于 Java 的普通支付服务是针对 SEMPER 系统而开发的。它可以很容易被扩展，只要为普通支付服务类添加新类就可以了。迄今为止，已经实现了 SET 和 DigiCash。这样，普通支付服务的用户就可以跟那些使用 SET 和 DigiCash 的用户进行财务往来，其他模块迟早也可以实现，这样整套系统就更具有实际价值。通过Java的模块化编程和开放性工作框架,它们的实现已经不成问题。只是要说服那些专有标准的拥有者支持开放性标准会更加困难,因为这要涉及让他们公开他们的源代码。

②开放式贸易协议

通过对做生意过程的处理,开放式贸易协议OTP(Open Trading Protocol)补充了今天的网上支付协议。通过调用下层的支付协议,OTP为贸易谈判、销售和购买提供了一种手段。

OTP的目标是降低贸易的费用,这已通过采用因特网作为分发渠道得到实现,因特网不仅坚固、便宜,而且也很安全,所需的框架被描述成OTP的一部分。OTP使得那些只在因特网上可用的新的贸易模型可以运行。该框架允许有两个当事人(直接支付)或三个当事人(间接支付)的支付模型。该协议是开放的、灵活的、可扩展的、健壮的,而且中立的卖主使得它对因特网来说是完美的。开放意味着规范不是秘密的;灵活性允许创建分化性服务;扩展性意味着可以在不破坏其他组件的服务的情况下集成新的或加强的贸易和支付模型;协议的健壮性是指整个下部结构能够应付参与服务器和客户机的错误和故障。由于该协议是开放的,所以,任何感兴趣的独立软件开发商ISV(Independent Software Vendors)都可以开发遵守该标准的软件。这使得业务可以从许多具有类似特征集的产品中进行选择,从而使得业务独立于ISV。

通过使用OTP,顾客服务所需的费用会大大降低,因为OTP有一个在某种支付上提供信息十分灵活又标准的方法。这些信息可被提取出来解决支付问题。OTP既可数字化,也可物理地支付货物传递。整个贸易链是通过信息链接起来的,所以传递信息可以与传统信息放在一起。

(2) B2B中应用的支付框架

①网上开放式购买系统(OBI)

因特网上开放式购买系统(OBI)是一套针对B2B交易的系统,是可以免费获得的。该标准包括详细的体系结构、精确的技术规范、准则以及需要遵循的信息等。任何一个组织或个人都能获得一套OBI标准的拷贝,使用它构建自己的产品、服务或解决方案。

OBI体系结构是基于这样的一套思想:参与运作过程的人应该对伴随商务过程的信息负责。例如,供应商应该负责在线目录的价格和内容,而购买组织应该负责自己的简介信息和账号。

这种机制通常要卷入三方参与者:供应商、购买商以及支付授权商。购买商从某种意义来说就是指请求者,他们通过因特网来发出订单。为了验证请求者,数字证书就被派上了用场。购买商是OBI服务器的拥有者,该服务器负责接收订单请求和返回订单,也可以被用于处理购买者的简介信息。购买部门也维持与供应商的关系,以及洽商价格等。支付授权商的职责是提供支付授权服务,如果购买商和供应商之间需要支付授权的话。大多数情况下，支付授权商就是金融机构，例如银行。如果支付是通过大量的发票来进行的，那么，授权支付的职责也可以落在供应商头上。

供应商的职责是维护动态的电子目录，为购买商提供准确的产品和价格信息。当然这种信息是需要保密的，购买商不应该看到其他购买商的产品价格和种类。产品信息和价格只有在跟购买单位协商之后才能看到。

两个贸易伙伴间的通信是基于HTTP的标准，采用了SSL加密技术，在购买商端可以使用标准的Web浏览器以减少费用。这并不奇怪，因为信息是通过互联网进行传输的。随着越来越多的公司采用OBI标准，购买订单将变得越来越便宜。到1999年末，一些OBI的试验已经开始，但还没有在互联网上真正实现它的方案。到了2001年，很多公司已经通过OBI实现他们的商务，你可以在OBI主页上找到一系列公司的名单。

OBI是为B2B的采购而设计的，这种采购不同于消费者采购，它是建立在以下原则的基础上的：

• 通用性(Common Vision)——OBI标准是建立在参与者的B2B方案和由此引起的共同问题的期望的基础上的。该标准试图尽可能地成为一种通用的标准。

• 费用效能(Cost Effectiveness)——维修费用要合理，OBI解决方案应容易与现有的IT下部结构进行集成。

• 灵活性(Flexibility)——OBI标准应当足够灵活，以便适应于不同实现的变化和即将到来的商务需求。

• 增值服务(Value-Added Service)——服务提供者可以通过有其协议和报文格式的标准之上的增值服务来区分他们自己。

• 稳定的基础设施——要求基础设施可以安全而又可靠地进行交易处理。

• 供应商中立性(Vendor Neutrality)——为刺激来自各种各样的软件供应商提供多样性的产品，该标准是公开的而且包括互用性测试。

②全球信誉企业

全球信誉企业是由美国的CertCo公司开发的，许多合作银行也参与进来，包括德国的HypoVereinsbank。提倡这项服务的主要原因是为实现B2B交易提供强有力的保证。当然这要依靠众多金融机构的支持和越来越多银行的参与。不像B2C交易只依靠一对一的授权模式，全球信誉企业可以采取多对多的模式，因为大多数的商务不是只有一个雇员的。

实现世界范围B2B贸易网络的主要障碍在于如何验证身份的可靠性。但通过该新系统，那些做电子商务的公司就可以鉴别贸易伙伴的身份。CertCo公司的业务是发行身份担保书，该担保书可以让买卖双方自己来把握风险。商务伙伴之间的信任可以让公司放心地跟认识的和不认识的贸易伙伴通过互联网进行可靠的 B2B 交易。就像前面提到的，B2B 商务中的支付一般采用发票的方式，故其问题不在于送出发票，而在于公司确保商务伙伴的身份。

国际贸易、公司采购以及货物派送等代表着典型的 B2B 交易，而这些都是全球信誉企业覆盖的内容。这里举一个全球信托的案例，Danish 公司是一家冰淇淋公司，为了扩张市场，降低成本，同时在跟美洲和亚洲的一些公司进行贸易。因为贸易双方需要协商价格和签订合同，所以为了让贸易双方都能够信任对方，就采用了银行签发的数字证书。该证书也可以用来稽核交易。一旦参与公司从它的银行那里获得证书之后，它就可通过互联网跟任何一家已经在参与的金融机构上注册过的公司进行交易。

CertCo 公司选择跟金融机构合作以提供商务伙伴的授权服务，其原因是容易解释的。银行在验证客户身份方面富于经验，并且他们的职员也熟练电子交易的业务，因为他们已经在专有的金融网络上开展了多年这样的业务。银行早就可以进行签字鉴定、支票鉴定以及信用卡鉴定等业务，所以可以很容易地将这些业务扩展到互联网上。因为互联网上的贸易双方信任跟他们合作的金融机构，所以不难理解，他们也就信任互联网上贸易伙伴的身份。

使用全球信誉企业框架，公司的客户将能使用由参与的银行提供的服务。一般的买卖交易都会要求卖方的金融机构验证买方的数字证书。买方的银行和卖方的银行就会通过网络自动地进行接触，交换所需的信息。这种情况下，买方的银行将进行签字鉴定，返回一个签字有效的证明。同时，买方也可能验证卖方的数字证书。

标准化的系统和过程已经被开发出来，可以实现参与者之间的沟通。全球信誉企业扮演金融机构的"认证书"授权方的角色，它还可以履行审计以监控是否遵循预定义的系统规则和商务实践的职责。

全球信誉企业不同于以前其他的服务系统，它的优点如下：

• 互用性——商务活动依赖于特定的软件供应商或金融机构，因为身份的信任度是基于通用的商务实践和开放的技术规范。

• 支持——该框架是由世界各地的金融机构发起的，这使得它成为互联网上一种有效的商务运作方式。

• 数字验证——对于所有的商务活动，只要求一种数字证书就可以了。

全球信誉企业着重强调身份的信任度应该是建立在公共法律和商务实践的基础上，而要构建这样的基础可以通过开发一套统一的身份验证体系和运行实践来实现。全球信誉企业所提供的技术可以通过互联网实时地验证贸易伙伴的身份。数字签名和无用代码被用于校验信息传输过程是否被改变过。通过这些技术，认可就能得以保证，并且他们提供消息存在的强有力的合法证据，包括一些附加的信息例如签名、时间和日期以及发送者的证书等。

全球信誉企业不要求参与者获得特殊的专有标准。它基于开放性标准，这便于实现参与者之间的互用性。数字签名、证书以及商务实践在整个工作框架中是通用的，这样就方便扩展 B2B 业务。

虽然整个过程都是标准化的银行运作和支付过程，但新技术的使用可以给这些过程带来降低费用和提高速度等效益。因此对在线支付的关注是十分重要的，在开展任何电子商务项目时都应该仔细考虑它。

【本章小结】

网上支付系统是电子商务系统的重要组成部分，是网上支付得以实现的支持条件。一套数字支付系统要获得成功，它必须符合可接受性、匿名操作、可兑换性、有效性、灵活性、综合性、可靠性、可升级性、安全性、易用性等要求。

安全、有效、便捷是各种支付方式追求的目标，网上支付系统应有以下的功能：

(1) 使用数字签名和数字证书实现对各方的认证。

(2) 使用加密技术对业务进行加密。

(3) 使用消息摘要算法以确认业务的完整性。

(4) 当交易双方出现异议、纠纷时，保证对业务的不可否认性。

(5) 能够处理贸易业务的多边支付问题。

世界通用的支付系统不下几十种，根据在线传输数据的种类分为三类：使用“信任的第三方”，传统银行转账结算的扩充以及包括各种数字现金、电子货币的支付系统。此外，根据支付时间的不同分类，可分为：预支付系统、即时支付系统、后支付系统。

预支付系统就是用户预先在开户行支付一定量的货币用于以后的支付，可通过基于智能卡的电子钱包和电子现金系统来实现。

后支付系统允许用户购买一件商品之后再支付，可通过信用卡解决方案、电子账单及电子支票或货到付款来实现。

即时支付系统就是在交易发生的同时，钱也被从银行的账户中转入卖方。即时支付系统可通过借记卡、移动电话支付等形式来实现。

未来，通过互联网进行安全商务交易将实现高度集成的系统框架，在 B2C 中将实现 SEMPER 及开放式贸易协议；在 B2B 中将实现网上开放式购买系统 (OBI) 及全球信誉企业这样的体系框架。

【基本训练】

1. 网上支付系统的定义及分类有哪些？
2. 请列举三种电子现金系统。
3. 为什么说小额支付是推动电子货币发展的原因？
4. SET 保护的支付交易之工作流程是什么？
5. 请根据本章内容描述一个基于电子支票的购买过程，并据此评价它与传统支票的异同。

6. 根据本章知识并结合你自己的理解，谈一谈应用网上支付系统对企业经营有什么样的影响？选择一两个你感兴趣的行业进行具体分析。

7. 未来的网上支付系统将是怎样？

8. 目前，世界各国及我国的支付系统是怎样的？

第7章 网上支付安全性问题

【学习目标】

通过本章学习，应该达到以下目标：

知识目标：了解网上支付安全性问题的具体表现，理解网上支付的安全策略。

技能目标：掌握网上支付的安全策略。

能力目标：通过了解网上支付安全性问题，具备认知网上支付安全性的能力，能将具体安全性手段实施运用到实践活动中。

网上支付虽然有很多的优势，例如方便快捷、环保等，也受到了很多年轻人的青睐，但是在我国绝大多数的消费者还是一如既往地喜欢用传统的支付方式，而这已经成为电子商务发展的一大瓶颈。

除此之外，我国的网上支付业务还不是很先进，网上支付的效率还是比较低的，并且需要较长的时间对其进行确认，再加上网上支付收取的上网费用和管理费用都比较高，从而有很多的因素来限制网上支付，其实最重要的就是不能保证网上支付的安全性问题和信誉性问题。中国金融认证中心发布的《2009中国网上银行调查报告》显示，2009年全国城镇人口中个人网上银行用户的比例已为20.9%，其中个人用户人均每月使用网上银行5.6次。然而在这份报告中也显示出了消费者不选择开通网上银行的关键因素就是安全问题。

7.1 网上支付的安全问题

由于Internet的全球性、开放性和共享性等特征，任何人都可以自由地接入Internet。特别是当前网络技术的飞速发展，新的威胁和脆弱点不断出现，从而对网络安全技术提出了更高的要求，使得支付系统的安全问题一跃成为首要的威胁。

造成网上支付安全风险的原因主要有三个方面：一是银行网站本身的安全性，二是交易信息在商家与银行之间传递的安全性，三是交易信息在消费者与银行之间传递的安全性。

无论是何种风险，其根本原因都是由于登录密码或支付密码泄露造成的。

第一，密码管理问题。大部分公司和个人受到网络攻击的主要原因是密码政策管理不善。大多数用户使用的密码都是字典中可查到的普通单词姓名或者其他简单的密码。有86%的用户在所有网站上使用的都是同一个密码或者有限的几个密码。许多攻击者会直接使用软件强力破解一些安全性弱的密码。因此，建议用户使用复杂的密码，降低被病毒破译密码的可能性，提高计算机系统的安全性。

第二，网络病毒、木马问题。现今流行的很多木马病毒都是专门为用于窃取网上银行密码而编制的。木马会监视浏览器正在访问的网页，如果发现用户正在登录个人银行，直接进行键盘记录输入的账号、密码，或者弹出伪造的登录对话框，诱骗用户输入登录密码和支付密码，然后通过邮件将窃取的信息发送出去。由于用户在登录时使用的可能是公共计算机，如网吧、办公室的计算机等，那么如果这些计算机中有恶意木马程序或病毒，这些用户的登录信息如用户名、密码就可能会有丢失的危险。

第三，钓鱼平台。网络钓鱼攻击者利用欺骗性的电子邮件和伪造的 Web 站点来进行诈骗活动，如将自己伪装成知名银行、在线零售商和信用卡公司等可信的品牌。受骗者往往会泄露自己的财务数据，如信用卡号、账户名和密码等。

网上支付的信用问题也给网上支付安全性带来很大的隐患。在网络支付中由于其虚拟性、超时空性等特点，双方互不相见，也难以客观地判断对方的信用等级，交易单方或双方可能会否认曾进行的交易行为。这导致网络支付双方对对方的信用产生怀疑，也因此阻碍了网络支付的发展。在网络上，为了完成交易，交易双方的身份都必须通过第三方得到确认，电子商务认证机构由此产生。电子认证机构的职责是核实使用者的身份，负责电子证书的发放管理，及时公布无效的证书。但是目前我国的网上安全认证机构（CA）建设还较为混乱。

另外，目前制约网上支付发展的立法还存在以下问题：谁来发行电子货币，如何进行网上银行的资格认定，怎样监管网上银行的业务等。目前中国在电子商务方面有关的政策不够明朗化，相应的法律法规和标准还都没有建立，跨部门、跨地区的协调存在较大的问题。如何避免网上交易成为“逃税区”的税收问题，如何通过法律法规保护消费者，以及监督管理电子货币发行人等的法律问题，都是当前急需解决的安全问题，都限制着电子商务的快速前进。

据不完全统计，目前世界上至少有 40 多个国家与地区已经制定、颁布了实质意义上的电子商务法。美国的全国州法统一委员会早于 1999 年 7 月就通过了《统一电子交易法》，供各州在立法时采纳。而我国从 2004 年 4 月 1 日实行的《电子签名法》被誉为中国信息化领域的第一部法律，它的实施为电子商务在我国的发展打造了一个良好的法律环境。

网络支付的安全可以概括为两大方面，一是系统的安全，二是交易的安全。系统安全主要指的是网络支付系统软件、支撑网络平台的正常运行。保证网络支付用专有软件的可靠运行、支撑网络平台和支付网关的畅通无阻和正常运行，防止网络病毒和黑客的攻击，防止支付的故意延缓，防止网络通道的故意堵塞等是实现安全网络支付的基础，也是安全电子商务的基础。解决思路主要有：采用网络防火墙技术、用户与资源分级控制管理机制、网络通道流量监控软件、网络防病毒软件等方法。这些内容在相关的电子商务安全课程都有论述，在此不再赘述。

网上支付的交易安全可以概括为四个方面的要求：

1. 保证网络上资金流数据的保密性

因为网上交易是交易双方的事，交易双方并不想让第三方知道他们之间进行交易的具体情况，包括资金账号、客户密码、支付金额等网络支付信息。但是由于交易是在因特网上进行的，在因特网上传送的信息是很容易被别人获取的，所以必须对传送的资金数据进行加密。

所谓加密是使在网上传送的数据如信用卡号及密码运算成为一堆乱七八糟的谁也看不懂的数据，只有通过特定的解密方法对这堆乱七八糟的数据进行解密才能看到数据的原文，即由消息发送者加密的消息只有消息接收者才能够解密得到，别人无法得到，而且，这些加密的方法必须是很难破解的。实际上，没有一种加密方法是无法破解的，只是时间问题。只要有足够的时间，任何加密方法都是可以破解的。但如果某一加密方法的破解需要几年时间，而花了几年时间得到一笔交易的信用卡卡号又有什么用呢？所以对加密的要求就是要难以破解。

2. 保证网络上相关网络支付结算数据的完整性

数据在传送过程中不仅要求不被别人窃取，还要求在传送过程中不被篡改，能保持数据的完整。如果王先生在商店里订购了一套家具，本来填写支付金额为250美元，最后发现被划去1 250美元，当然会引起纠纷，商户也会失去客户。因此，在通过Internet进行网络支付结算时，消息接收方收到消息后，必定会考虑收到的消息是否就是消息发送者发送的，在传送过程中数据是否发生了改变。在支付数据传送过程中，可能会因为各种通讯网络的故障，造成部分数据遗失，也可能因为人为因素，如有人故意破坏，造成传送数据的改变。如果无法证实网上支付信息数据是否被篡改，我们是无法长久在网上进行交易活动的。

3. 保证网络上资金结算交易信息的防止篡改性

在实际商店里买东西，持卡人亲自来到商店，看到商店真实存在。商店营业员与顾客是面对面进行交易的，营业员要检查持卡人的信用卡是否真实，是否上了黑名单，信用卡是不是持卡人本人的，必要时还要核对持卡人的签名、持卡人的身份证等，证实持卡人的身份。

而在网上进行交易，交易双方互不见面，持卡人只知道商店的网址，不知道这个商店开在哪里。有可能广东的一家商店在上海建立一个网站，开了一家网上商店，为了扩大对外网上交易，又在美国建立了一个镜像站点，持卡人根本无法知道这家商户到底在哪里。持卡人上网浏览时，只要点击一下鼠标，刚才还在上海的一家家电商店，一下子就可以转到美国纽约的一家百货商场。在网上没有方向，没有距离，也没有国界。有可能你在网上看到的一家大规模的商场，实际上只是两个年轻人用一台计算机制造的一场骗局。

所以持卡人要与网上商店进行交易，必须先确定商店是否真实存在，付了钱是否能拿到东西。商店和银行都要担心上网购物的持卡人是否是持卡人本人，否则，扣了张三的款，却将货送给李四，结果持卡人上门来说没买过东西为什么扣钱，而商户却已经将货物送走了。这样的网上交易是不能进行下去的。所以网上交易中，参加交易的各方，包括商户、持卡人和银行必须要采取如CA认证等措施来确定对方的身份。

4. 保证网络上资金支付结算行为发生及发生内容的不可抵赖性

在传统现金交易中，交易双方一手交钱，一手交货，没有多大问题。如果在商店里用信用卡付款，也必须要持卡人签名，方能取走货物。

在网上交易中，持卡人与商店通过网上传送电子信息来完成交易，也需要有使交易双方对每笔交易都认可的方法。否则，持卡人购物后，商户将货送到他家里，他却说自己没有在网上下过订单，银行扣了持卡人的购物款，持卡人却不认账。反过来，持卡人已付款，可商家却坚持说没有接收到货款，或者说没有在大家认可的日子接收到资金，或者又故意延迟或否认物品的配送，造成客户的损失。还有明明收到了1 000美元，却说只收到500美元，等等。要保证支付一旦达成，发送方不能否认其发送的信息，接收方也不能否认其所收到的信息。

7.2 网上支付体系的安全策略

网上支付面临的安全问题，也是客户最担心的问题，必须从制度、法律法规及技术上寻找解决这个问题的方法。本节主要是从技术角度以信息安全的高度阐述网上支付的安全问题的解决办法。

7.2.1 信息安全

信息安全的概念在20世纪经历了一个漫长的历史演变过程。从20世纪40年代计算机技术的出现开始直到60年代末，通讯保密一直是信息安全的重点。90年代以来，由于网络的逐渐普及，信息安全的概念得到了进一步的深化。从信息的保密性，拓展到信息的完整性、信息的可用性、信息的可控性、信息的不可否认性等。

信息安全工程：信息安全工程是采用工程的概念、原理、技术和方法，来研究、开发、实施与维护企业及信息与网络系统安全的过程。

信息安全保障体系：包括安全法规体系、标准规范体系、安全组织体系、安全管理体系、技术支持体系和应急服务体系，是一个复杂的系统工程。

安全策略：是网络信息安全的灵魂和核心，包括金融信息安全的组织管理策略、风险管理策略、技术管理策略、质量管理策略、标准化策略和技术策略。

安全技术：指的是充分利用高新技术，采用安全的技术防范措施和技术安全机制建立现代化防范体系，其技术要求主要包括：

(1) 安全管理组织。包括建立安全管理组织,确定安全组织职能,明确安全岗位职责,安全人员审查等。

(2) 环境安全。包括网络设备环境安全,通讯设备与线路环境安全,机房环境安全,软件开发和测试安全等。

(3) 网络安全。包括网络通信协议安全,网络管理平台安全,网络传输信道安全,网络运行安全监督,网络路由控制安全,网点合法性等。

(4) 软件的运行安全。包括软件平台选型与购置审查,安全检测与验收,安全报告与跟踪,版本管理安全,使用与维护安全、安全核查等。

(5) 应用软件的开发安全。主要包括开发平台安全,开发环境安全,开发人员安全,应用软件测试与评估安全等。

(6) 操作安全。主要包括操作权限安全,规范管理安全,岗位责任安全,操作监督安全,操作回复安全等。

(7) 数据安全。包括数据载体安全,数据密集安全,数据存储的时限安全,数据存储的备份安全,数据存储的有效性,存储信息的完整性。

(8) 应急安全。包括应急管理原则,应急计划制订,应急计划实施,应急备用管理,应急恢复管理等。

(9) 密码与密钥安全。包括加密算法强度及业务分类管理安全,加密算法选用权限安全,密码算法启用和退役管理安全,密钥管理原则制定,密钥管理与生成安全,密钥传送与分配安全,密钥使用及注入管理安全等。

信息安全至少应该具有以下特征:

(1) 保密性。保证信息不泄露给未经授权的人,确保只有经过授权的人才能访问信息,即使信息被他人截获,也无法理解其内容。

(2) 完整性。防止信息被未经授权地篡改,保证真实的信息从真实的信源无失真地到达真实的信宿,信息的内容不会被破坏或篡改。

(3) 可用性。保证信息确实为授权使用者所用,防止由于计算机病毒或其他人为因素造成的系统拒绝服务,确保经过授权的用户在需要时可以访问信息并使用相关信息资源。

(4) 可控性。信息系统的管理者可以控制管理系统和信息。

(5) 不可否认性。保证信息行为人不能否认自己的行为。

7.2.2 信息安全的内涵

信息安全的内涵包括以下几个方面:

(1) 物理安全(physical security)

物理安全手段主要针对各类物理攻击活动,通过必要的监控、保安和灾难预防措施确保目标系统中各类设备的安全。对于诸如脱机备份数据而言,物理攻击是唯一能奏效的攻击手段。自然灾害所形成的物理破坏由于损失特别巨大同样不能忽视。

(2) 电磁安全(electromagnetic security)

现代的信息技术借助于电磁信号传输信息,在传输过程中将不可避免地形成空间电磁辐射信号,并通过开放的空间电磁场构成对用户信息的安全威胁,因此必须对目标系统中使用的各类设备的电磁兼容性进行设计和处理,或采用光纤等空间辐射小的传输介质。

(3) 网络安全(network security)

网络安全主要是针对用户应用数据在网络传输过程中的安全保护问题。网络安全攻击包括直接针对传输的用户数据本身的攻击(即通过对数据传输流进行窃听、篡改或假冒等方式),以及针对网络传输服务机制的攻击(即破坏地址解析、路由、网络管理等)。

(4) 数据安全(data security)

数据安全是针对用户信息资源在存储和使用过程的安全保护手段,主要通过加密、认证和数据备份技术对存储信息的机密性和完整性进行保护,以及通过访问控制、事务处理和残留数据处理等技术对操作系统或数据库实现不同等级的安全保护。

(5) 系统安全(system security)

用户端应用系统是相对于数据传输网络而言的,端系统应根据管理员设定的安全策略对用户的访问请求进行授权,确保只有经过授权的合法用户才能使用系统资源,并通过入侵检测机制对各种来自外部网络的安全威胁进行识别、控制和监视。

(6) 操作安全(operation security)

操作安全是对一般业务操作流程的安全保护。信息技术的普及和应用使传统的业务流程发生了改变,形成信息技术手段和非信息技术手段相互渗透的局面。单纯依靠信息技术安全手段难以保证整个操作过程的安全性,必须对操作流程的每个环节进行安全防范并制定所需的操作规范。

(7) 人员安全(personnel security)

由于信息技术安全是多样化的,必须通过一定的安全职责分配将整体的安全防范任务逐级落实到每一个操作人员的每一个日常操作过程,通过管理手段强制其实施,并对各级人员针对其安全责任进行相应的安全教育和操作培训。

信息安全的基本安全技术有加密技术、访问控制与安全认证技术、防火墙技术、入侵检测技术、漏洞扫描技术等。

(1) 加密技术是一种主动的信息安全防范措施,其原理是利用一定的加密算法,将明文转换成无意义的密文,阻止非法用户获取和理解原始数据,从而确保数据的保密性。目前最典型的两种加密技术是对称加密(私人密钥加密)和非对称加密(公开密钥加密)。

(2) 访问控制机制根据实体的身份及其有关信息来源解决实体的访问权限。访问控制机制的实现常基于以下某一或某几个措施:访问控制信息库、认证信息、安全标签等。访问控制一般包括:物理访问控制、网络访问控制和系统访问控制。

(3) 防火墙是在Internet上,出于安全的考虑,在内部网和Internet之间插入的一个中介系统,它可以阻断来自外部通过网络对内部网的威胁和入侵,提供扼守内部网的安全和审计的关卡。

(4) 入侵检测系统是用于检测任何损害或企图损害系统保密性、完整性的入侵行为,特别是用于检测黑客通过网络进行入侵行为的管理软件。入侵检测系统的运行方式有两种:一种是在目标主机上运行以监测其本身的通讯信息;另一种是在一台单独的机器上运行以监测所有网络设备的通讯信息,比如Hub、路由器等。

(5) 漏洞扫描,探查网络的薄弱环节。安全扫描采用模拟攻击的形式对可能存在的已知安全漏洞进行逐项检查,扫描目标可以是工作站、服务器、交换机和数据库应用等。通过扫描,可以为系统管理员提供周密可靠的安全性分析报告,从而提高网络安全整体水平。

信息安全保障体系包括五大体系:

(1) 安全法规体系。它是规范金融机构、个人行为组织的基础,是有效对付犯罪的武器,主要包括法律、法规、条例、合同及社会道德等。

(2) 标准规范体系。它是信息安全建设的根本依据,也是安全建设过程控制的准则,包括技术标准、建设规范、监测评估标准、知识产权保护及质量评估等标准的内容,需要建设严格执行技术标准的系统。

(3) 安全组织体系。它主要涉及金融信息系统安全的组织结构,是金融信息系统安全的组织保证。它包括领导体系、组织管理队伍、人员管理制度等内容。

(4) 安全管理体系。它是金融信息系统安全管理工作的基础和制度保障体系。它包括操作规程、分级控制、质量控制、安全监控等。

(5) 技术支持系统。它是指充分运用高新技术,采用安全技术防范措施和技术安全机制建立的现代化技术防范体系,是银行信息系统安全的技术保障体系,主要包括网络控制、内部控制、加密控制、网络保障、设备维护及软件支持等系统。

7.2.3 信息安全管理策略

信息安全管理策略包括以下七点:

(1) 安全的组织管理策略。它包括信息安全的规章制度策略和信息安全的运行管理策略。

(2) 安全的风险管理策略。主要体现在技术、管理、业务、人员及政策上的风险,必须采取完善的管理战略和制度来控制风险。

(3) 安全的技术管理策略。技术安全是金融信息安全保障的基础性工作,通过技术方法可以预防占绝大多数的一般性攻击来发挥重要的作用。其工作包括准备与防御、检测与响应等方面。

(4) 安全的管理策略。主要方法是建设安全分析、评估、测试、检查控制、反应机制及响应模式体系;制定相关政策和管理条例,定期进行信息安全的评测、动态管理及有效控制。

(5) 安全的标准化策略。这是金融信息安全的基础,两个主要的金融信息安全标准化发展方向是:评测标准化和管理标准化。

(6) 安全技术策略。是指充分运用高新技术,采用安全技术防范措施和技术安全机制建立的现代化技术防范体系的具体指导,是信息安全的技术保障策略。

(7) 安全应急响应与灾难备份策略。现实环境中安全事件绝不是有序发生的,安全事件及其并发性比其他任何事件更不规则,没有技术和组织准备的应急响应会带来直接风险,造成无法挽回的数据丢失和经济损失,因此,建立信息安全应急响应与灾难备份策略十分重要。

7.3 网上支付安全主要技术

7.3.1 加密技术

(1) 密码学概述

为保证数据和交易的安全,防止欺骗,确认交易双方的真实身份,电子商务必须采用加密技术。欲加密的数据称为明文,明文经过某种加密算法作用后,转换成密文,我们将明文转换为密文的这一过程称为加密,将密文经解密算法作用后形成明文输出的这一过程称为解密。加密算法中使用的参数称为密钥。密钥长度越长,密钥的空间就越大,遍历密钥空间所花的时间就越多,破译的可能性就越小。以密钥为标准,可将密钥系统分为对称密钥系统和非对称密钥系统。

(2) 对称密钥系统

对称密钥系统,又称单钥密钥系统或私钥密钥系统。对称密钥系统是指在对信息的加密和解密过程中使用相同的密钥。也就是说,一把钥匙开一把锁,专用密钥就是将加密密钥和解密密钥作为一把钥匙。对称加密、解密的过程如图7-1所示。

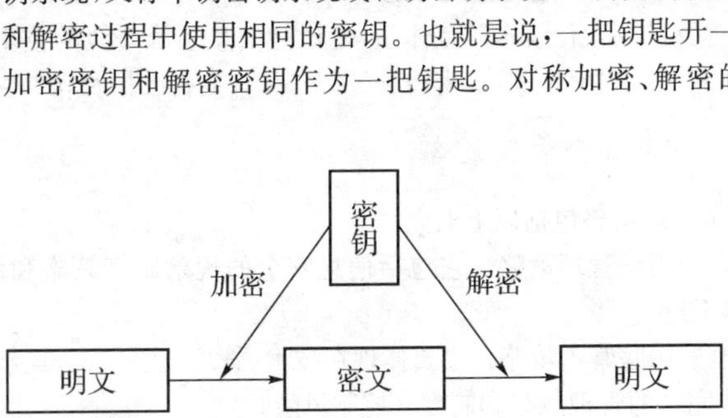

图7-1 对称加密、解密过程示意图

对称密钥系统的安全性依赖于以下两个因素。第一,加密算法必须是足够强的，仅仅基于密文本身去解密信息在实践上是不可能的；第二，加密方法的安全性依赖于密钥的秘密性，而不是算法的秘密性。

对称加密算法的缺点是密钥难于共享，需要的密钥太多。对称加密系统最大的问题是密钥的分发和管理非常复杂，代价高昂。比如对于具有 n 个用户的网络，需要 $n(n-1)/2$ 个密钥，在用户群不是很大的情况下，对称加密系统是有效的。对于大型网络，当用户群很大，分布很广时，密钥的分配和保存就成了大问题。另一方面的问题是如何将密钥传给要保密的用户。对称加密是基于共同保守秘密来实现的。采用对称加密技术的贸易双方必须保证采用的是相同的密钥，保证彼此密钥的交换是安全可靠的，同时还要设定防止密钥泄露或更改密钥的程序。这样，对称密钥的管理和分发工作演变成一件具有潜在危险的、繁琐的过程。对称加密算法另一个缺点是不能实现数字签名。

(3) 非对称密钥系统

针对对称密钥系统的缺点，1976 年出现了非对称密钥加密法，又称双钥密钥系统或公钥密钥系统。非对称密钥加密法是指在对信息的加密和解密过程中使用不同的密钥。每个用户保留两个不同的密钥：一个是公钥 PK，一个是私钥 IK，如果甲要给乙发送一个明文，甲用乙的公钥将明文加密成密文后发出，乙收到甲发送的密文后用乙的私钥将其解密，别人即使中途截取了密文也无法解密。非对称加密、解密过程如图 7-2 所示。

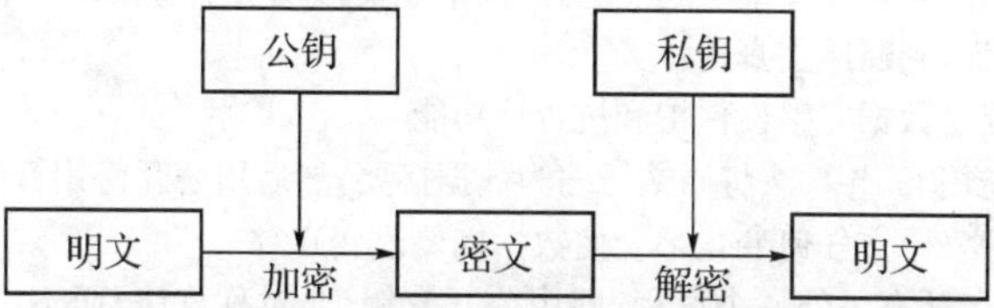

图 7-2　非对称加密、解密过程示意图

非对称加密法的优点是：密钥较少、灵活、易实现。在一个有 n 个贸易方参与的系统内，采用非对称密钥加密法，密钥总数需要 $2n$ 个，采用对称密钥加密法密钥总数则需要 $n(n-1)/2$ 个。缺点是要得到较好的加密效果，必须使用较长的密钥，从而加重系统负担和减缓系统吞吐速度。因此，非对称密钥加密法不适宜于对数据量较大的报文进行加密。非对称密钥系统主要用于数字签名和密钥分配。

(4) 用加密软件助力逾越便捷和风险的鸿沟

加密软件是用来保障数据本身信息安全的最有效手段，用在网络支付领域也能发挥不可替代的作用。这是从交易数据入手进行的基于数据层的全方位安全防护。

加密软件，是从数据本身出发，把原始的数据变成一组别人无法识别的其他数据。这种改变数据特性的方式使别人即使得到了你的加密数据也无法读懂它，因为他们没有破解和翻译的“钥匙”。例如，鹏宇成软件公司的 PYC 文件保护系统，采用透明加密技术和高强度的国密算法，把敏感数据始终置于强制透明的安全加密状态，即使被不法分子窃取也因无法解密而无法识别，从而从源头保障了敏感数据的安全。

7.3.2 认证技术

在电子商务中，由于参与的各方往往是素未谋面的，身份认证成了必须解决的问题，即在电子商务中，必须解决不可抵赖性问题。

(1) 身份认证

从是否使用硬件，身份认证技术可以分为软件认证和硬件认证。从认证需要验证的条件来看，身份认证技术还可以分为单因子认证和双因子认证。仅通过一个条件来验证一个人的身份的技术称为单因子认证，密码认证、指纹认证就是单因子认证。由于只使用一种条件判断用户的身份，单因子认证相对容易被仿冒。双因子认证通过组合两种不同条件来证明一个人的身份，比如通过密码和芯片组合，用户可以通过 IC 记录验证身份信息，成功以后才通过服务器验证密码。双因子认证的安全性有了明显提高。

(2) 数字签名

数字签名是指使用密码算法对待发的数据（报文、票证等）进行加密处理，生成一段信息，附着在原文上一起发送，这段信息类似现实中的签名或印章，接收方对其进行验证，判断原文真伪。

目的：提供数据完整性保护和抗否认功能。

过程：先用 hash 算法将原文压缩为数据摘要，然后用公开密钥算法对摘要进行加密和解密（原文任何变化都会使数据摘要改变）。

数字签名还有另外一个过程：即用公开密钥（非对称算法）而不用 hash 单向散列函数。其过程是：

首先将原文用私钥加密，得数字签名，然后将原文和数字签名一起发向接收方，接收方用发送方的公钥解密，再与原文比较，只要比较 $X'=X$ 可确定三件事：

- 消息 X 确实由 A 方发出的（即真实性）；
- 签发 Y 确实由 A 方发出的（即不可否认性）；
- B 方收到的信息是完整的（即完整性）。

这两种数字签名的主要区别在于，前者是一种对压缩信息的签名，适用于长文件信息；后者是一种对整个消息的签名，适用于短文件信息。

(3) 数字信封与数字时间戳

数字信封是用加密技术来保证只有特定的收信人才能阅读信的内容。在数字信封中，信息发送方采用对称密钥来加密信息，为了能安全地传输对称密钥，将对称密钥使用接收方的公开密钥来加密（这部分称为数字信封）之后，将它和对称加密信息一起发送给接收方，接收方先用相应的私有密钥打开数字信封，得到对称密钥，然后使用对称密钥解开信息。

数字时间戳服务(DTS)是网络安全服务项目，由专门的机构提供。时间戳是一个经加密后形成的凭证文档，它包括3个部分：需加时间戳的文件的摘要、DTS收到文件的日期和时间、DTS的数字签名。

DTS的过程为：用户将需要加上时间戳的文件生成文件摘要，然后将摘要传给DTS服务机构；DTS将收到的摘要加上时间，再用自己的私钥进行加密；最后将加有时间和数字签名的文件发回给客户，完成数字时间戳的服务过程。

(4) 数字证书

数字证书就是网络通信中标识各通信方身份信息的一系列数据，其作用类似于现实生活中的身份证。它由一个权威机构发行，人们可以在交往中用它来识别对方的身份。

数字证书必须具有唯一性和可靠性。这一目的需要采用很多技术来实现。通常，数字证书采用公钥体制，即利用一对互相匹配的密钥进行加密、解密。每个用户自己设定一把特定的仅为本人所有的私钥，用它进行解密和签名；同时设定一把公钥并由本人公开，为一组用户所共享，用于加密和验证签名。当发送一份保密文件时，发送方使用接收方的公钥对数据加密，而接收方则使用自己的私钥解密，这样信息就可以安全无误的到达目的地了。通过数字签名的手段保证加密过程是一个不可逆过程，即只有用私有密钥才能解密。

(5) 认证中心

CA(Certification Authority)是认证机构的国际通称，主要对数字证书进行管理，负责证书的申请、审批、发放、归档、撤销、更新和废止等管理。

CA的作用是检查证书持有者身份的合法性，并签发证书(在证书上签字)，以防证书被伪造或篡改。CA是由权威的、公正的第三方提供交易双方身份认证的机构，在电子商务体系中起着举足轻重的作用。

(6) 防火墙技术

防火墙如果从实现方式上来分，又分为硬件防火墙和软件防火墙两类，我们通常意义上讲的硬防火墙为硬件防火墙，它是通过硬件和软件的结合来达到隔离内、外部网络的目的，价格较贵，但效果较好，一般小型企业和个人很难实现；软件防火墙它是通过纯软件的方式来达到，价格很便宜，但这类防火墙只能通过一定的规则来达到限制一些非法用户访问内部网的目的。

防火墙是加强Internet和Intranet之间安全防范的、由硬件设备和软件系统组成的、在外部网和内部网之间的界面上构成的保护层。防火墙可以确定哪些内部服务允许外部访问，哪些外部服务可以由内部人员访问，可以用来控制网络内外的信息交流，提供接入控制和审查跟踪。为了发挥防火墙的作用，来自和发往Internet的所有信息必须经由防火墙出入，防火墙禁止Internet中未经授权的用户入侵，由它保护的计算机系统，它只允许授权信息通过，自身则不能被渗透。防火墙的位置如图 7 - 3 所示。

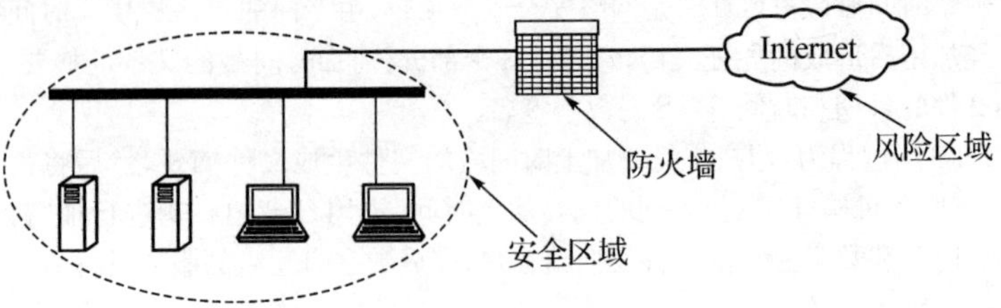

图 7 - 3　防火墙的位置

(7) 电子商务安全协议

①SSL(Secure Socket Layer)协议

SSL(安全槽层)协议是由 Netscape 公司研究制定的安全协议，该协议向基于 TCP/IP 协议的客户/服务器应用程序提供了客户端和服务器的鉴别，数据完整性及信息机密性等安全措施。该协议通过在应用程序进行数据交换前交换 SSL 初始握手信息来实现有关安全特性的审查。在 SSL 握手信息中采用 DES、MDS 等加密技术来实现机密性和数据完整性，该协议已成为事实上的工业标准。网络平台上的 SSL 如图 7 - 4 所示。

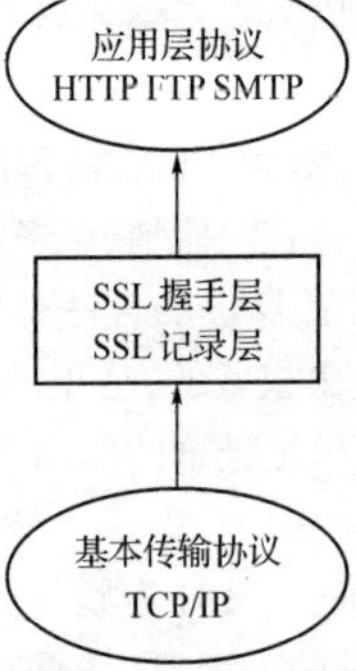

图 7 - 4　网络平台上的 SSL

由于 SSL 当初并不是为支持电子商务而设计的，所以在电子商务系统的应用中还存在很多弊端。例如，它是一个面向连接的协议，在涉及多方的电子交易，只能提供交易客户与服务器间的双方认证，而电子商务往往是用户、网站、银行三家协作完成，SSL 协议并不能协调各方面的安全传输和信任关系；另外，购货时用户要输入通信地址，这样将可能使得用户收到大量垃圾信件。SSL 提供的服务如表 7 - 1 所示。其握手协议如图 7 - 5 所示。

表 7－1　SSL 提供的服务

服务类型	作　　用
服务器认证	通过服务器具有的特定密钥实现客户对服务器的认证
客户认证	确信客户具有合法的信用卡号，客户认证为可选项
通信的完整性	防止黑客修改
通信的保密性	支持加密和解密

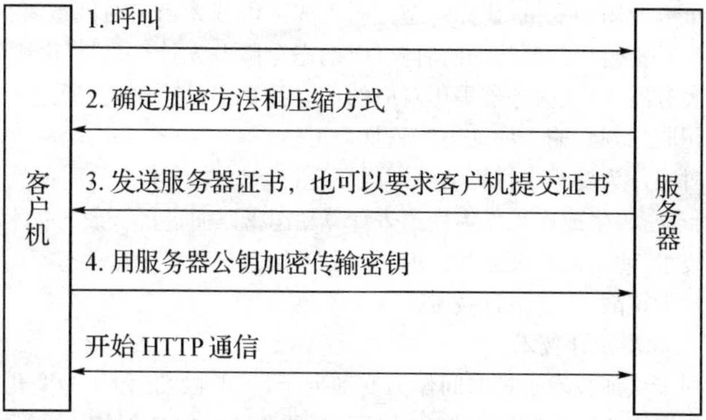

图 7－5　SSL 握手协议

②SET(Secure Electronic Transaction)协议

SET 协议是针对开放网络上安全、有效的银行卡交易，由 Visa 和 Mastercard 联合研制的，一个能保证通过开放网络(包括 Internet)进行安全资金支付的技术标准。该协议于 1997 年 5 月正式通过，主要由 3 个文件组成，分别是 SET 业务描述、SET 程序员指南和 SET 协议描述。SET1.0 版已经公布并可应用于任何银行支付服务。

SET 协议采用公开密码体制(PK)和 X509 电子证书标准，通过相应软件、电子证书、数字签名和加密技术能在电子交易环节上提供更大的信任度、更完善的交换信息、更高的安全性和较少的可欺诈性。在最初的 SET 协议规范中，提供了一个非常复杂的安全协议，其公钥密码部分采用了 RSA。SET1.0 版本出台后，众多的团体和个人也尝试着对该版本进行多方面的改进，采用了许多的新技术，如 ECC。使得在整个运营体系的安全性得到显著提高的同时，网络的交易性能和速度也获得了显著的提高。

我国一些较早开始研究电子商务的银行和外贸系统所进行的有关电子商务的试验中，选择了 SET 作为其所用的协议。虽然 SET 是专门为电子商务而设计的协议，在很多方面都优于 SSL 协议，但它仍然不能解决电子商务所遇到的全部问题。SET 协议有待进一步研究改进。

(8) 手机动态密码

动态密码即一次性密码，使用一次以后就自动作废，下次进行身份验证的时候需要新的密码。动态密码和传统的静态密码配合使用，可以大大提高系统身份认证的安全。

①基本原理

动态密码基本的思路是将共同密钥信息（作为计算动态密码的常量）和加密算法同时保存在认证服务器和动态密码令牌硬件内，再选择一个认证服务器和动态令牌都可以使用的变量（比如动态密码生成次数或者当前时间或者挑战码）用于计算的动态密码。需要认证的时候，由动态令牌首先计算出动态密码，然后传输给认证服务器，认证服务器采用对应的信息计算出动态密码，通过比较这两个密码是否相同来判断输入的动态密码是否正确。

采用时间作为变量来计算动态密码而进行认证的技术称为时间同步认证技术，采用动态密码生成次数作为变量来计算动态密码而进行认证的技术称为事件同步认证技术，使用由认证服务器返回的数值作为变量来计算动态密码而进行认证的技术称为挑战/应答认证技术。

a. 时间同步认证技术

时间同步认证技术是把时间作为变动因子，一般以 60 秒作为变化单位。所谓“同步”是指用户动态密码令牌和认证服务器所产生的口令在时间上必须同步，不然，令牌产生的动态口令和认证服务器产生的动态口令不相同，服务器无法完成认证。在实际使用中，保持动态令牌和认证服务器的时间完全相同有一定的困难，所以通常允许存在一定的时间差异，比如 5 分钟。

b. 事件同步认证技术

事件同步认证技术是把已经生成动态口令的次数（即事件序列）作为动态口令令牌和认证服务器计算动态口令的一个运算因子，与令牌和认证服务器上的共同密钥产生动态口令。这里的同步是指每次认证时，认证服务器与令牌保持相同的事件序列。如果用户使用时，因操作失误多产生了几组口令出现不同步，服务器会自动同步到目前使用的口令，一旦一个口令被使用过后，在口令序列中所有这个口令之前的口令都会失效。其认证过程与时间同步认证相同。

c. 挑战/应答认证技术

挑战/应答方式的变动因子是由认证服务器产生的随机数字序列，它也是令牌生成动态口令的变动因子，动态口令采用一次一密的方法，有效地保证了用户身份的安全性。

②工作过程

这里以事件同步认证技术的动态口令令牌配合登录应用业务服务器的认证过程为例，说明用户使用动态口令完成身份认证的过程，如图 7－6 所示。

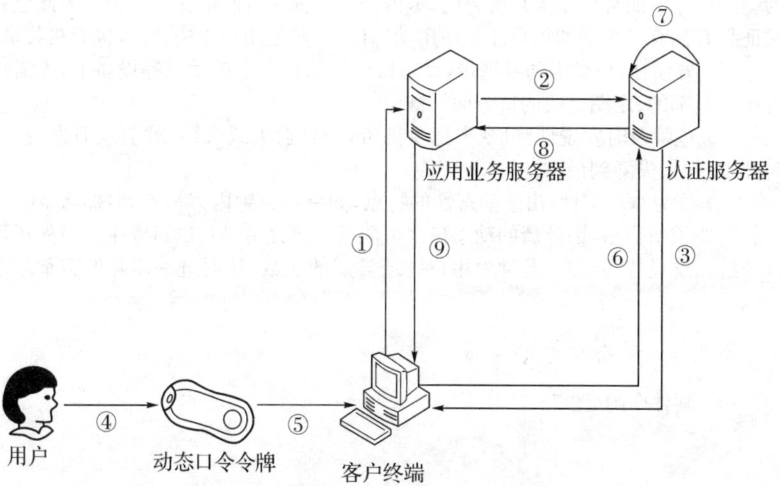

图7-6　动态口令身份认证系统工作过程图

①客户请求接入应用业务服务器；

②应用业务服务器请求认证服务器对客户身份的合法性和真实性进行认证；

③客户终端弹出身份认证对话框；

④客户激活令牌，生产动态口令；

⑤客户将账号和口令键入终端的身份认证对话框；

⑥客户终端将账号和口令通过网络传输给认证服务器；

⑦认证服务器调用客户信息，产生与客户信息和事件相关的随机序列，并与客户输入的口令进行比对，判别客户身份的合法性和真实性；

⑧认证服务器将认证结果报告给应用业务服务器；

⑨应用业务服务器根据客户身份的合法性和真实性反馈给客户终端，并决定可以提供服务或拒绝服务。

7.3.3　动态口令特点

动态密码技术用于身份认证，主要具有以下特点：

(1) 动态性：动态口令令牌产生的口令每分钟变化(针对时间同步技术的动态口令卡而言)一次，不同时刻使用不同口令登录，每个口令都只在其产生的时间范围内有效。

(2) 随机性：动态口令每次都是随机产生的，不可预测。

(3) 一次性：每个动态口令使用过一次后，不能再连续重复使用。

(4) 抗偷看窃听性：由于动态性和一次性的特点，即使某一个动态口令被人偷看或窃听了，也无法再使用。

(5) 不可复制性：动态口令与口令卡是紧密相关的，不同的口令卡产生不同的动态口令。而且口令卡是密封的，卡内密钥数据一旦断电就会丢失。因此也就保证只有拥有口令卡的用户才能使用动态口令，其他用户无法获得，也无法共享。

(6) 方便性：口令卡随身携带，动态口令显示在卡上或手机等设备上，无需再为记忆复杂的、定期更改的口令而烦恼。

(7) 危险及时发现性：口令卡随身携带，一旦遗失或失窃，就会及时发现、及时挂失，把损失降到最小。

(8) 抗穷举攻击性：由于动态性的特点，如果一分钟内穷举不到，那么下一分钟就需要重新穷举，因此新的动态口令可能就在已经穷举过的口令中。另外还可以通过系统设置，限制一分钟内用户登录尝试的次数，从而进一步降低穷举攻击的风险。

7.3.4 动态口令的生成介质

(1) 硬件令牌(图 7－7)

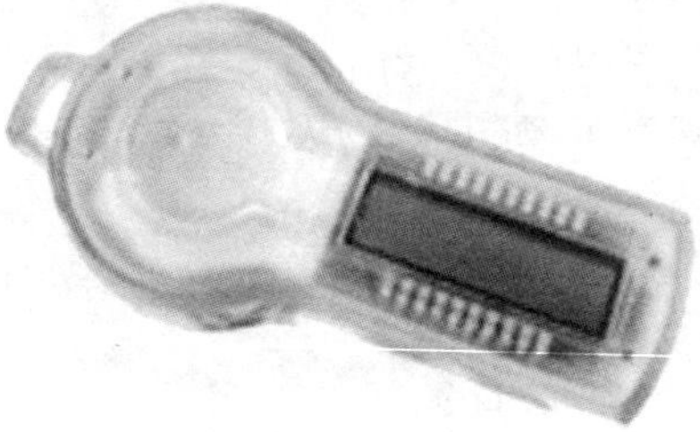

图 7－7 硬件令牌

硬件令牌是将密钥信息和加密算法同时保存在认证服务器和动态密码令牌硬件内，再选择一个认证服务器和动态令牌都可以使用的变量(比如动态密码生成次数或者当前时间或者挑战码)用于计算的动态密码，每 60 秒变换并产生一个动态口令密码。

该方式零学习使用，用户端无须安装任何硬件驱动或是中间软件；硬件令牌与计算机脱离，切断非法程序攻击入口；支持标准 RADIUS 协议。

(2) 软件令牌

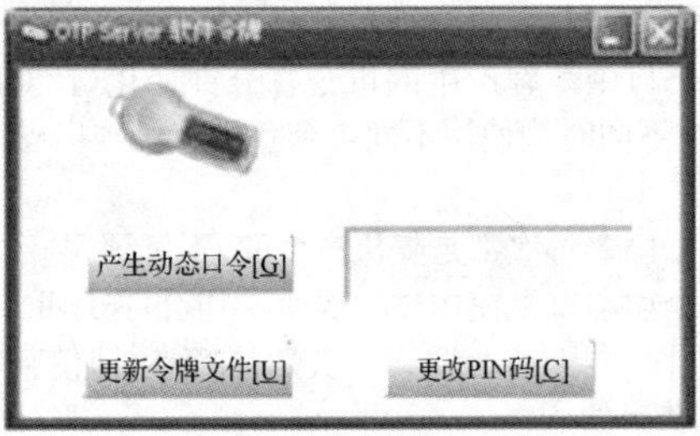

图 7－8 动态口令输入窗口

软件令牌是运行在 Windows 操作系统上的可执行软件，每 60 秒变换并产生一个动态口令密码，其过程与硬件令牌完全一致(图 7－8)。

软件令牌使用前需要先导入令牌文件，并设定 PIN 码，产生动态口令时要先输入正确的 PIN 码，通过 PIN 验证后，用户将动态口令输入到身份认证系统中进行认证。

软件令牌可以运行在任何版本的 Windows 操作系统上，也可以与远程登录客户端集成在一起，方便灵活。软件令牌可以终身使用，不受硬件损坏、硬件丢失、电池寿命等因素影响。

(3) 手机令牌(图 7－9)

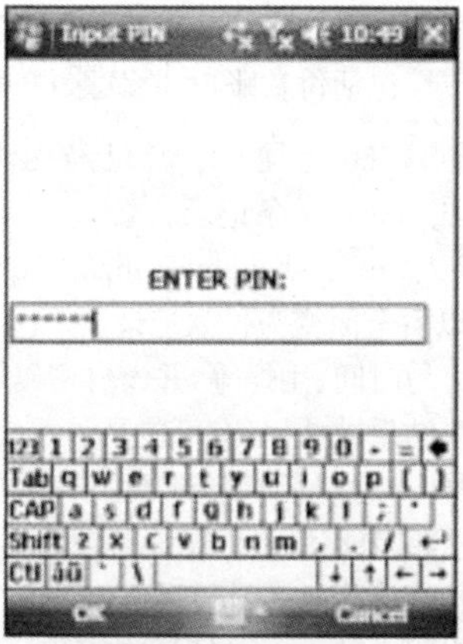

图 7－9　手机令牌

手机令牌是由运行在手机上的程序通过 SIM 卡(可能还有软证书等方式)产生动态口令。动态口令与手机绑定，方便安全。

手机令牌产生动态口令时要先输入正确的 PIN 码，通过 PIN 验证后，用户将动态口令输入到身份认证系统中进行认证。

手机令牌可以与各种智能手机绑定，动态口令在手机中动态产生，有效保障客户的账号安全。手机令牌可以终身使用，不受硬件损坏、硬件丢失、电池寿命等因素影响。

【本章小结】

安全是一个系统的概念。安全问题不仅仅是纯技术的问题，还有管理的约束和法律规范，它还与社会道德、行业管理以及人们的行为模式都紧密相关，所以不能将安全问题等同于技术问题。

安全是相对的，不要去追求一个永远也攻不破的安全技术。安全与管理应该始终联系在一起，不要因为追求绝对的安全而限制了电子商务的发展。同样也不要因为忽视安全而让其成为发展的瓶颈。我们应正确处理好安全与发展的关系，找到两者的平衡点。

安全是发展的、动态的，今天安全，明天就不一定很安全，因为网络攻防是此消彼长，道高一尺、魔高一丈的事情。尤其是安全技术，它的敏感性、竞争性以及对抗性都是很强的。这就需要不断地检查、评估和调整相应的安全策略。而评价只是手段，重要的是在评价的过程中发现问题，改进问题。没有一劳永逸的安全，也没有一蹴而就的安全。

【案例】

支付宝曝重大安全漏洞：转账信息记录被谷歌抓取

2013 年 3 月 27 日晚间，支付宝曝出重大漏洞，使用谷歌、360 搜索则可以搜索出大量的支付宝交易记录，包括付款账户、收款账户、姓名、日期等。

该漏洞截至 28 日零点，360 等搜索引擎已经无法搜索到相关结果，不过 Google. com. hk 仍能搜索出 2 300 余条记录。

只要在搜索引擎中输入"site：shenghuo. alipay. com"，则可以看到记录。其中，Google 搜索在 5、6 页以后全面变为付款记录。

该记录只有账户名、交易时间、用途等，并没有密码等核心数据。

有技术人士表示，这些结果被披露，有可能是非授权访问出现的问题，可能是后台验证不严的漏洞使得外部的搜索能看到半公开的页面。

IT 法律专家表示，虽然目前不清楚出现该问题的具体原因，但这样的信息公开如果造成信息安全风险，可能面对大量投诉。

但是，一位阿里巴巴集团内部人士对经济之声表示，他们并没有听到过这方面的风声。

内部人士透露：北京一个比较大的商家还晒过自己的账单，把客户账户名等都晒出去了，如果不是被分享出去的，支付宝在风控方面还是挺厉害的。如果是恶意泄漏，这个问题就严重了。

随后，艾瑞咨询分析师王维东也表示，这次客户信息泄露的程度并没有说的那么严重。

从用户的角度来讲，如果是单纯有一些社会层面的风险倒没有关系，但是这件事可能对支付宝的品牌造成一定的影响，这个事情出现之后，用户可能会担心支付宝的相关信息泄漏和损失，从用户感知层面，可能会觉得支付宝存在一定的安全隐患。

【基本训练】

1. 在当前环境下，网络支付的安全问题都有哪些？

2. 网上支付安全技术都有哪些？

3. 根据消费者使用习惯，谈一下为什么安全因素是影响消费者消费行为的主要因素。

第 8 章　移动支付

【学习目标】

通过本章学习，应该达到以下目标：

知识目标：了解移动支付的概念，了解移动支付的发展现状，理解移动支付发展中存在的问题。

技能目标：掌握移动支付的基本技能。

能力目标：通过学习移动支付内容，具备利用移动支付实现支付的能力。

近年移动支付业务正在以迅猛的速度发展着，尤其是在欧美、日、韩等西方发达国家，用户普遍接受、认可了移动支付业务。艾瑞咨询发布的 2013 年第二季度中国移动支付市场研报显示，2013 年中国第三方移动支付市场第二季度交易规模达 1 064.1 亿元，环比增长 64.7%。其中，支付宝以 60.7%的市场份额位居第一位，并在移动互联网支付细分市场中占据 75%的市场份额。

支付宝公关总监陈亮日前在微博透露，在 2013 年 8 月 1 日当天，支付宝无线支付笔数已达到 971 万笔，超过去年双 11 的无线支付笔数 900 万笔。另外，在总交易笔数中，支付宝无线端的占比也从不到 9%上升到 24%。

美国市场研究公司 Gartner 于 2013 年 6 月初发布的一份研究报告称，2013 年全球移动支付交易额将达到 2 354 亿美元，较 2012 年的 1 631 亿美元增长 44%，其中仅转账一项便占据 71%的份额。然而，曾被寄予厚望的 NFC(近场通讯)支付技术仅占 2%。

中国支付清算协会 2013 年 6 月 30 日发布的《中国支付清算行业运行报告 2013》显示，2012 年全国第三方支付市场规模已超过 10 万亿元。报告显示，2012 年全国商业银行共处理网上支付业务 192 亿笔，总金额为 823 万亿元；支付机构共处理互联网支付业务 104.56 亿笔，总金额为 6.89 万亿元。在移动支付方面，2012 年商业银行共处理移动电话支付业务 5.35 亿笔，总金额为 2.31 万亿元；支付机构共处理移动支付业务 21.13 亿笔，总金额仅为 1 811.94 亿元。

从以上的数据可以看出，移动支付的整体走势是乐观的，但真正用在移动端的支付情况却并不是媒体上大肆报道的那般火热。

8.1　移动支付的含义和分类

近年来，移动支付逐渐走进了人们的日常生活，那移动支付指的到底是什么呢？简单来说就是一种使用移动设备进行资金支付换取商品或服务的支付方式。付款人的位置可以是不固定的，他所在的位置和基础设施对移动支付并没有影响，像手机、笔记本等这些都可以是移动支付所使用的移动终端。在应用模式和采用的技术等方面，移动支付主要分为远程支付和近场支付。远程支付指的是顾客通过短信、WAP、银行等服务将资金转给商家，一般情况下消费者可以通过账户号码、手机号码等信息来确认，而整个过程的真实性可以通过顾客从移动设备上发送短信、密码等方式来确认。远程支付这种支付方式会在网络与终端融合的背景下和互联网支付更加紧密地融合在一起，很难分开。那近场支付指的又是什么呢？指的是顾客通过平板、手机等移动终端在通过部署的商户的消费终端使用近距离通信技术进行资金转移来完成支付，像拿手机在读卡器上购买地铁票就是近场支付。

8.2 我国当前移动支付业务的现状

伴随电子商务平台的兴起以及智能手机的广泛运用，在我们的每个生活细节中都逐渐渗透着移动支付业务，我国手机用户在去年就已经达到了10亿，在世界上已经成为当之无愧的最具潜力的移动市场，据有关机构预测，我国智能手机用户将在今年底超过5亿。手机已不仅是单纯的通信工具，已经成为我们生活中的一种支付工具，对于手机用户来说，在日常的消费、转账等业务中不会受到时间和地点的限制。移动支付业务正经历着高速发展的旺盛时期。在这几年我国移动支付业务交易额保持高速增长，愿意通过手机下单交易及完成支付的用户日益增多，并且这样的意识还在继续上升。相对于计算机的渗透率，手机具有明显的优势，有的外来务工人员或农村用户也许没有电脑，但能借助手机上网进行支付交易，完成转账业务。可见，即便与互联网有交叉的地方，但在移动支付领域手机要比互联网有更广阔的空间。

在我国是由金融部门、移动运营商联手推出了移动支付业务，它是通过手机作为媒介进行消费、理财的电子交易服务。用户通过移动支付系统不但能够用手机方便缴纳各种日常费用，还能够随时随地进行银行转账；不但能够采购需要的商品，还能够买彩票等。手机银行等业务已经成为当下潮流，它们是跨行业开展协作的产物，其发展是由移动及支付平台运营商、银行、商户、消费用户等构建的产业价值链。只有打造良好的商业运营模式和构建完善的产业链，移动支付业务的健康稳定发展才能得到保障。就全球移动支付业务发展来说，其格局是以第三方支付公司为主导的，在能够快速反应出市场需求和创新产品上具有一定优势。我国当前参与移动支付业务的主体有：银行、中国移动、中国联通、中国电信、中国银联以及支付宝、快钱等第三方支付公司。我国现有的第三方支付公司规模普遍偏小，有的甚至还缺乏央行规定的结算资质。即使如此，手机订票、手机银行等业务依然在迅速发展，因此陆续出现了大量的第三方支付平台和支付公司，如北京通融通、掌上通、上海捷银等，并且同移动运营商在各地进行广泛合作，产生了多样化的移动支付业务。第三方支付平台的出现可以使原来错综复杂的利益群体之间关系变得简单化，由原来"多对多"转变为"多对一"的关系，有助于我国移动支付业务实现规模化发展。

8.2.1 移动支付发展的趋势

不同国家和地区移动支付业务的发展水平及普及程度仍然存在差异性，各自根据自身的情况选择了不同的技术实现方式和商业模式。从全球移动支付发展程度来看，日韩的移动支付发展最为成熟，而西欧、美国等地近场支付发展相对缓慢。

日本是移动支付普及率较高的国家，远远超过美国和欧洲，已具有较成熟的商业模式。2010年12月，日本市场有大约9 800万用户使用移动支付业务，其主流的移动支付技术是日本索尼公司研发的非接触式感应技术——FeliCa。移动运营商NTT DoCoMo占据了日本移动支付业务市场的主导地位。

韩国移动支付快速发展的主要原因是政府对移动支付业务的高度重视和支持，政府出台了一系列政策为移动支付产业的发展创造了良好条件。韩国的三大移动运营商(SKT、KTF、LGT)牢牢控制着移动支付产业链，占据产业链的主导地位。

美国的移动支付处于初级阶段。整个移动支付生态系统中的主要利益相关方对于移动支付的发展和实施存在分歧，限制了移动支付在美国的快速发展。具体来看，美国的远程支付发展迅速，但近场支付相对缓慢，尤其是在NFC的推广上遇到了一定困难。2011年9月，谷歌与花旗、万事达等合作正式推出手机钱包(Google Wallet)NFC移动支付业务。但由于美国的信用卡消费十分广泛，NFC等近场支付手段短期内对于用户的便利性还无法得到体现。不过，通过外接读卡器利用智能移动终端实现POS功能模式的科技公司Square却取得了快速的发展，其年支付交易金额达到了50亿美元。Square模式的优点在于不受收银机的束缚，也不用再支付固定专用POS机所需的设备和连接费用。

在目前的中国移动支付市场上，主要有三大参与方：以银联为代表的金融机构、运营商和以支付宝为代表的第三方支付机构。由此在商业模式上也就出现了以银联、运营商和第三方支付各自主导的局面。银联、运营商和第三方支付机构各具长处，银联拥有完善、成熟的资金清算系统，运营商和第三方支付都拥有庞大的客户资源与销售渠道。整个市场多方合作和竞争纠结在一起。

目前由金融机构参与的近场支付可以归为NFC和类Square两种模式，银联和运营商是这其中的主要参与和主导方。目前国内三家电信运营商中国移动、中国联通和中国电信，均成立了以支付为主营业务的全资子公司：中移电子商务公司、联通支付有限公司和天翼支付有限公司，并均于2011年底，获得由中国人民银行颁发的非金融机构支付业务许可证牌照。市场另一重头玩家，或者说真正触动移动支付快速发展的始作俑者，是拥有淘宝强大客户基础和数据支持的支付宝。自2004年支付宝成为国内第一家第三方支付公司以来，第三方支付行业快速增长，企业数量超过300家。截至2013年7月，中国人民银行共颁发了250张非金融支付许可牌照，这也标志着第三方支付行业开始标准化和规范化。

但目前的现状是第三方支付公司主要专注于远程支付领域，在近场支付则尝试较少。由于第三方支付兴起是基于互联网时代的PC端的Web支付，然后把Web支付的方式移植到手机端，通过WAP、手机客户端等方式实现远程支付。

对于近场支付领域，限于曾经中移动和银联的技术标准之争，第三方支付公司普遍趋于保守，都没有推出基于RFID和NFC技术的支付产品，但是第三方支付与银联、运营商这样的国企巨头不同，他们体小好动，积极创新，利用其在远程支付领域的优势，通过条码等技术手段已经模拟实现了近场支付的功能。比如支付宝推出的二维码支付就是利用远程实现了近场支付，快钱推出的"快刷"，一种类Square模式的移动支付产品。

除了近场和远程两种划分外，移动支付领域还有一种更为通俗宽泛的划分，线上和线下。有人也由此把移动支付领域的竞争具体到是银联和支付宝两大玩家的较劲。支付宝占据PC端，线下POS端的银联一统天下是基本事实，但手机上的较量才刚刚开始。

未来线下消费，线上支付是潮流。主导投资了Square公司的纪源资本(GGV)合伙人李宏玮说，中国的移动支付目前和美国发展的模式有偏差。如果没有情境式融入，纯粹技术化的进步并不足在当下产生中国的PayPal或Square，但是，由于和美国金融业及支付习惯发展的不同步，倒可能衍生出新的商业模式。把传统的收单业务做出新花样，仍是多数初创公司当下最现实的选择。把一部手机变成收银机，这个看似简单的收单业务涉及数以千万计的商家和数万亿的商业规模。比如已经涉足互联网支付行业5年之后的汇付天下，也正式宣布开始进入更为传统的收单市场。但在货币形态日益过渡到无卡化的未来，这是不是一个过渡市场，是仁者见仁、智者见智的事。

毋庸置疑的是，融合、跨界、O2O将是未来移动支付发展的主流和趋势，但如何发展出符合各方利益的共赢机制和商业模式仍是未知的。我国在移动支付领域的发展趋势主要表现在以下几点。

1. 移动支付将形成产业联盟

在未来不管是移动运营商，还是银行和第三方支付公司，都无法单独做好移动支付业务这块大蛋糕，价值产业链中的各方协作已成必然。今后伴随有关政策法规的不断完善，大力推广的移动支付业务发展，移动支付业务将有望形成全面的产业联盟。它不但能打破通信、支付、智能卡等行业间的障碍，共同构建一个相互协作、密切沟通的平台，还能将运营商的网络维护能力，商户的经营销售能力，银行的综合信用度以及消费者对产品和服务的需求等进行有效整合，形成一个集近程与远程支付为一体的移动网上支付平台。

2. 移动支付业务发展前景广阔

移动支付将对各方资源进行有效整合,实现安全可靠、方便快捷、随时随地的支付服务。我国手机用户已经达到10亿,这样庞大的潜在客户群为移动支付业务打下了坚实的发展基础,提供了巨大的商机。例如,电信和联通都推出了手机支付业务,电信通过账单账户、行业支付卡等各种账户,提供手机充值、缴费、订购商品等服务;联通的手机能当做公交卡等。预计2014年我国移动支付交易量将达到3 800多亿元,移动支付用户将超过3.8亿,所以我国移动支付业务未来市场前景广阔。

3. 移动支付交易额将延伸到大额领域

我国当前移动支付业务主要集中在盈利少的小额支付上,所以未来延伸到大额支付领域是一种必然选择。因为,随着业务的不断推广,大众对其接受度在逐步增加,有助于推广大额支付业务;手机技术的成熟使安全性增加,为其提供基础;产业联盟逐渐形成,为移动运营商开展大额支付业务规避政策壁垒。

8.2.2　移动支付模式

移动电子商务使用人群更加大众化,服务更加个性化,不受时空限制,可随时随地进行移动支付,是一种灵活、高效的电子商务,它的应用模式也有别于传统的电商模式。目前移动支付在我国有以下几种应用模式:

(1) 基于LBS的O2O模式

O2O模式算是移动电子商务模式的典型代表。在一个陌生商圈里想找家咖啡馆,打开手机客户端进行搜索并准确定位,还能下载这家咖啡馆的优惠券获得消费折扣,既方便又省钱。这就是典型的O2O(即Online To Offline,将线下商务机会与互联网结合在一起,让互联网成为线下交易的前台)应用场景。

在移动终端的普及下,通过电信移动运营商的无线通讯网络或外部定位方式获取移动端用户的位置信息,在GIS平台的支持下,即时即地的把线下商务机会与移动互联网有机结合在一起,客户可以通过移动终端随时随地筛选服务,在线支付、结算,也可以先体验再结算。O2O模式与传统的电商模式还有一个最大的区别就是"闭环",它可以全程跟踪用户的每一次交易和满意程度,即时分析数据,随时调整营销策略。随着模式越来越成熟,O2O将会为用户提供更好的体验和服务,将会促进移动电子商务的飞速发展。

基于LBS的O2O模式中,移动电子商务给用户提供的生活信息服务不是简单的信息分类展示和信息搜索,而是精准化和智能化的信息服务,可以更快更好地帮助用户进行选择服务。

(2) APP商用模式

当前,用手机和iPad上网的人越来越多,人们的上网习惯已从使用PC机逐步转向使用 APP 客户端上网，而目前国内各大电商，均拥有了自己的 APP 客户端。APP 客户端的商业使用，已经初见锋芒。京东集团意识到移动电商的未来潜力，开始上线京东移动端。目前该移动端已经服务于包括安卓、苹果、塞班、微软等 10 多个移动平台。日订单量超过 10 万单，占全站订单量的 10%；移动客户端用户超过 5 000 万，并以超过 10%的月递增速度迅速增长，手机网页版每日访问用户超过 150 万，访问页面浏览量过亿。除京东外，中国移动商城、淘宝、凡客诚品、唯品会、国美在线等大企业纷纷开发了手机移动端，而且从类别上来看，涵盖了吃穿住行用方方面面。

商用 APP 是移动电子商务发展的一个必然趋势，不管是电子商务公司还是传统零售商都在朝这个方向发展。

(3) 微信营销模式

在移动商务领域，垂直电商网站继植入手机商用 APP 应用之后，又将发力点转向微信平台。微信营销的模式包括：

查看附近的人：用户点击后可以根据自己的地理位置查找到周围的微信用户。在这些附近的微信用户中，除了显示用户姓名等基本信息外，还会显示用户签名档的内容。所以也有许多用户利用这个免费的广告位为自己的产品打广告。

品牌活动式：微信的用户逐月增加，因此不少大品牌也在尝试利用微信推广。其中，漂流瓶便是商家看重的一个微信活动应用。

O2O 折扣式：微信结合 O2O 展开商业活动，将二维码图案放置取景框内，微信会帮你找到好友企业的二维码，然后你将可以获得成员折扣和商家优惠。细化直接的营销渠道进行一对一的关注和推送，公众平台方可以向“粉丝”推送包括新闻资讯、产品消息、最新活动等消息，甚至能够完成包括咨询、客服等功能。

另外微信方面也适时开通了在线支付功能，电商进驻微信，是一个新的营销趋势，未来微信有可能成为最重要的移动电子商务平台。价格优惠，是移动电子商务吸引客户的关键手段。在微信上，大打实惠牌的企业比比皆是。天猫在微信开展了“微信特权，专享优惠券”；唯品会在微信推出了有时间限制的优惠编码。“我为自己代言”的聚美优品和“不美不活”的乐蜂网都在微信申请了公共账号，来进行自己的客户服务。

在移动支付领域，根据运营主体划分，主要存在以下四种商业模式：

(1) 以移动运营商为运营主体的商业模式

这种模式的特点是：移动运营商作为移动支付平台的运营主体，移动运营商会以用户的手机话费账户或专门的小额账户作为移动支付账户，用户所发生的移动支付交易费用全部从用户的话费账户或小额账户中扣减。在以移动运营商为运营主体的移动支付业务模式中，移动运营商除了承担着基础网络服务和内容增值服务的角色之外，还承担了账户系统、资金清算等金融机构的责任，不需要银行过多的参与。这种商业模式的好处是：技术实现简便，缺陷是：移动运营商的角色定位不清楚，使得产业链各方的利益难以保证，前景复杂；在政策层面，如果发生大额交易将与国家金融政策发生抵触；无法对非话费类业务出具发票，税务处理也很复杂。

(2) 以银联为运营主体的商业模式

银联作为国内银行卡信息交换网络的金融运营机构，所提供的移动支付平台接入服务是银行卡支付服务的延伸，有别于商业银行个性化的手机银行业务，属于为所有商业银行向持卡人提供统一和普适化的一种金融服务。中国银联覆盖全国的银行卡信息交换网络连接国内所有商业银行这个独特的优势和国家支持的背景，使得银联在移动支付产业成为一个可信赖的合作伙伴。由银联来建立和运营移动支付平台，可以避免以移动运营商为主导的一些弊端，同时也能解决多个银行共同开展移动支付业务时带来的困扰和资源浪费等问题，优化了整个产业，使得各方的定位更加明晰，大家能各司专长，共同事业，共同发展。

(3) 以银行为运营主体的商业模式

银行通过专线与移动通信网络实现互联，将银行账户与手机账户建立对应关系，用户通过银行卡账户进行移动支付。银行为用户提供交易平台和付款途径，移动运营商为银行和用户提供信息通道和内容服务，不参与支付过程。当前我国大部分提供手机银行业务的银行(如招商银行、广发银行、工商银行等)都由自己运营移动支付平台。以银行为运营主体的移动支付模式的主要缺陷是：各银行只能为本行用户提供手机银行服务，移动支付业务在银行之间不能互联互通；各银行都要购置自己的设备并开发自己的系统，因而会造成较大的资源浪费；对终端设备的安全性要求很高，用户需要更换手机或 STK 卡。应当看到，每位用户正常情况下只拥有一部手机，但他可能同时拥有几个银行的账户。如果一部手机只能与一个银行账户相对应，那么用户无法享受其他银行的移动支付服务，这会在很大程度上限制移动支付业务的推广。

(4) 以独立第三方服务提供商为运营主体

移动支付平台服务提供商是独立于银行、银联和移动运营商的第三方经济实体，以第三方交易平台为运营主体提供移动支付业务的主要特点是：银行、移动运营商、平台运营商之间分工明确、责任到位；平台运营商发挥着“插转器”的作用，将银行、运营商等各利益群体之间错综复杂的关系简单化，将多对多的关系变为多对一的关系，从而大大提高了商务运作的效率；用户有了多种选择，只要加入到平台中即可实现跨行之间的支付交易。平台运营商简化了其他环节之间的关系，但在无形中为自己增加了处理各种关系的负担；且移动支付的发展目前还在培育阶段，在市场推广能力、技术研发能力、资金运作能力等方面，都要求平台运营商具有很高的要求。而目前，中国第三方支付平台整体上自身还处于被监管的地位，进行这种复杂的整合，会显得力不从心，难以推进。

8.3 移动支付中的问题

8.3.1 相关规章制度缺失

移动支付刚刚出台，还是一个没有形成明确框架和流程的雏形。监管部门对网上支付和支付服务整体的技术平台准入条件的标准还未具体规定，“规范发展与促进创新并重”是他们的态度。银行将手机银行业务作为电子银行业务的一部分来看待，并没有对它做出单独规定，而是将手机银行业务加入到整个电子银行业务章程中进行统一的管理。为了更好地保护用户的合法权益和业务的健康发展，银行先不做出针对性规定。

8.3.2 有待提高的市场

由于移动支付业务是一种新兴的支付业务，所以还有很大一部分的民众不能接受它。用户对支付业务不了解，不太接受，会大大影响业务的发展。虽然3G用户逐年增加，但是移动支付的业务量仍然不大。对于城市居民来说，金融服务是十分周到的，居民对这项业务需求量不大。虽然金融服务网点在某些农村地区存在分布空白，但受传统消费模式的影响，农村人对新鲜事物接受能力有限，所以对这项业务还很陌生，农村人并不能真正的了解移动支付业务，他们并不能在心理上接受它，不太会使用它。

年轻人是比较前卫的一个群体，年轻人对于新事物的接受能力比较强，他们也愿意去尝试新事物，所以新兴的移动支付业务也能被很多的年轻人所接受，现在主要用户是年轻人。只是有年轻人的支持还是不够的，我们还需要更多民众的支持，所以市场需求量还是需要大大地开发和培育。

8.3.3 要加强产业链之间的合作

移动支付并非如一款APP一样，单一开发者或是几位合作者就可以决定和控制。移动支付是一项庞大的社会系统工程，而且牵涉其中的利益方众多。从产业链主要参与方的角度来看，金融机构、运营商、第三方支付、移动支付技术与方案提供商和设备制造商的互动与博弈将推动着这一市场向何处去?

移动运营商、银行、非金融支付机构、设备提供商以及消费者这些都是移动支付的参与者，在这个产业中没有主导机构的原因在于，每个机构都想占主导地位得到最大的利益。在银行和运营商之间，虽然银行有很多优点，比如具有严格的资金安全管理和更好的内控制度，并且还和商户有十分紧密的联系，但是运营商也是必不可少的，它与银行也有密切的联系。产业链不能更好地合作是产业不能更好发展的困扰。银行不给运营商提供自己的终端设备，反过来运营商也不会给银行提供大量的客户，所以造成了资源的浪费和不能更好地利用，各类资源不能发挥其最大的用处。这些都是移动支付产业不能更好发展的原因，所以要实现互利共赢的前提是各方面全力合作。

布丁移动CEO徐磊认为，移动支付进入商户和用户的消费流程主要还在线下支付。目前线下支付发展最快的是公交一卡通。在全国一二线城市基本都已覆盖。公交一卡通的移动化其实已经发展多年，但一直没有形成潮流，核心还是需求没有很好地得到释放。尤其一卡通公司的运营需要在移动化过程中没有得到质的改善，甚至可能因为移动化而造成话语权的降低。而用户端也没有形成特别强烈的需求，加之移动支付本身对手机、SIM卡甚至运营商都有层层制约，用户想用也很难。

因此这就需要金融企业与手机生产商、电信运营商等多方协作，为线下支付努力营造良好的市场需求，培养足够的市场支撑。移动支付不光是上游企业布局的事，没有消费者和广大商户的配合，也只能是曲高和寡。

8.3.4 存在的安全风险

安全性是移动支付作为新兴支付方式需要首要解决的问题。在移动支付过程中无论是运营商还是客户自己都要考虑好各个环节中个人信息的安全问题。对于用户的信息安全我们要做到高标准、严要求，而且信息收发一定要做到保密性、完整性、公平性，要让客户满意放心，要确保移动支付的每一个环节都是安全的。由于现在用户对移动终端防病毒、防泄密这些知识还不了解，对个人信息的保密程度还远远不够，所以消费者对这方面应该引起重视，一定要加强对手机PIN码、网银密码以及个人信息的保密，需要重视因为盗窃个人密码信息而引起安全风险的案件。移动端安全问题一直不容小觑。据网秦发布的《2013年上半年网秦全球手机安全报告》显示，网秦"云安全"监测平台2013年上半年查杀到手机恶意软件就达到了51 084款，同比2012年上半年增长189%；2013年上半年感染手机2 102万部，同比2012年上半年增长63.8%。2013年上半年手机恶意软件感染设备数量相较于2012年上半年整体有所增长，其中2013年6月份增长最为迅速，同比2012年6月份增长80%。全球范围内，中国大陆地区以31.71%的感染比例位居首位。

当网购在人们日常生活中占据重要地位的同时，手机病毒制造者也将黑手伸向了手机网购和移动支付领域。移动支付正逐渐成为病毒重灾区。

8.4 促进移动支付健康发展的对策

8.4.1 完善法律规定、强化央行的服务监管职能

相关部门要尽快出台具体的监管办法来应对移动支付业务。要对移动支付作出以下规定：首先，对客户身份识别能力一定要强化，对可疑的或大额的支付交

易一定要加强监测,以防犯罪分子利用手机银行将资金大规模地转移;其次,为了保护客户,使移动支付业务更加的安全可靠,就要将客户权益和安全技术标准再次细化;最后,将开办支付业务的各种条件明确和细化来使得今后移动支付业务的发展方向更加规范化。

伴随移动支付业务的发展,其支付方式得到创新的同时,不仅对央行的支付结算服务的不断完善提出了更高的要求,对央行的支付监管体系的强化也提出了更艰巨的挑战。此外,移动支付业务使用的是大量的电子货币,一旦对电子货币监管失控,导致其不断泛滥,那么市场中的货币流通量将直接被放大,就会使国家在制定相关金融监管政策方面产生误差,国家相关经济管理部门在判断整个经济发展走向时将受到不利干扰,同样央行在制定实施相关货币政策时也会受到不利影响。所以央行需要采取必要措施,以便适应不断发展的移动支付业务需求,例如使跨行支付结算系统得到完善,从而满足移动支付业务的相关处理需求;对移动支付业务的发展动态做到时刻关注,将日常监管范畴逐渐涵盖到移动支付体系,以便更好地控制支付风险;需要综合各种因素来协调市场发展,央行要详细研究为非银行的第三方支付公司开放相关支付服务系统;对电子货币要严格规范、统一发行,详细研究传统货币受到电子货币发展的影响程度,不断提高相关货币政策的贯彻执行水平;需要尽早颁发具体管理办法,明确规定第三方支付公司的市场准入条件、监管部门、具体业务操作流程和范围以及风险管理措施等。

8.4.2 培养客户形成良好的使用习惯

每个国家都会有其发达的地区也会有其不发达的地区,根据对外国的研究得出经验,一般发达的地区其金融服务十分的周到,供给也十分的充裕,人们对于移动支付的需求相对来说就会小一点,所以发达地区的移动支付都偏于小额,而那些不发达的地区,金融服务并不是十分的完美,会相对匮乏,人们对于移动支付的需求也就相对要多一些,所以移动支付都发展得十分成熟。同理而言,在我国应该着重考虑农村地区移动支付业务的发展问题,可以为人们提供多样化的服务,这样不仅解决了农村人们不方便的问题,同时还解决了城市零星小额支付的问题。比如,开展小额支付业务,开展多样化的支付业务,让人们对移动支付业务有一个更好的了解;对于银行不方便进入的地方由运营商代替,提高用户对移动支付的了解。移动支付运营商们还需要切实解决商户与用户的使用成本问题,以提高用户使用的积极性。

以微信支付为例,腾讯若希望微信支付成为商户和用户移动支付的首选,就需要解决微信支付的便捷性与安全性问题:财付通可以与任意银行卡打通,QQ号就是财付通的账号,实现一键支付,简化中转途径,省去不必要的跳转路径,确保支付与财务无缝安全对接。

其次使用微信支付要让商户和用户觉得有利可图,比如用户使用微信支付可享受某种待遇的实惠，商户接入微信支付享受某种程度的政策优惠或额外功能等。

8.4.3 加强产业链之间的合作和联系

目前我国移动支付产业与银行、移动运营商，设备提供商、消费者等众多机构都有着联系。每一个机构都想在这个产业链中获取最大的利益，可以在这个移动支付产业链中占据极其重要的地位。但想要在这条产业链中占主导地位是不可能的。拿银行和移动运营商来说，银行机构具有很多的优势，比如它有严格的资金管理和很好的内控能力，而且和商户联系紧密；但是运营商是必须存在的，运营商存在于任何形式的移动支付模式中。所以，产业链中的各个部分不能够相互合作、相互协调，这也就很不利于产业链的优化，这样移动支付产业的发展就会受到很大的影响。比如，银行不给运营商提供自己的终端设备，反过来运营商也不会给银行提供大量的客户。各个方面的资源不能够很好地整合起来，这样有的资源就会被浪费。如果产业链的每个部分都能够相互协调、相互合作，发挥出各自的优势，那就能够实现多方供应了。

加强产业合作实现行业统一标准。移动支付业务不同于其他移动增值业务，业务涉及范围广，其产业价值链是由移动运营商、银行、银联、第三方支付公司、手机生产商、芯片生产商、终端用户等许多环节构成的。此价值产业链中各环节呈现的是共存共赢的关系，不管是哪个环节脱落，都将严重阻碍整个移动支付业务的发展。所以必须要集中多种资源，发挥集体智慧优势，形成产业合作的模式，各方共同去研发规定满足移动支付业务发展需求的相关统一标准，在统一标准的引导下，各尽其责，做好自身的本职工作，促进整体移动支付业务的健康稳定发展。

8.4.4 运营商需要树立正确的态度，创新商业模式

以移动运营商与银行的协作为例，从它们提供的移动支付业务的角度看，在它们之间一方的劣势正好就是另一方的优势，从而形成了一种互补关系。在支付流程管理方面移动运营商经验不足，银行的优势恰好就在于此，而在移动支付业务的传输过程中银行则缺乏控制力，移动运营商不但控制着整个传输过程，在其数据库中还储备了大量的移动客户群。可见，成功开展移动支付业务的必备条件就是加强移动运营商与银行之间的大力协作。推动社会发展进步的一个重要动力之源就是创新，移动支付业务要想更能满足市场需求，就必须要通过创新产品来实现。银行应该以支付账户为基础，为用户提供一整套移动支付服务，包括现场支付、远程支付等。运营商应该以互联网、手机终端为基础，打造集现场支付、远程支付为一体的移动电子商务平台，以便给用户提供全面的移动电子商务和综合信息服务。处于价值产业链中的各方都要充分发挥各自的资源优势，促进产品形态、技术工艺以及商业模式等重大突破。只要是在国家金融监管法规范围内，

各方在各环节都要积极创新移动支付相关工作,这样就必定能营造一个市场接受、用户满意、各方共赢及国家认可的移动支付业务环境。

8.4.5 提高移动支付的安全性

安全是移动支付潜在的最大问题。在现有环境下,由于中国没有出现过大的个人金融风险,因此消费者的风险防范意识其实很低。随着智能手机的普及,手机支付的发展速度事实上超过了很多人的预期。由于手机本身的开放性,金融风险是必然存在的,当然同样由于手机的运算能力增强,控制金融风险的能力也会比传统磁卡等更有机会。未来一段时间,风险控制将会成为手机支付必须解决的核心问题。移动支付要想更好更强地发展下去,安全问题要放在第一位,实实在在地为用户考虑,积极采取各方面相应的措施,保证用户的个人信息安全,保证用户的资金安全,叫用户放心。

近年来移动支付发展很快,产业链的各方都积极筹划着自己的布局,虽然现在移动支付还承载着各种各样的问题,比如法规、技术方面的问题,但是我们相信只要我们用前瞻性、战略性的眼光不断地完善我们的体系,我们所面临的问题都将不会是问题,所有的问题都能得到很好的解决,时刻把客户放在第一位,就会在全球商务经济发展中占据领导者的地位。

8.5 移动支付应用的新形式

8.5.1 指纹支付

手指一伸,就能购买电影票,买衣服,吃饭结账,或许指纹支付很快就会来到我们身边。作为国内唯一一家持有指纹支付牌照的公司,上海点佰趣公司宣布,今年将把指纹支付业务向北京等地推广。这种新型移动支付方式前景究竟如何?

点佰趣科技有限公司副总裁汪捷介绍,从2008年起,公司就推出指纹刷卡服务“指付通”。截至2012年底,“指付通”在上海的用户总数已经达到80万人,覆盖约两万家百货、餐饮等消费企业,每年交易的资金总额约1.6亿元。如何能“手指一按,轻松付账”,汪捷介绍:用户可以直接到银行网点或者在指定的商家通过按指纹、刷银行卡、输入自己的身份证号码等相关的信息完成绑定,这是免费的。消费过程中,直接按指纹就完成支付动作,不需要签名,跟传统的银行卡比是一种安全便捷的支付方式。

目前,指纹支付支持所有带有银联标识的银行卡,每个指纹现在只对应一个银行卡账户。消费者需要在装有指纹POS机的商家才能使用,而这些商家也会给出不同的消费折扣。谈到指纹支付的安全性,汪捷说这恰恰是优势所在。汪捷介绍:“我们是采取指纹上无数个细小特征点转化成一组逻辑数据换算的。第一,用户不用担心隐私的问题,我们不保存原始图像。第二,这个指纹现在是活体识别，完全杜绝像截指纹这种这种仿冒的问题。”

2013年年初，美国开始在南卡莱罗纳州试行指纹支付。中国的指纹支付市场也早被资本大鳄盯上，上海点佰趣的投资方包括了中金、联想、鼎晖等重量级的投资机构。汪捷表示，指纹支付的商业模式逐渐成形。汪捷说：“第一块，指纹支付(用户)向银行交正常交易的手续费，银行会跟我们分账；第二块，帮助商家建立会员管理系统，特别是包括储值卡的发售系统，我们向商家收取交易佣金。”

“指付通”在上海试点后，目前正积极向北京等城市进一步推广。

眼下，手机支付等各类第三方移动支付方兴未艾，指纹支付能否脱颖而出，成为人们生活消费支付的新方式，也有业内人士持谨慎乐观态度。易观国际分析师张萌认为，相比其他移动支付方式，指纹支付如何让客户商家放弃原有支付途径，还有待观察。张萌说：“这种商业模式国内就他们一家在做。现在各种支付方式，声波支付、指纹支付，太多了，指纹支付安全性可能会更高一些。但是这种商业模式要有终端适配，推广成本相对来讲更高。和银行卡刷卡、输密码的支付方式相比，你的优势有哪些？用什么方式去吸引用户最终来使用？”

8.5.2 阿里金融：移动信用消费撬动支付变革

阿里巴巴金融(下称“阿里金融”)高调推出的“信用支付”，被看做是对银行业传统支付的一大冲击。

这是一个非常大的挑战，阿里金融从一个支付平台到为客户提供金融服务，这对支付行业是一个颠覆性的变革。但在这个产业链中，移动支付与银行的金融服务将逐渐相互渗透。《第一财经日报》了解到，银行业人士面对阿里金融的“信用支付”冲击，更多的是希望能够在这个产业链中相互渗透，实现合作共赢。

央行行长周小川近日也在全国人大新闻中心举行的记者会上表示，对新生的、特别是科技促进的金融业一直是支持的态度。对于互联网银行出现的探索，央行的态度应该是给予支持的。

1. 与银行合作

阿里金融推出的“信用支付”业务，旨在为信誉较好的买家和卖家提供更为方便的金融服务。据了解，2013年4月中旬该产品正式上线之后，买家可以通过在支付宝中信用支付业务，申请1～5 000元的信用额度，买家可以利用该信用额度在淘宝或者天猫上消费，免息期38天。目前，最高申请额度可以达到2万元。

这一带有信用的支付功能，被市场认为是银行信用卡的功能，更被业界称为“虚拟信用卡”，支付宝也被解读为逐渐“银行化”。

对此，阿里金融以及支付宝都做出极力否定。“阿里巴巴今天不会办银行，也不会成为银行”——阿里巴巴金融公司总经理胡晓明曾多次这样表示。

阿里金融通过与银行合作的模式推动“信用支付”来避嫌“银行化”的误读。据介绍，信用支付的额度由合作银行来提供，支付宝则通过收取手续费来与银行共同赢利。

“阿里金融更多的是从自己的平台出发研究，如何为自己的客户提供更好的服务。我们也提供金融服务，在这个产业链中，如果有机会的话，合作共赢是将来最好的方式。”——中国银行个人金融总部副总经理胡浩中表示，对阿里金融“信用支付”的模式感兴趣。

相对于大行而言，中小银行的热情则要高出很多。“通过合作，可以为银行提升消费金融的规模，银行何乐不为?”——某股份制银行信用卡中心人士称。她表示，支付宝的客户资金可以形成短期的沉淀，因此有实力为银行提供垫付资金。相对于银联只为银行提供数据转接功能，阿里金融“信用支付”业务不仅可以为银行带来客户，还有能力做出资金垫付和为银行带来盈利。

阿里金融“信用支付”的盈利点在于手续费。阿里金融向商户单向收取1%的手续费，如果买家在不支持信用支付的商户购买商品，则买家承担这1%的手续费。目前手续费可打八折，为0.8%。至于银行和阿里金融如何分账，尚需细节谈判。

2. 撬动支付变革

阿里金融称，目前“信用支付”的功能暂时不对PC开放，只针对移动支付以及互联网终端开放。

“小额、移动、方便、快捷，这些支付特点都是伴随着互联网金融的迅速发展而推进的。未来，移动支付是必然趋势，而为移动支付提供金融服务也是银行的蓝海。”——一家城市商行地方分行负责人表示。

市场看来，银行在支付领域的变革稍显被动。近年来，第三方支付的兴起刺激了银行的互联网支付格局，如今移动支付也正在被第三方支付推着前行。不管怎样，拥有金融优势的银行在支付领域依然存在较大机遇。

数据显示，中国移动支付进入快速增长期，2012年中国智能手机用户规模达到3.24亿人，2012年末，中国移动电子商务交易规模达到550.4亿元，同比增长380.3%。目前，已经有250家企业获得央行的支付牌照，多元化的市场参与也意味着支付领域的竞争在加剧。

阿里金融的“信用支付”业务，正在撬动支付格局的变革，“虚拟信用卡”的模式会成为移动支付的另一种趋势。

2005年以来，中国消费信贷余额以年均29%的速度增长，预计2015年将达21万亿元。巨大的消费金融市场潜力给信用卡业务发展带来绝好的机遇。

据了解，中国银行在2012年下半年推出了真正意义上的“虚拟信用卡”。在客户实体信用卡账户下面，客户可以自定义一张虚拟信用卡的交易时间和交易期限，银行通过通讯工具给客户发布卡号和密码。

中国银行的“虚拟信用卡”正是希望能够满足互联网以及移动支付的需求，同时为对网购安全存在一定顾虑的客户量身定做的一项创新支付功能。

尽管阿里金融“信用支付”在极力避免“虚拟信用卡”这一称呼，其模式也与中国银行的“虚拟信用卡”存在差别，但共同之处是在满足移动支付之外，增加了客户的信用支付能力。

3. 风控之忧

“阿里金融在支付宝领域是不是可以做金融服务”，“是否能够控制风险”，市场对阿里金融“信用支付”质疑不断。

“风险方面，由于银行业的风控和其他行业的风险敏感点不一样，如果支付宝做信用支付，由于具有潜在的金融风险，因此在人员架构上需要谨慎。”——某股份制银行信用卡中心人士表示，如果和银行合作，银行则可以更有效地帮助阿里金融控制风险。

2013年4月中旬，支付宝“信用支付”在浙江和湖南两省正式上线，被认为是阿里金融对风险的一个测试，该业务将会在全国铺开。

阿里金融的“信用支付”风控优势在于支付宝基于实名制的支付数据，这为阿里金融在风控方面提供了很好的参考。

8.5.3　第三方支付机构开展的NFC手机支付业务

NFC(Near Field Communication)指近场无线通信，广泛应用于包括支付在内的各类信息交互。NFC在移动支付中的使用原理是用户和商户面对面交互，通过非接触式受理终端，使用非接触式芯片，在本地或接入收单网络完成支付。

从NFC手机支付角度出发，就其发展态势、竞争优势和关键问题进行阐述，借鉴美欧等已开展该类业务的国家的先进经验，通过分析我国东部三大都市圈的地域特点，为第三方支付机构大力开展NFC手机支付提供思路，为其在竞争激烈的东部发达地区打开市场作参考。

1. NFC手机支付业务的发展态势

近年来，随着智能手机的日渐普及，NFC手机支付业务在国际市场方兴未艾，在国内市场也已起步。

2012年，谷歌钱包(Google Wallet)项目持续推进；星巴克移动支付应用(Starbucks Mobilepayment App)为市场迅速接受且好评如潮；万事达卡的PayPass、Telefonica的O2 Wallet以及Visa的V. me也已进入市场。目前，宣告即将以个性化解决方案进入移动支付市场的还有微软、PayPal、Sprint等知名企业。围绕NFC将形成各式新型的战略联盟，发起更多的兼并重组。根据Forrester Research的相关预测，到2016年，美国1/4的消费者会拥有至少1部具备NFC功能的手机，一旦用户将移动支付嵌入个人生活，创新的步伐必然加快。

随着手机保有量和渗透率的加速上扬，NFC在发达城市已逐渐成为潮流和发展趋势。与此同时，作为NFC标准(13.56 MHz)发起者的中国银联已计划将支持NFC“闪付”终端的改造量从150万台增加到400万台。中国移动则提出在

2013 年将推出 1 000 万部 NFC 手机，并拿出 160 亿元补贴推动 NFC 走近用户，这是移动运营商首次对 NFC 明确提出量化指标。由此可见，NFC 手机支付在经历多年预热后已受到市场追捧，将在全球迎来新的发展契机，亦将成为包括金融机构、移动运营商、第三方支付机构、互联网公司和零售商在内的各方既相互争夺又重组联合的支付业务制高点。

2. NFC 业务的竞争优势和 NFC 手机支付中的关键问题

(1) NFC 业务的竞争优势

NFC 业务依托互联网和智能手机的普及获得长足发展，源于其自身所特有的竞争优势。

首先，NFC 业务具备便利性。NFC 支付是目前技术最成熟的近距离支付方案，其反应时间为 0.1 秒，感应距离为 15 cm。手机属于随身携带物品，具备 NFC 支付功能的手机可让人们省去携带现金、银行卡、预付卡等的麻烦。美国移动支付公司 PayByPhone 2013 年 4 月正式宣布为纽约地区停车场提供 NFC 服务，注册用户可使用移动电话的 NFC 功能在停车计时器上完成停车费的支付。此前，PayByPhone 在旧金山、迈阿密、伦敦、温哥华、渥太华和布鲁克林第 18 区等世界城镇化率最高(超过 90%)的地区完成了 NFC 系统的布局。

其次，NFC 业务具有较高的安全性。其信息加密等安全功能集成在硬件上，相比基于软件应用的互联网支付，更多一层屏障。另外，较之于现金支付，其网上支付的模式不涉及假币和找零风险。

再次，NFC 业务还具备广泛的可扩展性。该特征使 NFC 业务可与其他多项业务捆绑，既可实现资金流的电子化，又可实现业务本身的电子化。法国的 Cityzi 服务不仅可以让用户快速扫描自己的移动设备进入火车站，还方便其在随处可见的 NFC 标签上挥动移动设备获取地图、产品信息或其他服务。比利时的 Walibi 游乐园最近推出的 Walibi Connect NFC 系统可让游园者用移动设备扫描 NFC 腕带来自动发送或更新喜欢的活动和景点到 FaceBook 网页。

中国企业也不甘落后，贵州茅台宣布国酒茅台将率先启用新兴科技溯源体系，消费者可以通过具备 NFC 功能的手机终端查验带有 RFID 芯片标签的每一瓶茅台酒的品名、规格、生产批次、生产日期、销售渠道等信息。茅台此举一旦推广，无疑会为消费者提供验明产品真伪的新渠道。

简言之，NFC 业务不仅丰富了支付的手段，简化了支付的过程，更直接助力线上与线下业务、实体与虚拟业务的融合，对 O2O 等新型商业模式的推广，乃至产生全新的业态具有极深远的影响。

(2) NFC 手机支付业务开展中的关键问题

NFC 手机支付业务开展的前提是手机的电子钱包化和受理终端的非接触式支付功能。受理终端越多，手机支付就越便捷，其普及性就越强，受众就越多；手机电子钱包的功能越强大，应用设计越合理，使用过程越安全，其普及性也就越强,注册用户就越多。这是双边市场(two-side market)平台经济问题。双边市场平台特有的间接网络外部性(indirect net-work externalities),即用户对某一产品的价值随着其他用户数量的增加而增加,决定了双边市场的真正触发(tipping)在于平台的成熟性及其对平台双方参与者的培育。平台经济通常具有聚集效应,新兴平台往往因为聚集了更多高科技功能和应用,而迅速替代旧有平台。NFC 手机支付的受理市场建设及改造符合双边市场平台的经济规律。

首先,NFC 手机支付需要统一标准。2012 年 12 月,人民银行正式发布中国金融移动支付系列技术标准,涵盖了应用基础、安全保障、设备、支付应用、联网通用五大类 35 项标准,长期阻碍移动支付发展的标准问题被解决。此次发布的中国金融移动支付系列技术标准中金融行业标准以 13.56 MHz 作为 NFC 支付非接触通信技术的基础,最终稳定了市场,初步形成 NFC 支付格局,商圈共享成为新趋势。

2013 年 2 月,中国银联与中国移动完成 TSM 平台对接,吸引了中国银行、中信银行、光大银行、广发银行、浦发银行等多家商业银行与中国银联 TSM 互通互联,实现了金融和通信两大行业在移动支付技术方面的兼容。NFC 标准的确立意味着 NFC 手机支付双边市场平台全面触发的基础已奠定。

其次,NFC 手机支付业务需要遵循相关业务管理规范,并要求 POS 终端具备相应的非接触受理功能。目前,各大主流终端厂商皆推出了可受理 NFC 手机支付的具备非接触功能的机具,对现有的不具备非接触功能的机具进行改造也无技术障碍。中国银联近期出台的《银联卡移动支付业务(智能卡模式)风险规则(试行)》对移动支付收单规则的操作进行了规范,有利于第三方支付机构以商户 POS 机具改造为出发点,为移动运营商和金融机构提供 NFC 受理平台,将传统银行卡收单优势转移到移动支付体系。这意味着位于双边市场一方的 B 端(商户)将具备触发 NFC 业务双边市场平台的条件。

再次,在受理环境技术改造无太大障碍的情况下,关键是如何将位于双边市场另一方的 C 端(消费者)的行为由卡基支付导向 NFC 手机支付,最终达到双边市场平台的全面触发。NFC 手机支付具有使用便捷的优势,但消费者已习惯于卡基支付。2012 年 10 月出版的《世界支付报告》显示:2009 年到 2013 年,世界支付格局渐变,随着支票支付的没落,电子化支付和移动支付分别以每年 20%和 53%的速度增长,而卡基支付依然占非现金支付总量的 56%,每三笔支付中超过一笔为贷记卡交易。中国的支付行业起步稍晚,但自 2002 年中国银联成立至今,卡基支付受理环境发生巨变,银行卡产业获得爆发式成长。中国银联的统计数据显示:截至 2012 年末,银行卡累计发卡量已超过 35 亿张。要想使消费者的行为模式发生改变,客观上要求移动支付产业链中的所有参与方通过建立竞合关系,在位于双边市场一方的 B 端处共同向位于双边市场另一方的 C 端兑现如下承诺:第一,使用便捷最大化,即透过支付前、支付中、支付后的一连串购买行为,有效整合增值业务,为消费者再造价值,以攻克其在行为改变方面的心理障碍;第二,消费语境关联最优化,即掌握消费者愿意通过牺牲个人交易数据以获取为其量身提供商业服务内容的心理语境,运用数据挖掘分析其行为模式,引导商户行为,同时向商户和消费者提供强有力的支持;第三,用户体验极致化,善用平台经济的聚集效应,开发基于手机的多种 NFC 应用,从内容到形式上使消费者深感手机集成了个人生活的方方面面,从而自愿从卡基支付向 NFC 手机支付转化。

3. 第三方支付机构在 NFC 手机支付领域的发展方向及布局

NFC 手机支付是未来移动支付发展的大方向,第三方支付机构在该领域的发展方向应是:以集中性大规模改造或升级划定区域内应用场景的受理环境为基础,以现有 NFC 业务带动 NFC 手机支付,力争形成新的竞争优势。

(1) 受理市场环境改造的区域划定

由于受理市场环境的改造需要投入大量时间和资金成本,因此选点布局更显重要。根据目前 NFC 支付的发展态势和 NFC 受理场景,该业务多存在于经济发达地区,尤其是大型都市圈以及人口高度密集区。配合政府主导的新城镇化进程,东部三大都市圈(珠三角、长三角、环渤海)是 NFC 手机支付业务布局的首选区域。统计数据表明,截至 2012 年末,全国城镇化率已达 52.57%,高于该数字的城镇均分布于上述三大都市圈,如北京(85.0%)、天津(78.0%)、上海(88.6%)、广东(63.4%)、浙江(57.9%)、江苏(55.6%)等。随着新城镇化的逐渐深入和内地城镇化率的提高,未来可考虑将 NFC 手机支付业务逐步从东向西推进。

(2) 改造受理市场环境、形成新的竞争力优势

无论 NFC 以何种方式实现,位于双边市场两方的 B 端和 C 端始终是决定胜败的关键,谁拥有这两个群体,谁就占据规模优势。换言之,线下市场就是关键战场。第三方支付机构作为支付产业链的重要参与方和拥有海量 B 端资源的机构,应在以下方面发力,力争获取 NFC 受理环境下的竞争优势。

①在政策许可的范围内,在一定时期内对新应用场景下的新增入网商户和经改造或更换终端的已入网商户重新定价,给予手续费率相关优惠,提高商户对新业务的积极性。双边市场的多重归属(multihoming) 特性,即位于双边市场一方的消费者因归属不同平台而具有可选的替代品,会影响平台对另一方的定价,NFC 手机支付业务亦不例外。因此,随着平台成熟度的提升,NFC 手机支付平台的聚集效应逐渐发挥效力,大多数消费者从卡基支付转向 NFC 手机支付后,产业链中的竞合各方再重新设计和维持最优的价格结构,以保持双边市场的平台均衡性。

②使用数据挖掘,为 B 端(尤其是 B 端的大商户)提供 C 端(尤其是 C 端的"关键买方")的行为模式分析,提升 B 端营销与 C 端消费的匹配度,继而为 B 端研发各式创新增值业务,切实提升 NFC 手机支付的客户体验。

③作为金融机构和移动运营商之间的桥梁，第三方支付机构应充分发挥自身的大数据优势，整合资源、协调产业链各方关系，为手机用户开发和提供丰富的移动支付业务，吸引用户为各种应用业务支付费用，在造福商户的同时，形成自身在NFC移动支付受理环境下的竞争优势。

NFC手机支付是名副其实的O2O应用，本身就是线上线下资金流的汇集点，盈利模式清晰。NFC手机支付在东部发达地区因拥有巨大潜力而成为移动支付发展的主流业务，也必将成为移动支付业务开展的突破口。第三方支付机构要以现有NFC业务为基础，以NFC手机支付为切入点，进行NFC移动支付业务的重点布局，再辅之以各种增值业务的开发和创新服务，在东部发达地区竞争激烈的洪海中独辟蹊径，做到张弛有度、攻守自如，在新城镇化进程中以崭新商业模式带动传统业务格局，获取新的利润增长点，为未来发展打下坚实的基础。

【本章小结】

当前我国手机用户在全球市场排名第一，在我国规模日益扩大的移动互联网市场，移动支付业务具有巨大潜力。但因受到行业标准、监管、运营模式等因素的制约，我国移动支付业务的发展还处在起步阶段，需要采取必要措施加以规范。

【基本训练】

1. 移动支付的概念是什么？
2. 目前在国内，移动支付的发展中存在的问题都有哪些突出的表现？

参考文献

[1] 柯新生.网络支付与结算[M].2版.北京:电子工业出版社,2010.

[2] 张宽海,李良华.网上支付与结算[M].北京:高等教育出版社,2007.

[3] 李洪心,马刚.电子支付与结算[M].北京:电子工业出版社,2010.

[4] 蔡元萍.电子支付与结算[M].大连:东北财经大学出版社,2006.

[5] 帅青红.电子支付结算系统[M].成都:西南财经大学出版社,2006.

[6] 帅青红,夏军飞.网上支付与电子银行[M].大连:东北财经大学出版社,2009.

[7] 张卓其.网上支付与网上金融服务[M].大连:东北财经大学出版社,2002.

[8] 张维迎.博弈论与信息经济学[M].上海:上海三联书店,上海人民出版社,2002.

[9] 沈红兵.网络零售学[M].重庆:重庆大学出版社,2010.

[10] 高怡新.电子商务网站建设[M].北京:人民邮电出版社,2005.

[11] 吴雪娇.B2B电子商务中数据管理技术研究[D].北京:北方工业大学,2013.

[12] 王鸿.电子商务安全体系结构及关键技术研究[D].济南:山东大学,2006.

[13] 徐莎莎.基于双边市场理论的第三方支付行业的经济学分析[D].上海:复旦大学,2011.

[14] 王利锋.第三方支付发展及其对我国金融体系影响研究[D].苏州:苏州大学,2010.

[15] 任曙明,张静,赵立强.第三方支付产业的内涵、特征与分类[J].商业研究,2013(03).

[16] 陈月华,郑春辉,韩纪庆.虚拟现实技术在网络购物平台上的应用[J].哈尔滨工业大学学报,2009(01).

[17] 张国银.电子商务网络安全措施的探讨与分析[J].电脑知识与技术(学术交流),2007(22).

[18] 邱罡,钟星.移动互联网生态进化论[J].商界(评论),2010(08).

[19] 张劲松.中国第三方电子支付产业链问题研究[J].生产力研究,2010(04).

[20] 章诗琦. 电子支付网站用户帮助平台的用户体验研究与设计[D]. 上海：上海交通大学，2013.

[21] 付永贵，马尚才. 一种改进的对称密钥动态生成算法及应用[J]. 计算机系统应用，2011(06).

[22] 孙浩. 中国电子货币监管的进展与挑战[J]. 金融电子化，2011(03).

[23] 王萍，杨庆红，刘超. 电子支付安全问题分析与对策[J]. 江西金融职工大学学报，2010(01).

[24] 韩基龙. 中国移动支付发展探究[J]. 中国新技术新产品，2013(06).

[25] 韩基龙. 中国移动电子支付的现状及发展趋势分析[J]. 中国新技术新产品，2011(22).

[26] 史萌. 电子商务下的网上支付方式分析研究[J]. 电子商务，2009(08).

[27] 李春燕. 我国电子商务网上支付的探讨[J]. 电子商务，2010(01).

[28] 陈冬梅. 浅谈电子商务的安全问题[J]. 辽宁行政学院学报，2011(08).

[29] 周莉. 企业自建统一身份认证管理系统[J]. 微计算机信息，2010(33).

[30] 朱镇，赵晶. 企业电子商务采纳的战略决策行为：基于社会认知理论的研究[J]. 南开管理评论，2011(03).

[31] 韩兆国. 电子商务发展的关键：加强安全和完善信用机制[A]. 两化融合与物联网发展学术研讨会论文集[C]，2010.

[32] 彭丽芳，朱凤侠. 我国电子商务生态环境研究[A]. 信息经济学与电子商务：第十三届中国信息经济学会学术年会论文集[C]，2008.

[33] 邵兵家，朱晓娜. 我国商业银行电子商务水平及其特征研究[A]. 2012 中国信息经济学年会会议论文集[C]，2012.

[34] 钟晨. 我国网上银行经营状况的调查与分析[J]. 时代金融，2011(18).

[35] 米嘉颖. 我国网上银行发展现状调研[J]. 商业文化(上半月)，2011(04).

[36] Caillaud B, Jullien B. Chicken & Egg: Competition Among Intermediation Service Providers[J]. The Rand Journal of Economics, 2003, 34(2).

[37] Dessein W. Network Competition in Nonlinear Pricing[J]. The Rand Journal of Economics, 2003, 34(4).

[38] Lulian Pogor. Historical Perspective of Innovation in Electronic Payment Instruments[R], 2011.

[39] 熊焰. 我国中小企业电子商务采纳动机实证研究[J]. 研究与发展管理，2009(03).

[40] 马近朱. 对第三方支付机构开展 NFC 手机支付业务的思考[J]. 中国信用卡，2013(09).